庭のかたちが生まれるとき

庭園の詩学と庭師の知恵

山内朋樹

フィルムアート社

目次

庭のかたちが生まれるとき——庭園の詩学と庭師の知恵

はじめに
――ぼくが庭のフィールドワークに出る理由

庭を見る――ただ庭を見るといってもその内実はさまざまだ。ぼんやりと眺める。カメラやスマホで気に入ったポイントを切りとる。直感的な好悪で判断するのでもいいだろう。「あ、いいな」「きれい」「この庭あんまりだね」。あるいは庭をきっかけにしてなにかを体験しているということもある。たとえば行楽シーズンに用意されることの多い抹茶、甘酒、茶団子。現代の暮らしからはほとんど消えかけているものを東屋や庭の見える座敷で飲み、食べる。一緒に訪れた恋人のことしか見ていなかった、というのでもいいだろう。

忘れてはならないのが四季折々の花、ビロードのような光沢をたたえる苔、色鮮やかな紅葉。そうした植物に変化をあたえる風や光のささいな揺らぎを感じるのも醍醐味だ。

こうして庭を楽しむこともできる。それもいい。それも庭という場がもたらす経験の一部をなしているのだから。その雑多さこそが庭であり、誰しもそこから庭の世界をのぞき込むことになる。

「たのしいね」「きれいだね」「おいしいね」。こうして庭をとおり過ぎようとするとき、石や木が意味深な姿かたちで並んでいるのを見つめてしまうとき、それでもなお、ふと、不安になる。

この石の群れはなんでこんな配置になっているんだろう？　あの木はなんであんなかたちをしているんだろう？　そもそも庭と呼ばれるこの場所はいったい――？

こんな疑問が生まれても、庭は平穏そのものだ。人々の密やかな話し声、鳥の声、木々のざわめきのほかにはほとんど音のない静謐《せいひつ》なこの場所では、すべてが静止して見える。石は群れなしてそこにあり、木々は確乎《かっこ》としてそこに立っている。こうなっているのだからこうなのだとしか思えない。

風が吹き抜け、陽はあたたかい。

庭はそこにある――ずっとそこにあったかのように。

庭のレシピ

庭はまるで永遠的な存在であるかのようなふりをしている。ずっとそこにあったかのように。

そう。ぼくたちが庭を見に行くとき、幸か不幸か庭はすでにできてしまっていて、「あの石はなぜあそこに置かれているのか？」「この木はなぜこんな風に刈り込まれているのか？」、つまり「なぜこうなっているのか？」という問いはほとんどの場合行き場をなくしてしまう。

せめてどの要素が、どういった順序で、なにと関係しながらできていったのかを覗《のぞ》き見ることができればそのヒントになるのだが、たいていの場合、作庭にまつわる克明な記録――庭のレシピ――は残されていない。

庭はすでにできている。ようするに、こうなっているからこうでしかありえない。

美術館で作品を見るより先に、作品の下や横に貼りつけてあるキャプションを確認したくなるあの誘惑。作品は多くの場合なにも教えてはくれないのだから、ぼくたちはキャプションに頼ることになる。庭ならパンフレットや立て看板や石碑に。

そこには目の前の石がどういう由来のものなのか、この庭のもともとの持ち主や庭師の経歴、作庭当時の時代背景と庭の交わりといったさまざまなことが記してある。

だから有名なわけね。なるほど。

なるほど？

運がよければ石組《いしぐみ》の意味についても書いてあるだろう。三尊石《さんぞんせき》、鯉の滝登り、虎の子渡し、鶴島亀島に蓬萊山に座禅石……。

だからあんな組みあわせになっているのか。たしかに。

たしかに？

こうした説明で目の前にひろがるこの庭、この物体の羅列のなにが理解できただろう？　すべてはこのあからさまな物体の表にそのまま見えているのに、手がかりはなにひとつない。だからぼくたちはこの物体の浅みの奥で、歴史や故事の深みにおいて語るのだ。だからもう一度、あえてこう問いかけてみたい。

この物体の羅列はなにをしているのか？　なぜこうなっているのか？

無数の情報を調べてこの庭の知見の深みに入り込む前に、あるいは調べた上でなお、ぼくたちはもう一度目の前の庭の浅みに立ち戻らなければならない。この物体の羅列の上に。

深めることでのみ理解するのではなく、浅めることでも理解すること。深さが発生する根拠に浅さとしての物体の配置の特異性を見てとること。

庭は石や植物や地形といった、さまざまな物体が配置された姿かたちとしてそこにあり、すべてはあからさまに見えている。しかし庭はすでに完成しているのだから、なぜ石がこのように置かれているのか、なぜ木があのように生えているのか、なぜこれらの物体の配置がこうなっているのか、その判断のひとつひとつの機微を理解するのは難しい。

たしかに見えているものから推測するのも面白い。とはいえ目の前の庭を丹念に見つめてもなおこう言うことができる。この石はなぜこの姿で置かれたのか？　なぜこの配置になっているのか？

この根拠への遡行を止めるために必要なのはおそらく、物体の配置の理由それ自体を、物体の配置そのもののなかに見ること、あるいは物体の配置の生成プロセスのなかに見ることだ。「浅めることでも理解する」とはそういうことだ。

もちろんかたちの生成は複雑な意図や図像的な解釈や歴史的経緯とも絡みあっている。それらを捨て去るわけではない。しかしその奥へと理由をかき分けていくのではなく、それらをもう一度この浅さの上にもたらすことだ。身も蓋もないこの浅さに、あるいは浅はかさに。

庭を見ながらいつもぼくの脳裏をよぎっていたのはこういうことだ。

まさに庭をつくっている現場をはじめから終わりまでフィールドワークすることで、職人たちとともに庭のかたちが生まれるときに立ち会い、記録しながら、庭について考えることができないだろうか？　職人たちがおこなう造形的な試行錯誤を観察することで庭を理解することができないだろうか？　ようするにこの物体の構成のいわばレシピを克明に書き起こすことはできないか？

提供された料理を楽しみつつも、手もとにはそのひと皿の味わいの秘密が記されたレシピ本を置いているような経験をつくりだすこと。素材の組みあわせかたや下処理の方法とその理由、それらをどのような順序でどれくらいの火入れをしてひとつの皿へとまとめあげるのか、果ては料理人たちがどのような言葉を交わし、どのような哲学にもとづいて作業をおこなっているのか、そんな生成プロセスの秘密を解きあかそうというのがこれからはじまる物語の狙いである。

時をさかのぼって庭の具体的な生成プロセスを参照できるレシピ本、それはようするに、歴史や故事の深みに降りる手前で、散乱する物体の浅みで、もっと浅はかに庭を見ることをガイドする。

もちろん料理は楽しんで食べるにこしたことはない。庭だってそうだ。

「たのしいね」「きれいだね」「おいしいね」。しかしその皿が湛《たた》える物体の構成の機微に迫るには、ひとり嗅ぎ分け、噛み分け、味わい分け、下手をするとその場でメモをとりはじめるような、変態じみた経験の蓄積もまた必要だろう。

あわよくばレシピが手に入るなら読まない手はない。レシピを読んであらためて皿に向かうことは、この浅さの途方もなさを、この浅みにおいて味わうためのはじめの一歩にふさわしい。このひと皿がなにかを表しているとしても、どんな歴史的経緯をもつとしても、そうした深みの手前にひろがる、浅はかな物体の構成へ。

観音寺大聖院庭園

だが、しかし、どの庭を？

もちろん料理の完成形は重要だ。とはいえレシピである以上欠かすことができないのは、まっさらな素材の段階から完成までを丁寧に追うことができるかどうかだろう。とりわけ、庭の制作の秘密は庭師や施主でもなければなかなか目にすることができないのだから。

作庭《さくてい》現場をはじめから終わりまでほとんど毎日調査し続けるという迷惑なお願いをこころよく聞き

入れてくださったのが、京都府北部の福知山に鎮座する古刹《こさつ》、補陀洛山観音寺《ふだらくさんかんのんじ》である。

フィールドワークをおこなった二〇二〇年にちょうど開創一三〇〇年を迎えた観音寺は、地域の人々が堂山《どうやま》と呼ぶ小高い山の北側斜面の谷地を寺域《じいき》としている。訪れる参拝者は寺域の最も北に位置する控えめな総門をくぐり、左右に阿形《あぎょう》、吽形《うんぎょう》を擁《よう》する仁王門を経て、清流とアジサイの植え込みに彩られる細い参道を南へと、堂山の裾野に入っていく。［図0-1］

かつてはいくつもの塔頭《たっちゅう》が点在していたが、多くの寺がそうであるように、明治の廃仏毀釈《はいぶつきしゃく》や戦後の農地解放によって観音寺もまた大きく姿を変えた。いまは五十三世住職、小籔実英《こやぶじつえい》のもと、彼が主導した「関西花の寺二十五カ所霊場」中の第一、紫陽花《あじさい》寺の丹州華観音寺《たんしゅうはなかんのんじ》としてその名を知られている。

歩を進めると清水が削った谷底の参道と両脇の山の地形とのあいだに大きな高低差がつきはじめる。左手には山林の斜面、右手には大聖院《だいしょういん》の敷地を保持する石垣と土塀。林立する大きなモミジの天蓋《てんがい》に覆われた谷底を行く。［図0-2］

突き当たりには手水舎《ちょうずや》があり、両側に階段がある。左手（東）の斜面に据えられた階段を登れば江戸時代創建の本堂に行き当たり、右手（西）の短い階段を登り、山門をくぐると平屋の大聖院玄関に行き当たる。

玄関を前に左手（南）を仰げば、堂山の裾野一面に紫陽花寺の面目躍如たるアジサイが一面にひろ

図0-1｜仁王門より南の参道を見る。アジサイと灯籠が両側に続く。突き当たりには大聖院庭園の石垣と土塀が見える

図0-2 | モミジの天蓋。突き当たりに手水舎、左手（東）に本堂を擁する斜面、右手（西）に大聖院

がり、右手（北）を見れば、やや南北に長い矩形の平庭がある。この平庭こそが、今回フィールドワークの対象となった場所だ。

大聖院の東面にひろがるこの平庭を、ぼくたちはとりあえずニュートラルに「大聖院庭園」と呼ぶことにしよう。

山門のそばには立て看板がある。この庭をつくったのは京都の庭師、古川三盛《ふるかわみつもり》。「当寺旧庭にあった山石」を使ってつくられたこの庭の正式名称は「斗藪庭《とそうてい》」という。空海の『性霊集《しょうりょうしゅう》』の一文「斗藪して早く法身の里に入れ」からとった言葉だという。「俗世を離れてゆったりとした心で眺める庭」――これが立て看板の筆者である「山主」、小藪実英の思いだ。なるほど。［図0‐3］

しかしぼくたちがなすべきことはキャプションを読むことではなかった。いや、そうした情報をたずさえてなお、この目の前にひろがる物体の構成へと言葉をもたらすことだ。

これから時をさかのぼり、ぼくと一緒に作庭現場に入ろう。

躍動する物体、道具、職人たち――ひとつの庭が、石組が、植栽が、新たに組まれていく発生のプロセスをたどり直すことで、おそらく、あなたの目はこれまでより少し、職人的になる。

今回のフィールドワークでぼくが注目したのは、大きく分けると二点。ひとつは奇数章で記す庭の造形的な生成プロセスとその論理の系列――庭園の詩学――であり（1章、3章、5章）、もうひとつは偶数章で記す物体、職人、住職等の意図や振る舞いの絡みあいの系列――庭師の知恵――である

（2章、4章）。

あらかじめ全体像を記しておこう。

「庭園の詩学」と題する奇数章ではおもに石組の展開を追う。庭のかたちの生成や物体の配置の順序といったプロセスの記述が、ときに常軌を逸した詳細さ、つまりは異様な遅さで展開される。ハイスピードカメラで撮影したスローモーション動画を見ているかのように感じられるかもしれないが、写真や平面図やスケッチを参照しつつ、状況を見失わないように進んでほしい。

「庭師の知恵」と題する偶数章ではおもに庭師たちの生態を追う。石組のような造形的水準の傍《かたわ》らで、庭の園路となる延段《のべだん》の敷設《ふせつ》作業に従事する職人たちの振る舞いを観察し、職人が口にする特殊な語彙《ごい》や話法、集団制作における意図のありか、庭師の身体と物や道具との関係などに注目している。これらは庭の造形にとって非本質的なトピックであるかのように思われるかもしれない。しかし本書では、職人たちの言葉や行為、物や道具の組織のしかたが、かたちの論理ともつ

図0-3｜門のそばに立つ石碑と看板

れあっていると考える。

もちろん、これから案内する庭の見かたは、庭の経験のひろがりのある側面にピンポイントで光を当てるものでしかない。本書は庭のかたちはどのように発生するか、庭のかたちをどう理解することができるか、庭師たちはなにをしているのか、という問いに貫かれており、それを発生の現場にさかのぼって理解しようとするものだ。

だから読み進めていくなかで、画像の解像度が上がっていくように、見えなかったものが見えるようになり、石と石のあいだに躍動的な関係やぎりぎりの緊張関係があることに気づいたり、職人たちの言葉や振る舞いのひとつひとつに意味があるように見えてきたりするかもしれない。しかし反対に、もしかするとこれまで見えていたものが背景に退いてしまったり、ただ楽しんでいたものが楽しめなくなったり、やたらと庭の細部に囚われるようになるかもしれない。

ただ、これまで見えていなかった庭の見かたをひとつ増やすことをお約束する。そして、これまで気にもとめなかった近場の庭を、ふと見に行きたくなってしまったとすれば嬉しい。

前夜

二〇二〇年四月六日夜、古川三盛のもとで働きはじめて三年目になる若い職人から連絡が入った。翌日から観音寺で「つくり」——庭づくり——がはじまるという。いつか作庭現場を詳細に観察するフィールドワークをしたいと思っていた。そのため、もしつくりの仕事があるなら事前に連絡してほしいと、半年ほど前に彼に伝えていたのだ。

しかし明日からとはあまりに唐突だ。急な予定に対応するのはどちらかといえば苦手なので、内心、できれば次の機会にしたいとの思いが頭をよぎった。とはいえどういった庭をつくるのかは気になる。それだけ聞いてから判断しようと、夜八時半頃古川に電話をかける。

明日からの三日間で道具や材料の調達と準備をおこない、一日休んでそこから一気につくるとのこと。古川の現場は土日が休みなどという制度とは無縁で、およそ三、四日連続で働いたら一日休む。これが体の論理であり、職人たちの基本シフト。屋外の仕事なのでもちろん雨になれば休みとなる。着工したら完成まで、長期的な予定はいっさい立たない。

気は重いが、念のため今回の作庭現場がどういうところなのか訊ねてみる。

「完璧な庭ですよ。本堂の前ですしね。あそこは鶏かチャボを放し飼いにしていて、アジサイの咲く庭とのとりあわせで有名になりかけてるんですわ。あのね、若冲《じゃくちゅう》かなにかにあるでしょ。鶏かチャボがいてね。そういうの」

「完璧な庭」というのはもちろんこれからつくられる庭の完璧さのことではないし、着工前の庭の完璧さでもない。さらに言えば「完璧」というのも完成度のことでさえなく、現代人なら「完全に庭」

とでも言いそうな、庭をつくる場所のそれらしさ、典型的な、いわゆる庭らしい場所だということだ。

そんな場所につくられる庭とアジサイと鶏のとりあわせ。伊藤若冲の《鶏図》や《群鶏図》などをイメージしながら、群れなす動物たちに倣《なら》った石組について綴《つづ》る『作庭記《さくていき》』の記述を思い出していた。

山の麓《ふもと》や野筋《のすじ》の石は、群犬《むらいぬ》の臥《ふ》しているようであり、猪の群の走り散るようであり、仔牛の母に甘えているようである。◆1

ようやく庭のフィールドワークを開始できるという思いと、明日から毎日福知山まで通うのは面倒だなという思いがない交ぜになっていた。しかし若冲の絵の喚起力と、完璧な庭という言葉に心惹かれ、古川が喋り終えると同時に、愚かにもこう口走っていた。

「では、明日からお邪魔させてください」。

「若冲の庭」あるいは「完璧な庭」を求めて、思いがけずフィールドワークに出ることになってしまった。

「庭のかたちが生まれるとき」へ！

◆1 「山のふもとならひに野筋の石はむら犬のふせるかことし豕むらのはしりちれるかことし小牛の母にたはふれたるかことし」（森蘊『「作庭記」の世界——平安朝の庭園美』日本放送出版協会、一九八六年、六九頁）。以後『作庭記』の現代語訳は仮名遣い等を本文にあわせて適宜変更した上で森の著作から引用し、原文もまた同書同頁より引用する。

本書が森の記述にしたがうのは偶然とはいえ本質的な理由がある。古川は上京して間もなく森のもとで働き、ともに京都や奈良の古庭の修復や作庭にたずさわっている。つまり古川の庭の実践と歴史や文献解釈には森の思考が抜き差しがたく流れ込んでいるということだ。

大聖院室内から東側にひろがる庭を撮影。
通常室内に上がることはできない

第1章

石の求めるところにしたがって

〈庭園の詩学①〉

1　ただの石から見られる石へ

「明日からお邪魔させてください」——そう口走ってしまったぼくはすでに後悔しはじめていた。他の予定をすべてキャンセルし、明日からはほとんど毎日観音寺に通わなければならない。メモ帳、筆記用具、カメラなど、現場の記録に必要な機材をまとめて車に詰め込む。

これからいったい何日間通うことになるのだろう？　記録の途中で行けなくなってしまったらどうする？　そもそも、いったいなんのために見に行くのか？

予定は車のなかで整理しよう。なんのために見に行くのかという問いはいったん脇に置いて、とにかく、現場で起こっていることを見ることだ。

「庭のかたちが生まれるとき」を求めてフィールドワークがはじまる！

件名をかえて保存する

二〇二〇年四月七日の朝、福知山に向かった。

大山崎で名神高速道路から京都縦貫自動車道に乗り換える。山にはヤマザクラやタムシバの白い斑点が差し、鮮やかな落葉樹の若芽が萌《きざ》しはじめている。町も山も暖かい陽光のなかで霞んでいた。京丹波わちインターチェンジで下道に降り、由良川に沿って山間部を進むと綾部の市街地が現れる。この町から西へ、福知山市街に向かう途上の山裾に観音寺はある。［図1-1］

昼前、およそ二時間かけて現地に到着したとき、大聖院庭園はまだ着工されておらず、前日に電話で聞いていたとおり事前準備が進められているところだった。古川三盛と三人の職人たちが、大聖院北側の一段低い敷地にある詩風館《しふうかん》——旧多聞院《たもんいん》——の庭から大ぶりな石を掘り起こし、大聖院へと移している。まずは素材となる石を集めるのだ。

古川と簡単に挨拶を交わし、さっそく作業記録をとりはじめる。

図1-1｜桜が満開を迎えた観音寺寺域と麓の集落

石を運び出しているということは、詩風館にも庭があったということだ。ところが庭に入ってみても、丸く刈り込まれた場違いなほど大きなサツキしか見えない。よくよく見てまわるとあちこちに古い石があるのだが、かつての庭の構想は肥大化したサツキに呑まれ、庭石として見られるはずだった景石《けいせき》はただの石――庭師の語彙では自然石だろうか――のように忘れ去られている。［図1-2］

職人たちはほとんど自然石と化した景石を掘り起こし、トラックに積載して一段高い敷地にある大聖院庭園へと運び入れていく。自然石を再び景石とするために。

石を積載したトラックは駐車場で転回して大聖院庭園へと登っていく。駐車場では境内の作業にあたっていた総代――檀家衆の代表にあたる――と仲間たちが見事に咲きそろった枝垂桜《しだれざくら》を見上げていた。

「今年の（桜）はほんまに綺麗や」[◆1]。青く澄んだ空を背景に揺らぐ薄桃色や白の斑点を見つめながら総代が言う。「今年の桜は素晴らしいよ。いつもはこれら（は品種が違うので開花が）揃わんか

図1-2｜巨大なサツキに覆われ、初期の構想が見えなくなった詩風館庭園を正面から見る

◆1　引用中の（　）内は筆者による補足とする。

らね。いまが綺麗や。あと二、三日したらこれ、散りはじめるからね」。

これほど桜が見事なのはこうして彼らが見守っているからだろう。比喩ではない。彼らは実際にこの寺を見続け、作業をとおして守り続けているからだ。そう告げた。「わが菩提寺《ぼだいじ》となるとね」。総代は笑う。

「わが菩提寺」——この堂山の裾野にひろがる集落では多くの人がこの寺に骨をうずめることになるだろう。相次ぐ転居によって地元感覚を喪失し、地元とは無縁の仕事に就いているぼくのような人間からすれば想像しがたいことだが、こうした檀家衆の想いや行為がこの寺を、あるいはこれからはじまる作庭工事を支え、見守っているということだ。

総代と別れ、大聖院に登る。詩風館庭園もサツキの膨張によって庭の構想が失われていたが、大聖院庭園もいまや平らな草地の周囲に植物が列植された小さな広場のように見える。ここでもまた、石組の添えものに過ぎなかったはずのサツキやツツジが枝葉をひろげ、主従を逆転させて石の存在を覆い隠してしまっている。[図1-3]
サツキやツツジはおそらく毎年刈り込まれてきただろう。にもかかわらず、手入れする者たちも気づかぬうちに少しずつ膨張してしまうのはよくあることだ。異様に膨れあがったサツキやツツジに占拠されている古い庭もまたいたるところにある。
ここにもかつては別様の眼差《まなざ》しで眺められていた庭が、そして石組があった——。

図1-3｜着工前の大聖院庭園を南西の玄関付近から撮影。古い石組は植栽の影になりほとんど見ることができない。中央付近の石は新たに搬入されたもの

大聖院庭園でことの成りゆきを見守っている住職と挨拶を交わし、この庭の来歴を訊ねる。

「（大聖院は）本堂ができた頃に建ったんで天明か江戸中期か。もともとここには五カ寺の塔頭があったんですが明治に統合されて。ここ（大聖院）と下（詩風館）には同じような植物が植えられてますでしょ？　松も十本ほどあったんですが松食い虫にやられましてて枯れてしまったんですわ」

サツキが膨張し、石が見えなくなっただけではない。庭の歴史からすればごく短いここ数十年のスパンで見ても多くの松が枯死するなどの変容があった。

誰かが構想した庭はあっという間に別物になって消えてしまう。石組をなしていたはずの景石はサツキの根元に隠れて相互の関係を失い、もはや見られることもなく、自然石のように転がっている。

しかし、だからこそ、新たな庭が構想されることになった。

「これはね、私がここの住職になってからの念願だったんです。昔、いまのこの本堂の向こう側（西側を指差しながら）に素晴らしい庭があったんです。それが昭和三九年に本堂が火災で全焼しました。そんときに先代が池があると建物が湿気る言うて、埋めて平地にしてしまったんです。子どもの頃は庭に池があって、鯉が泳いでて、竹藪があって――。湿気はなくなりましたけど、そのええ景色もなくなってしもて。心が落ち着く庭と言いますか、自分が住職になったらいつかここに後世に残る庭をつくりたいいうんが私の念願やったんです」

かつてあった庭、そこでの思い出。池、鯉、竹藪。これらを住職は「景色」と呼んだ。この失われた景色を、同じく構想の失われた大聖院庭園の上に、あらためて「後世に残る庭」としてつくり直すこと。住職にとってはこれこそが今回の庭づくりの根幹にある。植物が生い茂り自然石が転がるばかりとなってしまった庭に景石を据え、ふたたび景色に変容させること。

「それで今年が開創千三百年になります。この寺が七二〇年にできましたから、その記念に。古川さんにはこれまでいろいろ改修でお世話になりました。せやからご縁があったということで古川さんにつくってもらうんがええかと。古川さんのお話を聞くなかで本物の庭を学ばせていただいて——私のところはまだ一〇五（歳）の老僧がおりましてね。それで六八の私とそこの副住職と一歳になってない孫がおって四代なんですが——きちっとした庭を後世に残したいと思いました」［図1－4］

後世のために「本物の庭」「きちっとした庭」を残す。桜の下で出会った総代は「わが菩提寺」と言った。古川もまた前夜の電話口で「完璧な庭」と言っていたのだった。こうした複数の意図が、庭づくりには絡まりあっている。

庭はまっさらな土地につくられるのではない。時を経てほつれた庭の廃墟の上に、見られることのなくなった石や、大きくなりすぎた植物の上に、人々の意図の絡まりの上に、新しい庭は上書きされる。石や樹木が住職や檀家衆の意図とともに束ねられ、構成し直される。

庭師はそのもつれの上で踊る。すべてを配置し直すことで、この庭を、件名をかえて保存する。

手入れと仮設的なもの

庭の景石とは、そもそも山や川に佇んでいた自然石を敷地に運び込み、加工することなくそのまま地中に中ほどまで埋めて周囲を突き固めただけのものだ。庭ではこの行為を「石を据《す》える」と言う。

据えることでただの石を見られる石へと変容させる。つまりは自然石を景石となす。景石は加工されているわけではない。

図1-4｜庭で工事を見守る住職（右）と副住職（左）、そして「一歳になってない孫」

だから景石は忘れ去られたり、掘り起こされてしまうと、いともたやすく自然石に戻ってしまう。庭師をはじめ石屋や植木屋は、言ってみればそのへんに転がっている自然物を拾いあげることで、それらを見るべき対象へと変容させる。

それゆえ自然石と景石の差は曖昧なものだ。自然–石と景–石。この場合の自然と景は見る者のモードの違いでしかないのだろうか？

たとえば子どもたちが岩から岩へと飛び移って川の向こう岸を目指している。ところが流れの速い瀬は次の岩まで距離があって渡ることができない。子どもたちはどうやらこちらとあちらの隔たりに石を投げ入れ、その先へと歩を進めるつもりらしい。組織的な石運びがはじまる。

そもそも子どもたちの足場となっている大きな岩に目を移してみる。流れの上に顔を出しているそれらの岩は、巨大な岩の露頭《ろとう》だったり、山から転がり落ちたり激流に押し流されたりしてたまたまそこに落ちついた大ぶりの岩だったりする。

足もとの岩は多くの場合もっとも安定したかたちでその場にとどまり、いま、こうして水の上に顔を出している。

この岩は自然に属するのだろうか？

子どもたちが川に投げ込む石はどうだろう。石は組織だって投げ入れられるのだが、石は川の流れに押し流されて転がり、あるものはそのまま下流に消え、あるものは安定したかたちでその場にとどまることになる。その様子は山から落ちてきたり、大雨の日の濁流に押し流されてきた子どもたちの足もとの岩とほとんど同じものだ。

放り込まれていく石になにか細工が施されているわけではない。呪術的紋様が描かれているわけでもない。ひとつひとつの石は、足もとの岩と同じように、ただ偶然的にそこに落ちつくだけだ。

この石はいったいなにに属するのだろうか？

もちろんそんな分割線にはお構いなく、子どもたちは飽くことなく石を投げ続ける。ついには川面に石が現れる。適当に投げ入れられた石の配置はしかし、多少いびつに揺らいでいるとしても、全体として見れば分割線を越えてこちらとあちらを結んでいる。この目の前の瀬を、橋として、点々と打たれた飛び石として、いとも軽やかに結びつけている。

子どもたちが石を投げ入れた地点をよく見ると、大きな岩がいくつか集まって川の流れを狭めている。そこにはもともと迫り出した地形があった。ときには以前に橋をかけようとした子どもたちの作業の跡もあるだろう。もしかすると地形に刺激を受けただけでなく、過去の遺産を見つけたことからはじまった遊びだったのかもしれない。

ともかくも、いま、子どもたちはその迫り出しの突端を徹底したということだ。

もともとの岩と子どもたちの石、さらにはかつて投げこまれた石の数々がない交ぜとなって橋がつくられた。

子どもたちはついに、石を伝って川を越えて行く。

向こう岸に渡りたい、いつまでも水の上を跳びはねていたいという子どもたちの意図が、いや、意図ほども明確ではない欲望のようなものが、ひとつひとつの石の姿に、無数の石と石の関係に、つまりは石の「配置」に転写されている。

数分後には押し流されてしまうとしても、しかしいまはまだ川の流れを横切っている、このはかなくもろい仮設的な配置に。

ところがこの布石《ふせき》を維持するためには手を入れ続けなければならない。目を離すと石はいともたやすく押し流されてしまうからだ。子どもたちは再び石を投げ入れる。この繰り返される「手入れ」をやめるとき、この仮設的な配置はもろくも崩れ去ってしまう。配置は寸断され、橋は消えてしまう——。

庭の石もまたこういうものだ。波打ち際に砂や石や流木でつくられた城や町のようなものだ。満潮の波がその配置を押し流したあとでは、その場に落ちる石や流木はすべてただの漂流物に還っているだろう。

石だけではない。庭では植栽も個体の成長にしたがって大きくなり、風や鳥や獣が知らぬ間に運んできた種子が新たな配置を生み出し、植生遷移にしたがって、その環境で可能な極相へと向かいはじめる。それでもその場が庭として感知されるのは、掃除や剪定といった手入れをとおして、部分的にではあれ、植物の茂り具合や大きさや遷移の段階が一定の「程度」に維持されているからだ。

たとえ石しかない枯山水であっても、手入れをやめるとほどなくこの仮設的な程度は揺らぎ、雑草が生い茂り、樹木が生え、ついには森林になるだろう。

　この仮設的な配置や程度こそが自然石や森林を変成させ、手入れの持続性こそがその変成を維持する。子どもたちの石は、ある配置にしたがい、ある程度に維持されればされるほど橋に、あるいは飛び石になる。大聖院庭園や詩風館庭園は数百年という時間のなかでこの仮設的な配置や程度を見失いかけているということだ。

　この意味で、庭とは持続的な手入れに依存する仮設的な配置や程度のことだ。


　巨大な石がトラックに積載されて次々と目の前を通りすぎていく。職人たちはまた次の石を指差して集まり掘り起こしはじめる。境内のあちこちで作業は同時進行している。

　観音寺に着いてまだ一時間も経っていないのに現場はめまぐるしく変わっていく。目の前で起こっていることさえ理解できないでいるのに気がつけば昼休憩の時間だ。とりあえず押しかけては来たものの、なにを見ればいいのか、なにをメモすればいいのかさえわからない。

　たんなる傍観者にならないためにはとにかく現場を見て、なにかを書きつけるしかない。もちろんすべてを見ることはできない。そうだとしても水面に飛び石をつくるように石と職人たちの動きを書きとめ、ぼくもまた、ある仮設的な配置や程度をつくりださなければならない。

　ついに大聖院庭園の庭づくりがはじまる！

2　つくる行為をうながすもの

初日の午後、ついに大聖院庭園の庭づくりがはじまった！

ここで扱うのは石組の初手から三手目までのたった三つの石でしかない。しかしほとんどはじめて見た石の配置を次々と決めていく古川は、いったいなにを根拠に配石しているのだろう？

この庭がどんなかたちになっていくのか、無数の物体がどこに配置されていくのか、古川も、住職も、職人たちも知らないのだ。

「こはんにしたかひて」――古川が口にした平安時代の作庭書『作庭記』の一節を手がかりに、大聖院庭園の石組の秘密を、庭園の詩学を追っていこう。ひとつひとつの石の配置や、職人たちの言葉を徹底的に見ることで。

ありあわせの素材による即興

ここで着工前の庭を、大聖院東面中央付近の沓脱石《くつぬぎいし》——縁側と庭の高低差を割るための大ぶりな石——から見た様子を確認しておこう。作庭作業中の古川の動きから、この沓脱石付近が庭のおもな視覚的足場のひとつとなっていることがわかっているからだ。

この視覚的足場から眺めると、庭は手前、中央、奥という三層のレイヤーとして見ることができる。手前から順に、庭を通り抜けるための砂利敷帯、丈の短い草や苔が雑然と生えている芝草帯、刈り込まれたサツキや樹木が並ぶ植栽帯が並んでいる。[図1-5]

中央の芝草帯には等間隔に小さな穴が空いていた。もともとアジサイが植えられていたが、作庭工事に入るため、下準備として古川たちが二〇一九年の夏から秋あたりに別の場所に移植した跡だ。

奥の植栽帯には刈り込まれた大きなサツキが並び、背後には土塀に沿って背の高いヤエツバキ、コウヤマキ、ゴヨウマツなどの

図1-5｜着工前の大聖院庭園を沓脱石付近から撮影。三層のレイヤーになっていることがわかる。中央から左手にかけての石は新たに運び入れられたもの。右手には山門が見える

木々が点々と列植されている。

土塀の向こう側は小さな谷になって数メートル落ち込み――総門から手水舎に続く参道と谷の細流がある――、ふたたび山となって迫り上がる。山の斜面にはモミジの大樹やヤブツバキなどが生い茂り、本堂へ登る長い階段や灯籠などの点景も含めて、庭の四層目のレイヤーをつくりだしている。

沓脱石から見て右手にあたる南側には大聖院の山門や石畳、その向こうには小さな庵――心休庵――があり、背後には山や大きな桜の木が見える。

左手にあたる北側を見ると庭の総面積の四分の一ほどを占める植栽区画があり、巨大なタラヨウやモミジを中心として、周囲にアセビ、サツキ、ツツジ、ナツツバキ、オガタマなどが密植されている。こちらの奥にも土塀があり、枝葉の先を見透すことはできないが、向こうには仁王門や総門、麓の集落や平野がひろがっているだろう。

この場所に、古川はいったいどんな庭をつくるつもりなのだろうか?

「京都の庭みたいになるやろね。場所が場所やからね。平らで、土塀もあるし」

「京都の庭」――これは比較的小規模な枯山水に類する庭を想定しているだろう。「平らで、土塀もある」。つまりのびやかな起伏がある庭でも、どこまでもひろがっているような庭でもない、平板で局限された庭。

もちろん用途のはっきりした庭でもない。茶室へと続く露地でも、船遊びをしたり池泉の周囲を回遊する庭でもなく、ただ見られる庭。とりわけ、そこに据えられる無数の石の配置――石組――を見るような庭だ。

石は詩風館からだけではなく、寺域の外からも搬入されている。外部からの石は地元の石材屋、中垣石材が運び込んでいる。それらの石がどこから来たものか古川に訊ねると「このあたりから出た石ですよね、地の石」とのことだ。

中垣石材の作業員によれば、これらの石は福知山の天座《あまざ》にある、かつて大江山青御影石《おおえやまあおみかげいし》の採掘場だった彼らの土場《どば》で山になっていたものだという。

この土場には大ぶりな自然石がいくつかの山に分けて置かれている。古川と住職は事前にこの土場を訪ね、そのうちひと山を譲り受けた。その石がユニック——クレーンつきのトラック——で次々と搬入される。

石はユニックやトラックがアクセス可能な大聖院庭園の中央から北西部分にかけて、つまりは沓脱石から見てやや左手中央付近に溢れんばかりに運びこまれていく。なにもなかった平庭はいつの間にか無数の石がひしめきあう空間に変貌しつつある。

『作庭記』の記述も実際はこのようだったかと思われる状況だ。


石を立てるには、まず大小の石を運びよせて、立てるべき石は頭を上にして、「伏すべき石は表を上にして」庭面《にわも》にとり並べて、あれこれの石の佳所《かしょ》を見あわせ、必要にしたがってひきよせひきよせ立てるべきである。◆1

とはいえ、これ以上石が散乱すると庭づくりどころではない。

昼休憩を挟んだ同日、作業初日の午後、他の作業と並行して石を据える準備がはじまる。翌日以降に予定されていた石組の開始が繰り上がるのだ。

大ぶりな三つの石が選ばれ、それらを据えるための穴が掘られた。石はその日のうちに据えられることはなかった。しかし翌日午前中にこの穴に据えられることになったのだから、この段階でこれら三つの石の配置が庭の骨格として定められたと考えられる。

庭の構想を告げる最初の一手は、思いのほかあっさりと決まった。沓脱石から見て敷地中央やや右手前の位置に、庭に運び込まれた石のなかでは最も面積の大きな平らな石が据えられることになる。この石を今後その形態から平石《ひらいし》と呼ぼう。初手の平石の次には最も量感のある角張った石――その量感から大石《おおいし》と呼ぶ――のための穴が中央奥やや右よりに、次に丸みを帯びた三手目の石――この石は後に職人の一人が「鯨《くじら》」と呼んだので鯨石と呼びたい――のための穴が、二つの石からやや離れた敷地左奥に掘られた。［図1-6］

驚くほど短い時間で配されたこれら三つの石、つまり初手の平石、二手目の大

◆1　「石をたてんには先大小石をはこひよせて立へき石をはかしらをかみにしふすへき石をはおもてをうへにして庭のおもにとりならへてかれこれかかとをみあわせ〳〵えうしにしたかひてひきよせ〳〵たつへき也」（森蘊『「作庭記」の世界――平安朝の庭園美』日本放送出版協会、一九八六年、六八頁）。なお引用中の［　］内は筆者による改変を示す。ここでは欠落していた「ふすへき石をはおもてをうへにして」の現代語訳を補った。「庭面」は庭の表面。「佳所」は優れているところ。

石、三手目の鯨石は、搬入された石のなかでは最も大きい部類のものだ。大きな石は必然的に庭の骨格を形成してしまうため、石組ではまず大きな石から据えていくことが多い。しかしその順序は、古川にとっては、たんに「決まっているものから」でしかない。

次々と決まっていく石の配置がどういう理路にもとづいているのか、見ている者には判然としない。ここにはおそらくなにか筋道がある。しかしそれがまったく見えてこない。

なぜあれではなくこれが、なぜあの場所ではなくこの場所に決まったのだろう？

庭に雑然と搬入された石からひとつの石を選び、特定の位置に配置していくその速度は、すでに石組の全体像が定まっていることを予想させる。しかし驚くべきことに、古川はあらかじめ家でスケッチを描いたり、設計図を引いたり、案を練ってから現場に立つわけではないという。

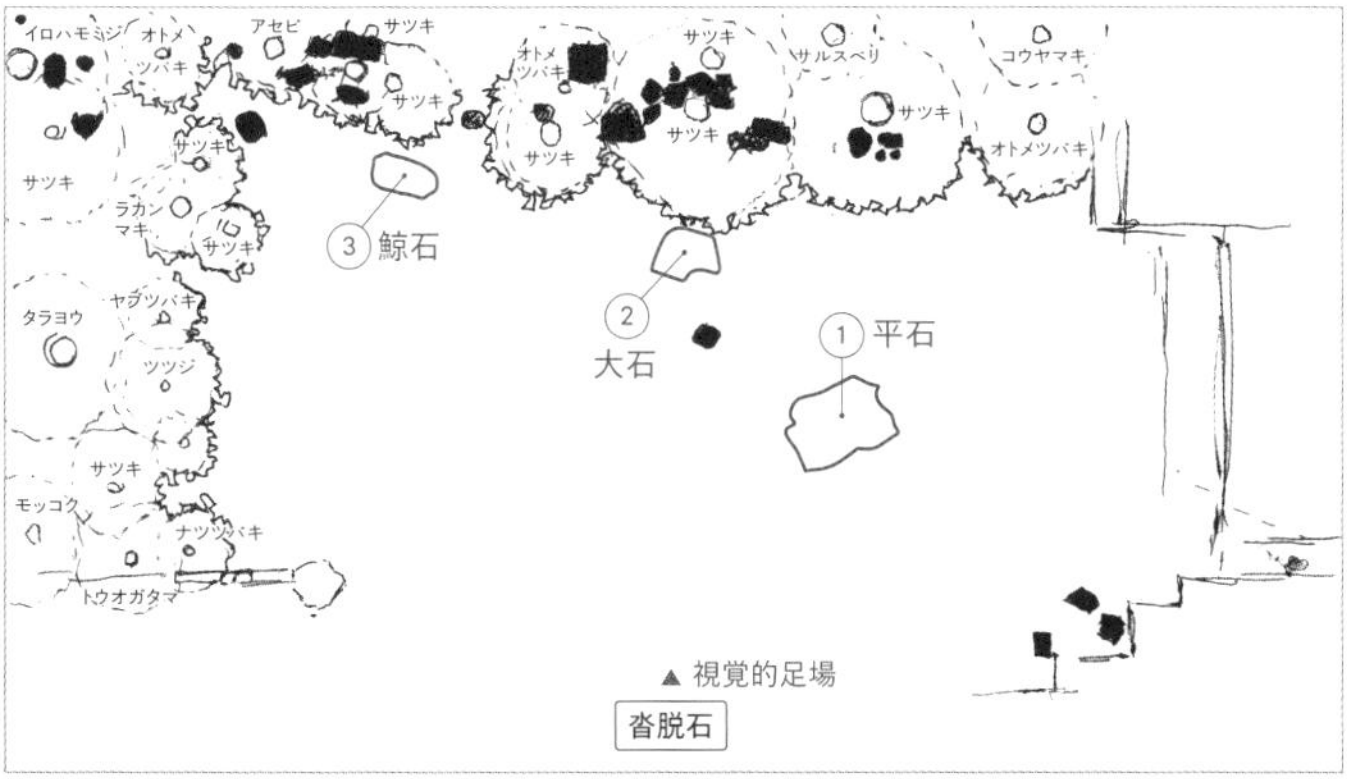

図1-6｜この平面図は石組がかなり進んでから現場で描いた図をもとにしている。実測図と比べると縦方向が圧縮されているが、大まかな配置は伝えている。視覚の奥行き方向の圧縮が反映されたこの図は精確な平面図以上に庭師たちの感覚にも近いだろう。黒塗りになっている箇所はもとからあった既存石組や古川が以前据えた石。ここでは赤で重ね書きした①平石、②大石、③鯨石に注目。なお、庭を正面から描いているため、通常と異なり上は東、左が北となる

「家では考えられないね。材料見てからだよね。来たものを見て判断してますわ」

石組みを組むにあたってスケッチを重ね、イメージを明確にしてから現場に立つ者もいると聞く。しかしながら少なくともこの現場では、すべては場所と素材を見あわせた上で、その都度決定される。

もちろん古川とて、あらかじめ現場は見ている。だから場所についてはしっかりとしたイメージを持つことができる。しかし素材については「来たものを見て」という言葉が示すとおり、ほぼ初見なのだ！

石組用の石材の買いつけにおいて、古川は石のかたちや色や種類にほとんど拘泥《こうでい》しない。住職の話によれば中垣石材の土場に積まれていたいくつかの石の山を見て、そこからひと山を即決したという。山を崩すことなく決定したのだから、ひとつひとつの石の形は当然わからないままだ。［図1-7］

たまたまそこにあった石をどのように組みあわせるか。大聖院庭園のひとつ前に手がけた庭では、古川が散歩をしていると

図1-7｜天座の土場。自然石や板石や延石など、さまざまな種類の石が山になっている

きに近場の空き地で見つけた山積みの石——石のせいで土地が売れない状態だった——をもらい受けてつくったという。住職と職人が言葉を交わす。

「古川さんはここにある石が一番ええ石や言うてね」

「よく話すのは冷蔵庫のなかにあるもので料理できる人が一番の料理上手やという話ですね」

ありあわせの素材からできるもの。設計図も持たず、はじめて目にした石をその場の判断で配置していく古川の庭づくりは、確かな足場を持たないありあわせの素材による即興なのだ！

こはんにしたかひて

そうは言っても、少なくとも施主にはなんらかのイメージが伝わっているのではないか？現代的な感覚すればそう疑うとしてもおかしくはない。いや、むしろ、そう考えたくなる。しかし住職の言葉を聞けばその期待も裏切られる。

「家内がどんな庭になんのか言うて、いや、それは古川さんにしかわからんのちゃうか言うてるんですけど。あの石なんかはどこに行きますの？」

なんということだろう！　この現場では材料の規格や数量も石の配置もわからないのだったが、どんな庭になるかの大雑把な構想さえほとんど決まっていないということだ！

だからといって現地でスケッチを重ねるわけでもなく、夜な夜な計画を練り直すわけでもない。つまりはほとんど徒手空拳で現場に立ち、ほとんどはじめて見る素材を、その場で即興的に配置し、組みあわせていく。

初日の三時休憩――現場では昼十二時に一時間の休憩があるほか、午前十時と午後三時に約三〇分の休憩がある――に交わされた住職と職人たちのやりとりを引こう。

「お弟子さんがたは古川さんがどんな庭をつくるかわかっとってんですか？　なんかえらい怒られたりしてますけど」

（職人たち、苦笑いと沈黙）

「いや、なんか設計図とかがあるんやったら違うことやってるって怒られるのもわかりますけどね。そんなんないのに怒られてもなにが違うんかようわからんのと違いますか？」

住職の問いかけに現場で最も経験豊富な竹島幸代が答える。

「いえ、古川さんが怒ってはるのは体の使いかたなんです。庭の姿かたちは最初にあるものではないので。あそこからここまで通路をつけるのはわかりますけど、それも材料との関係で決まってくるので」

「そしたらあれですか、こうやって石を見ながら決めていかれるんですか？」

この庭がどんな庭になるのか、それは施主である住職だけでなく、ともに働く職人たちでさえほとんどわかっていない！

住職が驚きを隠せないように、古川は庭のありようを「石を見ながら決めてい」く。これはコンピューターに支援された3D表現が浸透し、完成予想図や模型によって未来をかたちにしなければ契約が成立しない現在の商品取引的性格とは決定的に異なっている。

しかし、では、古川はいったいなにを根拠に石を据えているというのか？

先の会話に続けて古川が住職に言う。

「平安時代の難しい本には「こはんにしたかひて」って書いてあるんですわ。それは石が「求めるところにしたがう」ということで――」

「それがわからんのですわ」

「平安時代の難しい本」――古川がこのとき引いたのは『作庭記』の有名な「立石口伝」の一節である。

古川が「求めるところ」と言い換えた「こはん」は、かつて研究者のあいだで解釈が分かれ、論争を巻き起こしたことがある。そのなかで現在もっとも踏襲されているのは、古川が言い換えたように「乞はん」と当てて石の「求めるところ」ととる庭園史家、森蘊《おさむ》の解釈だろう。◆2

　石を立てるには、まず主石の看所《みどころ》のあるのを一つ立て終わってから、次々の石をその石の求める［ところにしたがって］立てるべきである。◆3

のちに擬人化との批判があったように、森のこの解釈にしたがえば、石組の方法論として、石の「求めるところにしたがう」という奇妙な事態を受け入れなければならない。◆4 実際のところ石がなにかを求めてくることはないのだから、住職の言うとおり石をどこに据えればよいのかは「わからん」ことになるだろう。

しかし古川とて石の希望を問い訊ねるわけではない。具体的にどのような理路にもとづいて石を据えていくのかと訊ねたときの古川の言葉は思いのほかドライである。

◆2　森は「瀧を立る次第」に現れる「こはん」への註釈で次のように書き、この解釈を「立石口伝」の読解でも踏襲している。「従来「こはん」は「碁盤」であらうと解釈し、従つて平安時代庭園の石組に幾何学的の配石法がある事を指摘した人があるけれども、本巻を具さに読了するとき、その一節に「その石の乞にしたかひてたつるなり」の如き用語があり、「こはん」は「乞はん」つまり、その石の要求或は必要度に応じて次の石を立てるといふ意味を示したものと解するのが正しい」（森蘊『平安時代庭園の研究』桑名文星堂、一九四五年、二二五頁）。ここで森が批判しているのは『群書類従』が明治期に「ごばん」と翻刻されたことで現れた「碁盤」説である。森の解釈にたいしても上原敬二が支持した「小半」説等の異論もあるが（上原

「まあ、材料にあわせてだよね。「こはんにしたかひて」ってキザな言い方だけど、石がどうやって据えてくれ、こうしてくれって、そこまで言うわけじゃないからね。この石はなにを求めてるんだろうって、そこまで行ったら道楽だよね。そこまで解釈する研究者もいるけど、つくってる人間からすると馬鹿馬鹿しい。それだと一生かかっても庭はできない」

石は「そこまで言うわけじゃない」。しかし材料にあわせて、石の求めるところにしたがうのだ。

ここでは研究者と庭師、解釈と行為が対比されている。石がなにを求めているのかを研究者のように解釈するのではなく、しかし、石の乞うところにしたがって庭師として行為する。

解釈と対置された庭師の決然たる行為のなかに、石の「求めるところ」などという曖昧な要素は入り込む余地はなさそうに思える。しかしそれでもなお、古川がとっさに「こはんにしたかひて」と述べたように、行為する庭師にも石の「求めるところにしたがう」という感覚が残るのだとすれば、そこには自らの意図だけで行為しているわけではないという直感があるということだ。

編『解説　山水並に野形図・作庭記』加島書店、一九七四年、四九頁）、森の解釈は田村剛やその田村を支持する斎藤勝雄、より近年のものでは飛田範夫や荻原義雄の著作でもおおむね踏襲されている（田村『作庭記』相模書房、一九六四年、二四六頁／斎藤『図解作庭記』技報堂、一九六六年、一頁／飛田『「作庭記」からみた造園』鹿島出版会、一九八五年、一六二頁／荻原『日本庭園学の源流『作庭記』における日本語研究——影印対照翻刻・現代語訳・語の注解』勉誠出版、二〇一一年、六九頁）。ともあれここでは、古川が師弟関係にある森の解釈を踏襲して「石が求めるところにしたがう」と解釈していることに注意したい。

◆3 「石をたてんにはまつおも石のかとあるをひとつ立おゝせて、次々のいしをはその石のこ石は庭師たちの行為を触発するという意味で乞うのでなければならない。石は解釈されるべきものではなく行為をうながすものなのだ。

古川は設計図も持たず、しかも初見で、即興的に石を組むのだった。しかしその行為は、古川の意図だけで進展するものではなく、石による行為の触発によっても支えられている。

この行為の触発こそが古川にとっての「こはん」の意味だろう。石組の決定プロセスには、それゆえ、庭師の意図だけでなく石も参与していると言いたくなる。

ここからは、実際の石組の生成過程を詳細に追うことにしよう。古川の言葉や職人たちの行為とともに、新たに据えられる石を一手ずつ見ていこう。そうすることで、石による行為の触発、つまり「こはんにしたかひて」が、実際の現場でどのように作用しているのかに迫りたい。古川の言葉を裏切り、研究者のように。しかし庭師の行為を観察することで。

は［ん］にしたかひて立へき也」（森、前掲書、六八頁）。本書の現代語訳では、おそらくは読者の解釈を助けるために「その石の求める気持ちに随《したが》って」と口語訳されているが、「気持ち」とまで解釈するのは行き過ぎだと思われる。ここでは［ ］内のように、前注で引いた森自身の解釈やそれを踏襲した古川の言葉にしたがい「その石の求めるところにしたがって」としておきたい。近年の研究でも「求めているのに順《したが》って」（萩原、同前）とある。また本書の書き起こしでは「こはむ」と書かれているが、これも前注の森自身の翻刻や、他の諸研究を参照し「こはん」とした。

◆4
上原は森の解釈を「擬人化」として批判している（上原、同前）。

石を組むために三叉が詩風館庭園から大聖院庭園へと移される。この道具の詳細は4章1で明らかになる

3 他性の濁流をおさめる

石の「求めるところにしたがう」即興的石組は、石による行為の触発に支えられている。石は庭師の行為をうながすのだ。

だが、どうやって？

庭師自身が自らの意図だけで行為しているわけではないという直感を持っているのだとしても、いったいどうやって石が庭師に働きかけてくるというのか？

ここでは初手から五手目までの布石のプロセスを詳細に追うことで、あるいはこの庭にそもそもあった過去の石組と生成途上の石組との関係を検討することで、石組の配置がどのように決定されていくのか、その秘密に迫りたいと思う。

庭師たちを突き動かす力の正体に迫ろう。

石組の生成プロセス

すでに配置の定まった初手から三手目までの石の配置を見直してみよう。［図1－6再掲］

初手に選択された平石は沓脱石から見てやや右にずれているとはいえ、ほぼ中央の手前寄りに設定されている。他の石がまだ据えられていない状態で最も面積の広い石をこれほど手前に、しかもほぼ中央に食い込ませる布石《ふせき》は緊張感を感じさせる。

二手目の大石は平石のやや左奥。平石と大石の二つは広い敷地にたいして奇妙にも中央やや右にかたよっており、敷地全体からすれば均衡を欠いた配置のようにも見える。

手前中央やや右側にかたよった布石は三手目の鯨石でようやく左奥へと開き、一時的な安定とのびやかさをえることになる。

三つの石は右手前から中央奥、左奥へと流れている。大きく見れば三つの石は右手前から左奥へ斜線を形成しているようであり、左手前にあたる敷地北西隅を中心にした緩やかな弧のようでもある。

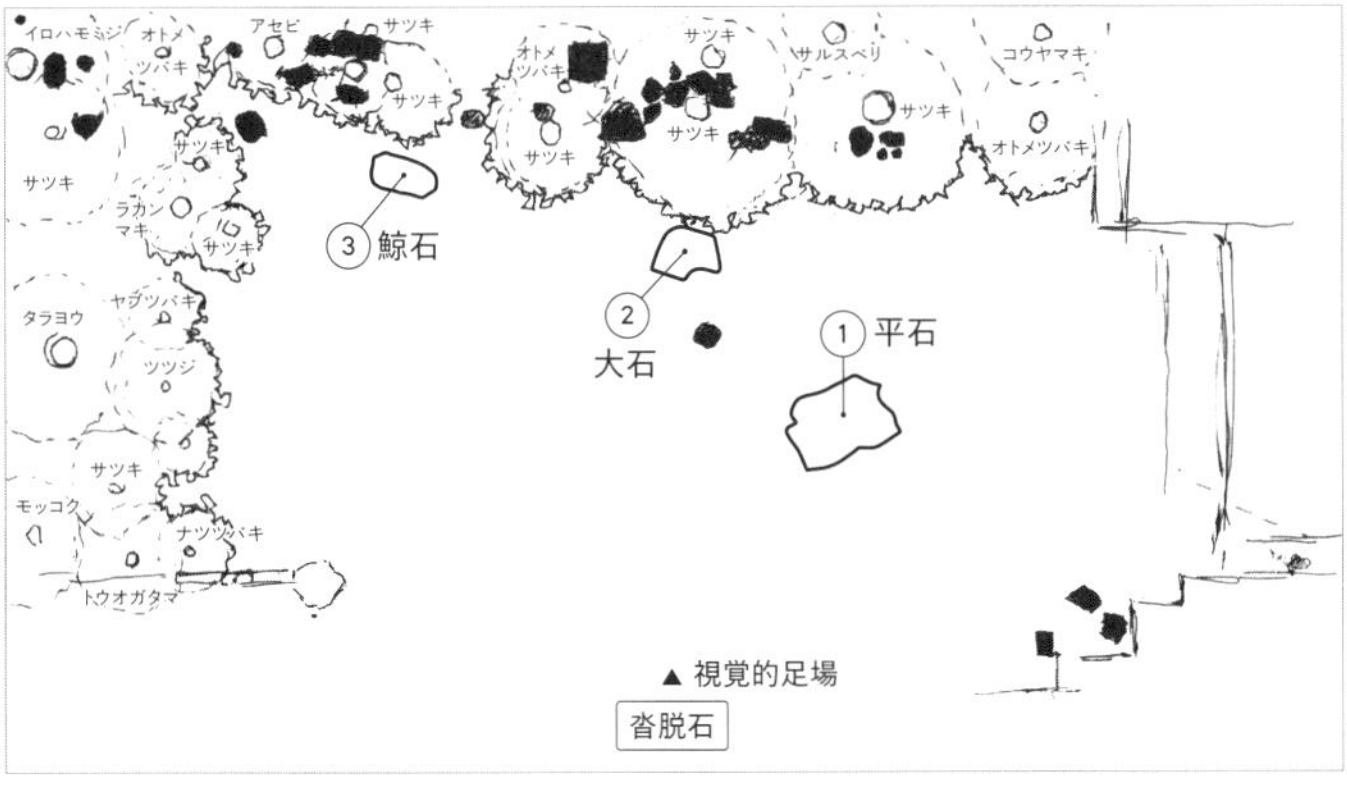

図1-6（再掲）｜三手目までの平面図

とはいえ、以上のような描写からしてすでに混乱したものと映るかもしれない。右手前に置かれた初手の平石がなぜ食い込んでくる、あるいは緊張感があると判断されるのか？　なぜ初手と二手目大石をあわせた配置のかたよりが奇妙だと言われるのか？　なぜ三手目鯨石が加わると一時的な安定をえたと感じるのか？

石組の具体的な生成プロセスについてはここではじめて記述するのだからゆっくり進めよう。普段ぼくたちは庭を前にして、すでにできあがった石組を静的な図像のように受けとることしかできない。だとすれば、配石の順序やそのプロセスが手元にあるいまの状況は石組の発生を理解するチャンスだろう。いままさに立ち上がりつつあるこの石組にはまだ照合すべき図像もなく、個々の石の配置を形成していく「こはん」の力、つまりは触発の力だけが満ちているはずだからだ。

庭師として行為する古川は、自らの布石をどう見ているのだろうか？

「平べったい大きな石（初手の平石）を結構手前に持ってきて驚いたんですが」――初日の仕事終わり、初手の配置についての驚きを古川に伝えた。

「そうやね。それでもうひとつ（大石）置いて重心をつくって。あっちの（鯨石《くじらいし》）は石の性質が違うでしょ。だからあっちに置いて、それでこっち（南西隅）にも置くかな。たぶんね。いや置くな」

初手の奇妙さについての応答ははぐらかされている。平石はそもそもこの場所に決めていたという古川は、とくに奇妙さを感じていない。そして驚くべきことにここでは三つの石だけではなく、初日に置かれることのなかった四つ目の石——こっちの石——が置かれる可能性が語られている。さらに注目すべきなのは、石組に「重心」が想定されていることだ。

重心とはなにを意味するのだろうか？　石はいったいどのような理路にもとづいて据えられているのか？

「まあこういう流れですわ（腕を敷地にたいして南西から北東に向けて斜めに振りながら）。動きがほしいからね。それしか考えられないよ」

重心が配石にどう作用するのかを訊ねたつもりだったのだが、新たな情報が追加されてしまった。どうやらこの庭では、沓脱石から見て右手前から左奥へと庭を貫く直線的な「流れ」が想定されているようだ。

曖昧になってしまった初手の平石についてはあとで語り直すことにして、会話のなかに現れた三つの謎——重心、流れ、四つ目の石——について順に検討しよう。［図1-8］

重心と力の場

まず、この庭の布石には重心がある。しかし石組にとって重心とはなにか？

初手の平石に加えて「もうひとつ置いて重心をつくって」という言葉から理解できるのは、庭という場に、いくつかの石によって量的あるいは重量的な中心をつくるということだ。つまり最初の二手は、後に重点的に石組がなされるだろう場所にあたりをつけることを意味する。

初手の平石と二手目大石はその量感と近接性から見て、この庭の視覚的中心をつくりだすのに充分な存在感を持つ。三手目鯨石はこの重心を足場にして、庭の左奥の隅へと布石を開いたということだ。

つまり安定した重心をつくりあげた上で、あちらやこちらへと配石をおこなうこと。これが重心の第一の解釈だ。

しかしこのように静的に解釈すると、「あっちに置いて、

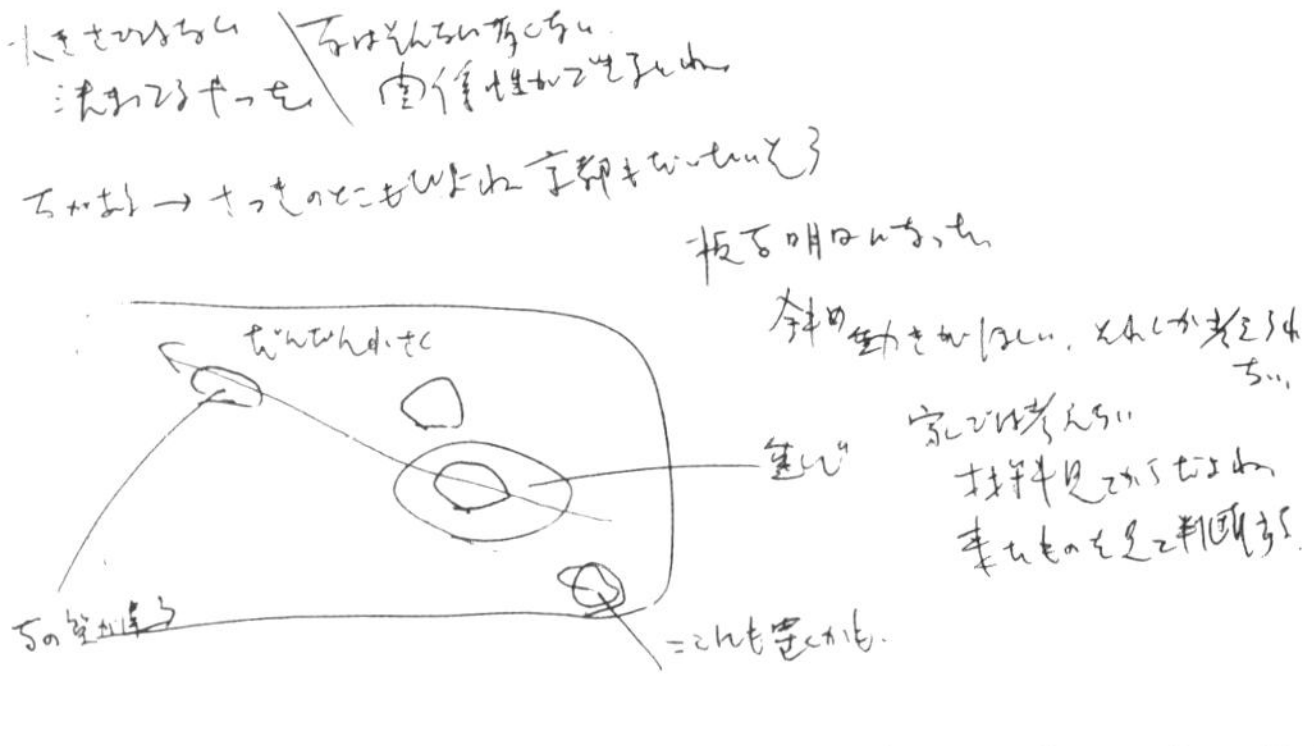

図1-8｜古川の言葉を聞きながらとった走り書き。左上にのびる矢印が「流れ」。「石の質が違う」と書かれている左上の石が三手目鯨石。中央の重心と書いている二重の円の内側が初手の平石、その左上が二手目大石。この走り書きでは平石を円で括って重心と書いているが、実際は二手目大石も一緒に括るべきだっただろう。右下の「ここにも置くかも」と書いているのが「こっちにも置くかな」と言われた構想上の四手目

それでこっちにも置く」という言葉から連想される、なんらかの必然性をもった展開、あっち、それからこっちという順序とリズムのある展開を充分に理解することができない。

　あっちに置かれる石は「石の性質が違う」ので重心から遠く打たれたということは理解できるとしても、なぜ次の四手目の石がほとんど一組の対としてこっちへと、重心を挟んで反対側に置かれる可能性が示唆されたのだろう？

　不安定に揺らぐシーソーのようだ。重心という言葉に立ち返るなら、ここで語られた石の順序やリズムは、安定した重心を足場に両側に手をひろげることと考えるだけでは不十分だろう。

　順序やリズムを前提とし、あっちに置くとこっちにも置くことになるような必然的展開が生じる庭とは、石をひとつ置くごとに変動する不安定な場として理解すべきではないだろうか？　そしてこの庭において、石組とは不安定な場の重心を絶えず探り続ける試みとして考えるべきではないだろうか？

　つまり庭を、さまざまな物体——とりわけここでは石——が相互に作用し、拘束しあう「力の場」としてとらえるということだ。この場が背景となって、次に据えられるべき石の配置もまた制約される。つまり庭師はこの不安定な力の場に触発され、行為をうながされるということだ。

　こうとらえることではじめて、古川が口にした順序とリズムある石組の必然的展開が明確に像を結ぶ。

　この観点からもう一度、初手から布石を見直してみよう。冒頭でおこなった布石の描写の奇妙さ

──食い込ませる、緊張感がある、奇妙にかたよる、均衡を欠く、一時的な安定をえる──もこの力によって理解できる。

右手前に据えられる平石はその見た目の大きさと身体的近接性から、手前やや右側に大きなかたよりをつくりだす（食い込ませる）。庭という不安定な場はこの平石の量感に引きずられて大きく右手前へと雪崩《なだれ》はじめる。つまり初手が打たれたことによって庭という力の場に大きな不均衡が生じたということだ（緊張感がある）。

それゆえ、次に置かれる二手目大石の位置は必然的に中央より奥へと追いやられる。均衡をとり戻すにはその位置は左にずれるはずなのだが、ここで均衡を完全に回復する中央やや左奥に石を打たず、二手目を打ってもなお、場は依然として右手前にかたよるような位置に大石が打たれる（奇妙にかたよる、均衡を欠く）。

この不安定なかたよりを鎮《しず め》るには大きく左へ、しかも平石と大石の量感からすれば、それなりの大きさの石を左奥に遠く外して打たなくてはならない。この距離を前提とするからこそ、古川は丸みを帯びた「石の性質が違う」鯨石を選択した。右手前に雪崩れつつある力の場を背景に、鯨石は大きく左奥へとはずして打たれることになる（一時的な安定をえる）。

石はたんに古川の意図にしたがって打たれるわけではない。ひとつの石は決してひとつの石ではなく、布石という力の場に拘束されながら、その制約のなかで打たれる。更新された布石はまた次の石を要求し、新たなかたよりを持ったこの場に巻き込んでいく。

いま、三手目の鯨石が打たれたことで布石が一時的に安定したかのように書いた。しかしそれはあくまで沓脱石付近から見た範囲での庭の話だ。というのも、古川が示唆していた四手目の「こっち」の石は、沓脱石付近から石組を眺めてもほとんど視界に入らない場所に想定されているからだ。つまり石組は、視界に枠づけられた構図のなかで完結するわけではない。布石は庭の領域そのものを切り開く。

石組がこの不安定かつ不定型な場で変動する重心を探り続ける試みなのだとすれば、庭づくりとは、ひとつの物体が置かれるたびに変わっていく場に、新たな物体を巻き込み連鎖させていくことだ。庭とはこの連鎖の結果として残る物体の配置のことである。

いままさに庭がつくられつつある現場では、石組を「三尊石」や「虎の子渡し」や「鯉の滝登り」といった図像的理解に還元することはできない。

たしかにある物体や、ある物体の構成は、ときになにかに見えてしまう。この図像を引き寄せる力はきわめて強く、この現場でも三手目鯨石のように、特徴的な石には動物その他の呼び名がつけられることになる。

しかしこうした図像的理解は、その理解そのものを構成するかたちの力について、ひとつひとつの石が変動し続ける力の場にどう結びついているかについて、あるいはその物体の構成がなにをしているかについては、なにも教えてはくれないのだ。

流れ

古川の言葉で次に注目したいのは布石に想定されている「流れ」である。

沓脱石から見て右手前にあたる南西隅から左奥にあたる北東隅へと斜めに走る石の流れ、これは大聖院庭園の石の配置にかかわるきわめて重要な示唆だろう。現状三つの石の配置はこの流れを想定すればある程度理解できるからだ。

この点を意識して布石を確認すると、三手目鯨石の姿がこの流れに沿った線的形態として据えられていることがはっきりとわかる。沓脱石から見て、鯨石が小さく見えてしまうとしてもあえてこの角度で据えるのは、この流れの構想が布石に強く関与しているからだ。さらには二手目大石もこの鯨石の線的形態の延長線上にあることに気づくだろう。［図1－9］

たしかに初手の平石と構想上の四手目だった「こっちの

図1-9｜二日目の作業後に流れの北東隅から撮影した鯨石（一番手前の丸みを帯びた石）。流れに沿った線的形態がはっきりとわかる。鯨石の右隣の低い小さな石は実際の――構想上の、ではなく――四手目

石」はこの軸線からは外れている。しかし構想上の展開ではなく実際の布石の展開を追うと、流れと布石の関係はより明確になる。

作業二日目となる四月八日の午前、前日に決定していた初手から三手目がそのままの位置に据えられ、次いで四手目、五手目が据えられる。

構想上の、ではなく、実際の四手目は三手目鯨石の補足となる軽い手だった。これはおそらく鯨石を流れに沿わせたことで沓脱石から見たときにひろがりがないと判断されたからだろう。この辺りに石のひろがりをあたえ、整えるための一手だ。むしろ次いで打たれた五手目こそが、古川が口にした構想上の四手目に対応する石だ。[図1-10]

五手目はあっちの鯨石にたいするこっちの石として、三手目鯨石と二手目大石を結んだ流れの上に据えられた。こうして初日午後の二手目、三手目、翌日午前の四手目、五手目と、四つの石が古川の示唆した流れに沿って展開した

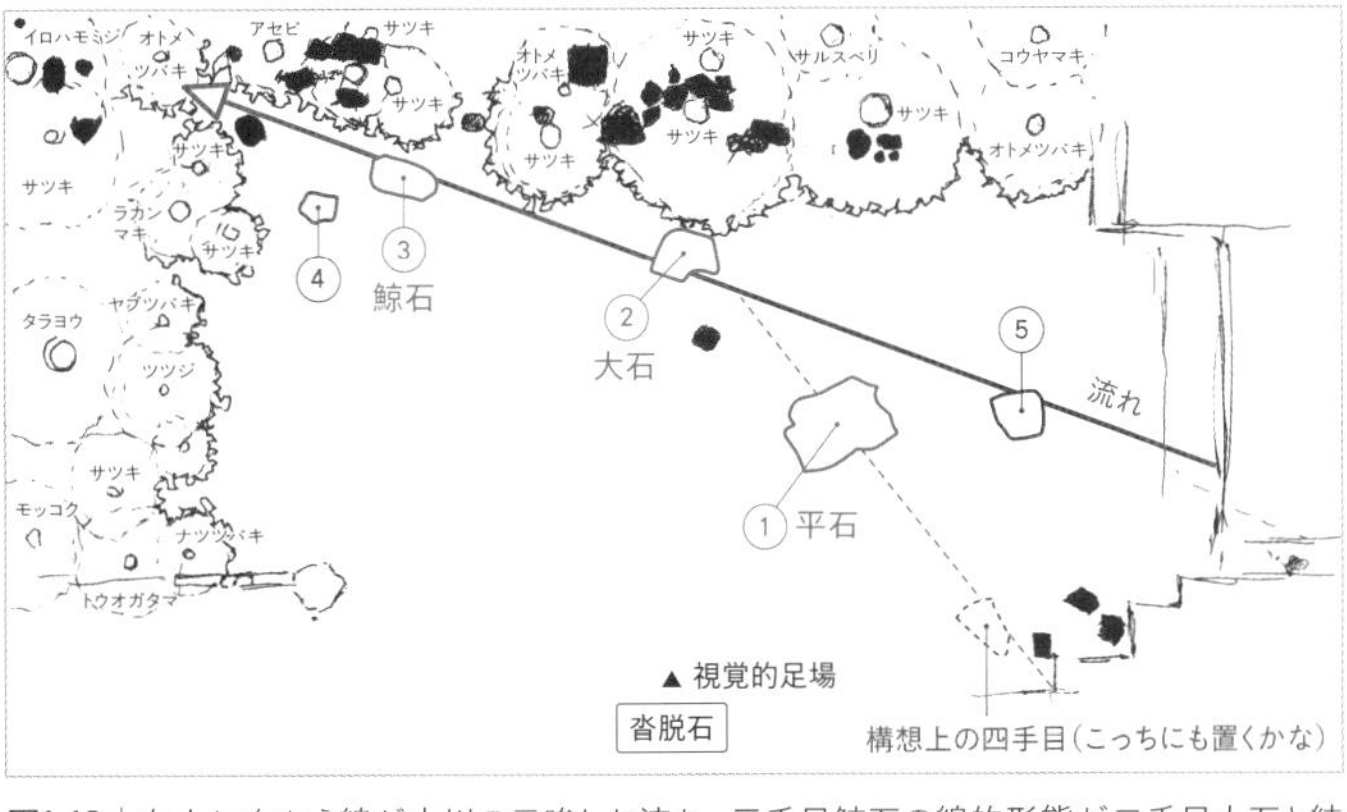

図1-10｜左上に向かう線が古川の示唆した流れ。三手目鯨石の線的形態が二手目大石と結びあったことで、初手の平石と二手目大石に構想上の四手目を加えた流れが屈折した。それゆえ構想上の「こっちの石」は位置を変え、五手目として実現していることに注目したい

ことがわかる。

三手目の線的形態によって突如顕在化したようにも思われるこの流れはどのように定まっていったのだろうか？　ここでは流れの形成に作用したと考えられる、偶然とも必然ともとれる二つの要素を提示しておきたい。北東の隅石とサツキの収束である。

流れの南西の端は大聖院玄関付近にあたる。そこから見るとこれらの石がほとんど一列に連なっていることがわかるのだが、流れの一方が玄関に突き当たっていることをことさら強調するつもりはない。少なくとも作庭中に古川はその周辺から見ることはあっても玄関に立つことはなかったからだ。

しかし、この流れを玄関とは反対側の北東方向にたどって気づいたことがある。驚くべきことに、鯨石の背後のサツキの足もとに、これまで見えていなかった既存景石、つまりはもともとここにあった過去の景石のひとつがある！

これを北東の隅石と呼ぼう。［図1-11］

図1-11｜中央が二手目大石。中央奥の丸みのある石が三手目鯨石。そのすぐ右奥、サツキの下にうっすらと「北東の隅石」が見える（矢印部分）。写真はやや石組が進んだ二日目の作業後に撮影されたもの

多くの既存景石が肥大化したサツキの木陰に隠れているなかで、この石は比較的目立つ位置にある。古川が示唆した流れの軸線上に既存景石が出てきたことは偶然なのだろうか？

この石についてはあとでもう一度立ち戻ることにして、流れにもうひとつの重要な文脈をもたらしていると思われるサツキの収束について確認しておきたい。

この庭のなかで最も目立つ対象のひとつになっているサツキの刈り込みは沓脱石から見て奥側にあたる東側の土塀沿いに、過去の石組に沿って並んでおり、これらがそもそも既存石組に添えられた低い刈り込みだったことを想像させる。いまや過去の石組を覆い隠し、庭の中心的な視覚的対象になってしまったこの丸物は、大きくなりすぎたために相互につながり、ひとつの雲のような有機的量塊となって庭の真正面に漂っている。

しかしよく見ると不思議なかたちだ。その形態は右手の南側に行くほど膨張し、左手の北側に行くほど収束していく。左へ行くほど低く、かつ奥へと後退していくこの特徴的形態は、左奥隅へと収束する視覚的印象を強くあたえる。

この形態がつくりだす左奥への収束は、この庭という力の場を構成するひとつの要素だ。この収束が、古川が想定する石の流れとほぼ同一の方向を持っていることは、流れの構想にひとつの文脈をあたえた可能性を示唆している。［図1－12］

北東の隅石もサツキの収束も偶然的なものにすぎない。しかしそれらが持っているかたちの力は実在的なものだ。ようするに流れの構想もまた、個々の石と同じように行為を触発する力の場によって形成されたのではないだろうか？

ここまでが、初日の午後に決定された三つの石を詳細に追うことで理解できたことだ。これら三つの石を理解するために二日目午前に打たれた四、五手目、既存石組の北東の隅石、サツキの収束にも触れたが、基本的には初日の布石の理解がその中心を占めている。

古川が引いた『作庭記』の「こはんにしたかひて」、つまり石の「求めるところにしたがう」という言葉は、少なくともこの現場のなかではいまや具体的に想像可能なものになっている。この言葉は、自らの意図だけで布石を決定しているわけではないという作庭者たちの直感を表現している。この直感の背景には、庭師の行為を触発し、次の一手を拘束する「重心」や「力の場」がある。

次に、この庭には「流れ」の構想があった。この流れを想定することで、これまでに配されたいくつかの石の具体的配置の理由が明らかになった。流れの構想は布石の展開を拘束する重心とは関係がない。しかし北東の隅石やサツキの収束といった既存の文

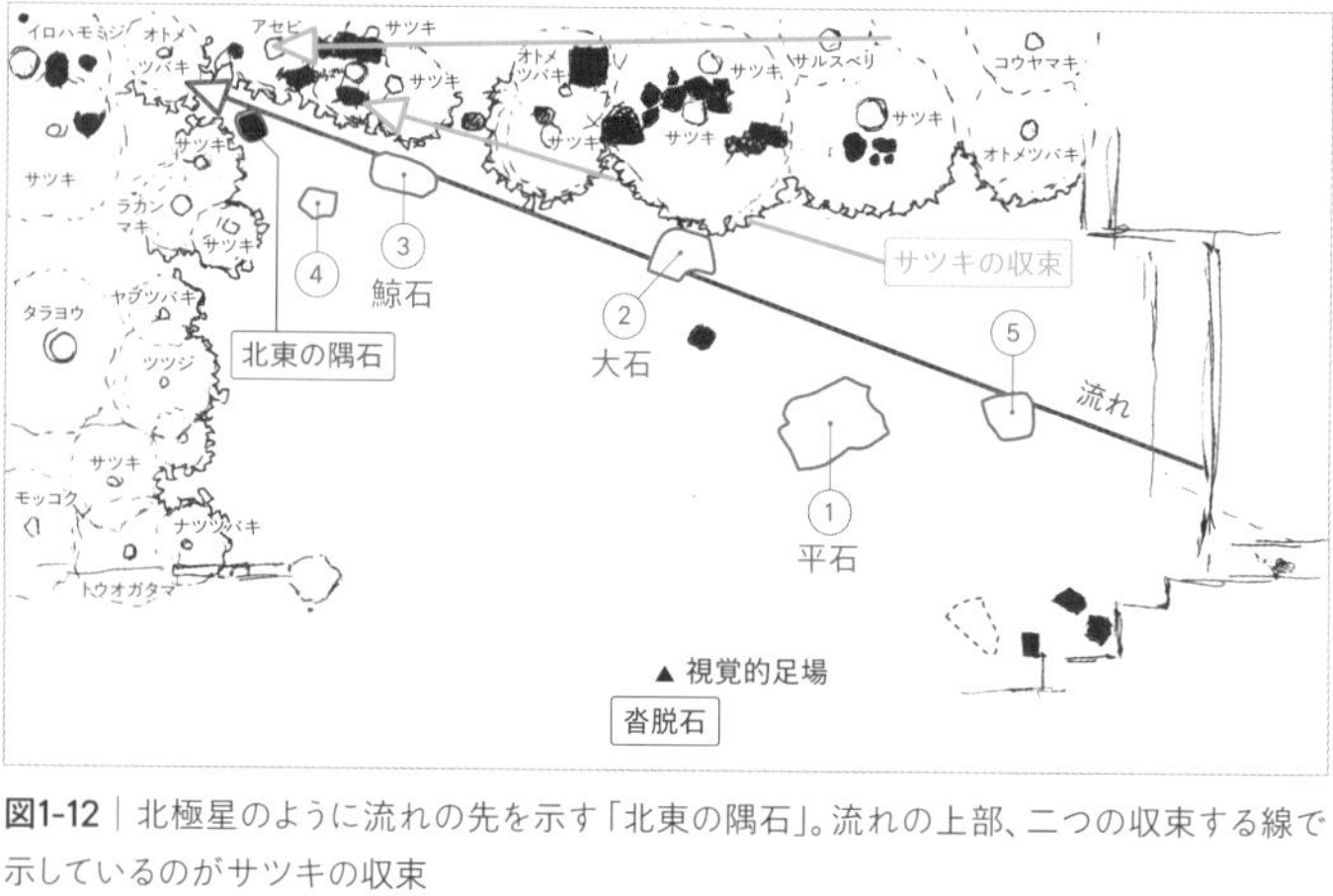

図1-12｜北極星のように流れの先を示す「北東の隅石」。流れの上部、二つの収束する線で示しているのがサツキの収束

脈に触発されて形成された可能性は残る。つまり流れもまた重心と同じくこの行為を触発する力の場に規定された可能性があるということだ。

『作庭記』の記述、「重心」や「流れ」という古川の言葉、実際の作庭プロセスをもとにして、ぼくたちは初日の作庭現場に渦巻きはじめた力をいくらかは見透《みとお》しはじめている。しかし、こうした力を想定するなら、作庭作業がはじまるよりも前、つまりは初手の平石が打たれるよりも前、古川がはじめてこの場に立ったとき、そこにはすでに触発の力が存在していたのではないだろうか？

先ほど指摘した北東の隅石とサツキの収束がそのヒントになる。この二つの要素は初手が打たれる前からこの場に渦巻いていたかたちの力だからだ。では、布石の連鎖の開始を告げた初手の平石はどういった力を背景に打たれたのか？

そういえば、初手の奇妙さについての問いも、先の会話ではぐらかされたままになっていた！

へそ石と二連石

初日の現場は搬入された石の山で混乱していた。現場を観察していたぼくもフィールドワーク初日でなにを見るべきかわからなかったし、各所で同時進行する工事と行き交う石の多さに圧倒されていた。

それゆえ気づくことができなかったのだが、石の搬入も落ち着きはじめた作業二日目、この庭のほぼ中央付近、平石のやや左奥、大石の手前あたりに、実は低くて小さな既存の景石があることに気づく。
他の既存景石が基本的には東側土塀沿いに並ぶなか、なぜか庭のほぼど真ん中といってもよい地点に、目立たない石がたったひとつ、孤立してあった。［図1－13］
庭の臍《へそ》とでも言うべき地点に据えられていたこの石――へそ石と呼んでおきたい――が、もともとの庭のなかでどういう位置づけにあったのか、いまとなってはわからない。ともあれ、ここで重要なのは既存石組にはまったく関心を示さなかった古川が、この石のことだけは明確に意識しており、石組がはじまる「きっかけ」になったと考えていたことだ。

「あれはきっかけだよね。あれがあるからはじめられるっていうかね。ぼくが据えてないでしょ？　だからぼくのクセがないいんだよね。遊び心でもあるし」

「あれがあるからはじめられる」との言葉からは、古川にとっ

図1-13｜中央の低く小さく見える石がへそ石

てへそ石が大きな意味を持っていたことがわかる。にもかかわらず、この石がその後打たれたすべての石の連鎖の「きっかけ」になっているという事実については、騒然とした現場のなかで多くの職人が見落としていた。

ベテラン庭師の竹島に、まだ若い職人、鷲田進——作庭工事の予定を知らせてくれた職人だ——が問いかける。

「この庭はなにかイメージあるんですかねえ?」

「あの小さい石がスタートなんよね」

「え……あの平べったいの（初手の平石）じゃなくて? あの小さいの?」

初日午後の段階で、古川に初手の奇妙さについて訊ねていたが、その返答は曖昧だった。もし古川が石の「求めるところにしたがって」石を据えていくのであれば、そもそも初手はどうやって決まるのか、この庭の場合、初手の平石はどういった力に触発されたものなのかがわからなかった。

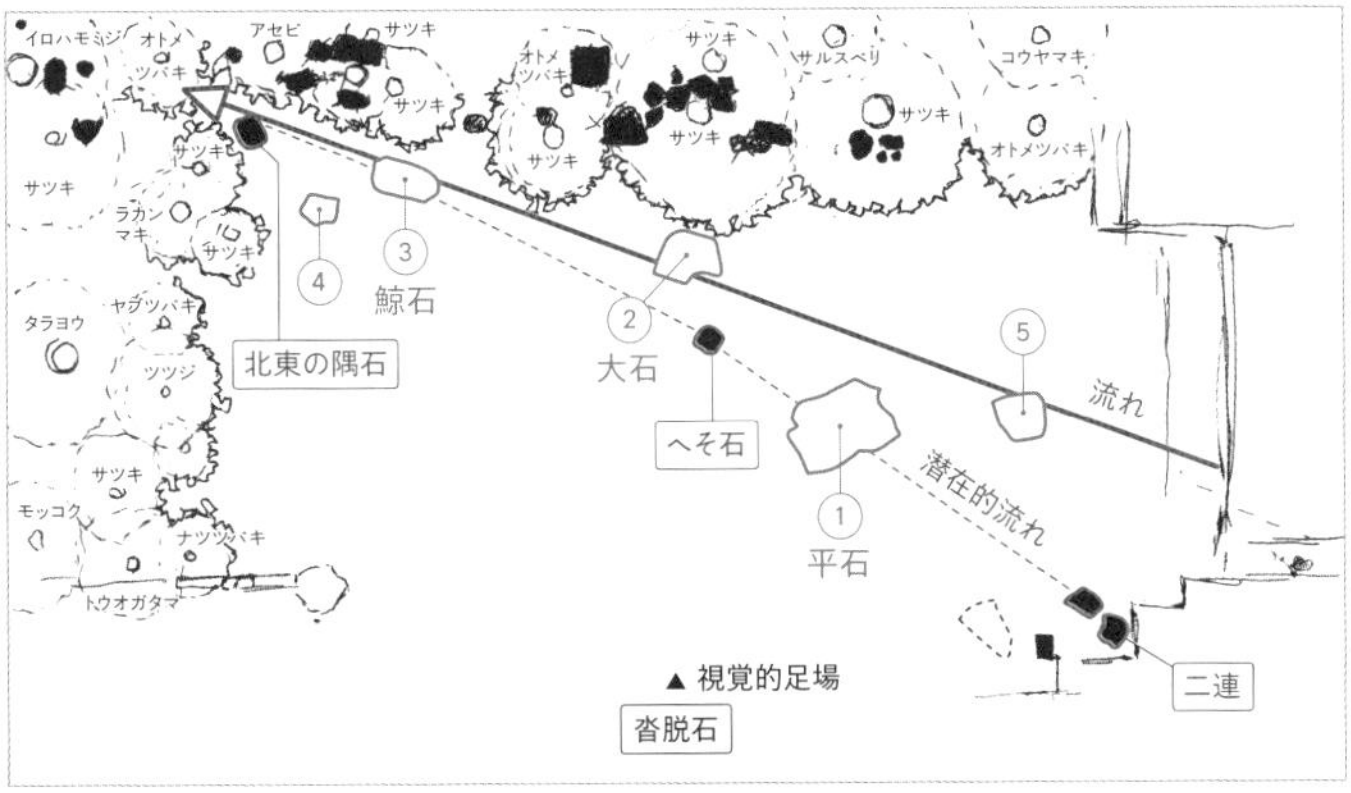

図1-14｜黒で塗りつぶされているのはすべて既存景石。北東の隅石、へそ石、二連の位置を確認しておきたい

ようするに、まだひとつも石が据えられていない無風状態の庭で、初手はなにに乞われるのか？

たしかに石を据えはじめる前に北東隅に向けて収束するサツキの形態はあった。しかしサツキの収束は流れの構想に影響をあたえたとしても、初手の平石の配置に関与したと考えるのは難しい。

しかしいま、へそ石の存在が明らかになり、この小さな石が布石の「きっかけ」になったことがはっきりした。つまり、新たな布石の背景にはより古い布石がつくりだす力の場があった！

再度布石を見直してみると、構想上の四手目——「こっちの石」——を示唆した南西の建物脇付近にも既存景石が二つ並んでいる。これらの石は古川が半年程前、工事のじゃまになるアジサイを移動させに来たときに据えたものだという。

この二つの石——二連石と呼ぼう——はセットで据えられているがゆえに二つでひとつの線をかたちづくっているように見える。面白いのは、この線を延長するとへそ石に連なっていることだ。そして初手の平石は、このへそ石と二連石の線上に打たれている！［図1-14］

もちろんこの一致もまた偶然的なものでしかないのかもしれない。しかしこれら既存の景石が、この庭をまっさらな白紙とはほど遠い状態にしていただろうこともまた確かだろう。

北東の隅石、中央のへそ石、そして南西の二連石——既存景石のなかでも目立つこれら四つの石は、古川が示唆した南西から北東への大きな流れの構想とはやや角度が異なるものの、ほぼそれに沿っている。

たしかに、最終的に古川が意図することになる流れはやや角度を変えて別様に実現されたのだから、既存の石の配置は流れそのものではなかった。そうだとしてもこの庭には、初手を引き込み、かつ初手を構想した瞬間にこれは流れだったと遡行的に把握させる配置があった。この遡行的に把握された流れがあったからこそ、古川はあっちの三手目鯨石にたいして、構想上は二連石付近にこっちの石を設定したのだ。

最終的にかたちづくられることになる流れは、この遡行的に把握された流れが屈折することで形成されたのではないだろうか？

過去の他者が据えたへそ石や北東の隅石、半ば他者でもある過去の古川が据えた二連石は、作庭工事前のこの庭に他なるものの力の場をつくりだし、作庭現場に立つ古川を、新たに据えられる石を、陰に陽に拘束する。

二連石とへそ石に、ひいては北東の隅石まで抜ける配置に触発されて初手の平石が置かれる。遡行的に流れが把握されるが、同時に右手前に雪崩れる庭の重心も感知される。遡行的に把握された流れは二連石から緩やかな弧を描きつつ、へそ石を介して北東の隅石へと抜けていたが、重心の変動をとどめるために遡行的に把握された流れよりも踏み込み、中央奥やや右よりに二手目の大石が置かれる。この二手目こそ、遡行的に把握された流れを、のちに実現する最終的な流れ——鯨石から二手目を挟んで五手目——へと屈折させた支点だったことが、いま、やはり遡行的に理解できる。

初手の平石、二手目大石によって右手前に傾いた不均衡を回避するために、丸みを帯びた鯨石を左奥、北東の隅石の手前に据えた。線的にとらえることもできるこの鯨石の角度がサツキの下に見える北東の既存景石と二手目の大石をつないで線状になったとき、流れの屈折は決定的なものになる。それゆえ、二連石付近に打たれるはずだった均衡のための石——こっちの石——は場所を変え、大石を挟んで鯨石と対称的な位置に配置されることになった。

初手に先行して、庭師を触発する配置があった。しかし、石組がはじまる以前の段階では、それらの要素はいまだ相互に無関係な配置でしかなく、流れではなかった。初手が二連石とへそ石をしたがえたとき遡行的に流れが把握されるが、重心との関係で流れよりも奥に打たれた二手目の大石を支点に、鯨石と北東の隅石が結ばれることで流れが屈折して顕在化する。

こうして遡行的に、あるいは事後的に、北東の隅石やへそ石や二連といった既存石組が、初手に先行して力の場をかたちづくっていたことが理解される。

職人の仕事なのだから、あるいはフィールドワークなのだから、その瞬間に現場で起こっていることこそが真実だと、そう思われるかもしれない。しかしながらここで見てきたとおり、石を据えるときにはなく、あとから振り返ってあったと把握される配置があり、現場で見ているときにはなく、書くときに振り返ってあったと把握される配置がある。制作あるいは記述の奇妙な時間についてはまたあらためて考えたい。

他性による触発

初手の平石は、それゆえ、初手ではない。

もちろん古川という現代の庭師がいままさにつくろうとしているこの庭のなかでは、平石は創設の石である。しかしこの創設の身振りは同時に、過去の履歴を含めて「件名をかえて保存する」ことでもある。それはあらかじめそこにあった無名の庭師たちの布石や、積み重ねられてきた手入れの跡に触発され、その無言の力の場のなかに巻き込まれていくことだ。

平石はそれゆえ、初手にして、少なくとも五手目の石である。

「ぼくが据えてないでしょ？　だからぼくのクセがないんだよね。遊び心でもあるし」

既存石組は、過去の他者がこの場に刻みつけた触発の力だ。すでに置かれた石やサツキの形態が構想に作用するように、過去の他なるものの力もまた石組に関与することになる。作庭プロセスに参与するこれらの他者や石や植物を総じて「他性」と呼ぶならば、古川の言葉からは、石組の根底に、むしろ積極的にこの他性を迎え入れようとする態度が感じられる。

この他性こそ「こはん」の主体ではないだろうか？

それは実際に他者が過去に据えた石かもしれず、最初から庭に露出していた岩盤やこの場をかたちづくっていた地形や植生かもしれない。そうした与件はこの場に偶然あたえられた肌理や節理のようなものだ。へそ石も、北東の隅石も、サツキの収束も、この意味で偶然的なものでしかないが、いまここに新たな石組を創設しようとする無根拠な初手を拘束し、一定の制約をつくりだしている。石はなにもないところに突如として置かれるのではない。つまり作庭行為は決して「無からの創造」ではない。石はつねに物体や場の特性がひしめきあう偶然的な力の場のなかに巻き込まれていく。

この意味では古川が石に拘泥せず、偶然やってきた「ありあわせの素材」によって庭をつくるのも、たんに即興的自由を求めているわけではないことがわかる。それは無限にも思える素材選びと布石の選択肢を与件の偶然性によって圧縮し、「来た石を見て判断」することへと変換する制約の創造なのだ。

こうした古川の手法を鷲田はこう評している。

「(石を) 選ばずに自分で条件をつくることで明確になるってことだと思います」

へそ石はまさしくこの偶然的な条件を象徴している。とはいえへそ石は、布石のきっかけではあれ、きっかけに過ぎない。ひとたび布石の連鎖がはじまってしまえば、とりたてて意味のあるものではなくなってしまう。へそ石はもはや据えかたを変えてしまっても、場所を変えてしまっても、なんならとり去ってしまっても構わないのだ。職人の一人、杦岡《すぎおか》章が竹島に話しかける。

「さっき、(へそ石は) また変えるかもって (古川さんが) 言ってたけどなあ」

「最後にはなくなってたりして」

石の「求めるところにしたがう」と説明される石の配置はどのように決定されていくのか？　それが本章を貫くひとつの問いだった。この問いに、ぼくたちはいまやこう答えることができるだろう。石を据える行為は、あらかじめ庭に満ちている他性に、つまりは偶然的な力の場に触発され、そこに巻き込まれ、介入する行為である。石を打つたびに変容する不安定な場は次の石の配置を強く拘束し、それゆえ、自分ひとりで決定しているのではないという直感を庭師にあたえる。

これがこの現場の観察から引き出された「こはんにしたかひて」の正体だ。

この力の場において、ひとつの石が配されるごとに場の重心は揺らぎ、新たな流れやかたちが形成され、あるいは打ち消され、ふたたびつくられる。言い換えるなら、いま据えられるたったひとつのこの石は、他の石や場に巻き込まれているのであり、すでに据えられている石もまたそれ以外の石がつくりだす無数の関係に拘束されている。

普段、できあがった庭だけを見ているぼくたちは意識することができないが、遡行的に把握された流れが最終的な流れへと屈折したように、いま目の前で編まれていく布石は、過去を巻き込みつつも一手ごとに新しいものになっていく。

そもそも偶然的な他性によりかかってたどたどしく開始された石の配置は、こうして相互に拘束しあうことで、ただの石から石組と呼ぶことのできる、しかしいまだ仮のものでしかない配置へと変容していく。子どもたちが小さな足場を結びながら川の瀬に架けたあの橋のように。

石組はこうして決まっていく。作業初日の午前中、ぼくが次々搬入される石の量に圧倒されていたとき、古川はこう言ったのだった。

「石はそんなに多くないよ。いまは多く見えるけどね。関係性ができてくるとね」

ここで古川は、石組とは石相互のあいだに関係をつくることだと言っている。関係をつくることによって、変動しはじめた力の場と、そこで連鎖する物体の濁流を鎮めていく。のちの古川の言葉にしたがえば庭づくりとは「おさめる」ことであり、「かたづける」ことなのだ。

偶然的な他性がぼくたちを触発する。他性が石を乞い、次々に石が配されていく。まだ安定しない庭の表にはおそらく他性の濁流が渦巻いている。

この力の場をおさめるとは、つまり庭をつくるとは、いったいどういうことなのだろうか？

しかし、いまはまだたった数個の石が据えられたに過ぎない！

初日夕刻、かたづけが終わったあとの現場写真。まだ三つの石の配置が決まり、穴が掘られたに過ぎない（右側の穴は初手の平石のための穴）。すでに多くを語ったが、前回と今回の分析はほぼこの時点までの観察から導かれた。作庭作業はほとんどはじまってさえいないのだ

第2章

集団制作の現場から

〈庭師の知恵①〉

1　不確かさのなかでともに働く

初日の現場は石組作業に明け暮れていたわけではない。午後からは石組と並行して、庭の南東側にある山門付近と、作庭のおもな視点となっている沓脱石とを結ぶ延段《のべだん》——切石や自然石を敷きつめた園路——の構想と準備作業がはじまっていた。

このフィールドワークでぼくは、石を据えたり樹木を植えたりといった、庭師たちが比較的自由に庭のかたちをつくりだす場面を中心に取材するつもりだった。だから延段のように用途がはっきりした、極端に構想が制限される作業は記述対象から外すつもりだった。

しかしひとたび観察してみると、必然的に決まっていくはずの設《しつら》えをめぐって交わされる庭師たちの言葉や作業の細部が、石組と同じくらい、いや、ときにそれ以上に面白い！

石組の秘密に迫る一方で、ぼくは庭師たちの秘密に、ひいては人間たちの秘密に、魅せられてしまった。

物と道具と行為の連鎖

「ちょっとそこ掘ってみてよ」

不意に古川は指示を出した。まるでいま思いついたかのように。

これは初日に初手の平石の位置を決定した場面だ。搬入された時点ですでに敷地中央手前寄りに置かれていた平石を、その石が置かれているちょうど右側に据える。

指示を受けた作業員の鷲田がいくつかの道具をまとめて持ってくる。そのなかからツルハシを選び、おもむろに地面に突き立てる。

力いっぱい振り下ろされたツルハシの先はしかし、あまり深くは刺さらない。乾いた粘土質の土壌が固く締まって層状に堆積している。わずかに刺さったツルハシを起こしてみても、粘土の層が薄くめくれあがってパラパラと崩れるだけだ。古川が問う。

「固いの?」

「ええ、ちょっと」

「じゃあユンボでいきいよ[◆1]」

「はい」

鷲田は総代が寺に貸し出しているユンボ――油圧ショベル――をとりにいく。その場に残された古川は鷲田がツルハシをあてた場所や、同時進行している他の職人たちの仕事をチラ、チラ、チラと間欠的に見ている。石組の構想を確認しているのかもしれない。

やがてドルルルという特有のエンジン音を響かせながら小型のユンボが到着し、予想外の地盤の固さに引きずり回されながらも指定の場所を掘削しはじめる。［図2-1］

現場ではあまりにありふれていて、すぐに忘れ去られてしまうちょっとしたやりとりだ。しかしよくよく聞くと、冒頭の「掘ってみてよ」という言葉の選択には奇妙な含みがある。

「てみて」――このフィールドワークのなかで、ぼくは古川のこの言い回しを何度も聞くことになった。すぐにわかるとおり、これはなんらかの根拠にもとづいた依頼ではない。

この表現は「動詞テ形＋みる」という用法で、試行を表す「てみる」と呼ばれる。「「てみる」は、主体が動作を行う段階ではどのような結果・影響が生じ

◆1　「いきいよ」はうながし表現。「行きなよ」、「やりなよ」といった意味。「〜しいよ」といった言い回しもある。

◆2　日本語記述文法研究会編『現代日本語文法2――第3部 格と構文・第4部 ヴォイス』くろしお出版、二〇〇九年、一三七頁。

図2-1｜初手の平石を据えるための穴が小型ユンボで掘削される。左手の大ぶりな石が平石。ユンボの奥には山門が見える

るか明確でないまま、試みに動作を行うこと」、「結果・影響がどうかわからない状況で、それを確かめる目的をもって意志的な動作を行うこと」を表す、曖昧なままなにごとかを試みる言い回しだ。[◆2]

つまりその場所がうまく掘れるかわからないので試しに掘ってみて、というわけだ。地面は固いかもしれないし、薄い土の下には岩盤があるかもしれない。「てみる」話法は、ここでは行為をとおした物への問いかけを意味している。

しかし、この問いかけは、これから職人がおこなう一連の行為の、どこまでの範囲を指しているのだろうか？

これは一概に決定できることではない。というのもたんにその場所に穴を掘るだけのことが、ただのツルハシの一撃が、無数の事物とその特性を明らかにし、それらの事物が隠し持っていた他の無数の事物やその特性を巻き込んでどこまでも連鎖していくからだ。

物への問いかけとしての行為——ツルハシでの一撃——にたいする応答が、道具と物の接面から職人の体に投げ返され

てくる。

土質的に簡単に掘れる場所なのだろうか？——締まった粘土層はあまりにも固く、脆すぎた。このままツルハシで掘ってしまうべきなのだろうか？——層状に剥離する土壌をこのまま掘るのはあまりに効率が悪いのでユンボを導入するほうがいいだろう。

地面直下になにか埋まっていないだろうか？——幸い岩盤はなかったものの、このあとユンボの爪が地中の水道管を引っかけてしまい作業は一時中断した。

ただ掘ってみるということが、どれほどの事物とその特性を巻き込み、行為の完了を引き延ばし、不確定な試みに変えていくことだろう。

もちろん職人は最初の一撃を加えた時点で爆発的に複雑化する物と道具と身体の関係をいかに組織するかをよく知っている。掘削の一回一回の接触から立ち現れる複合的な物との関係を回避したり、ずらしたり、崩したり、利用したりする無数の技を持っている。

そんな百戦錬磨の職人たちでもこれから起こることのすべてをあらかじめ知ることはできないのだから、現場における作業とは、つねに確かめ、試みにおこなってみること、つまりは「やってみて」としてしかありえない。この不確かさの果てしない累積が、古川にこの言い回しを多用させる。

ユンボを導入することになったにせよ、今回はたまたま指定の場所に穴を掘ることができた。しかしその場所に岩盤があったなら穴を掘ることそのものが断念され、石組の構想は異なるかたちに変容していたかもしれない。これも現場ではよくあることだ。

古川の「動詞テ形＋みる」表現とは、「みる」という補助動詞の意味を過剰に読み込むならば、いまだはっきりしない物のありようを「見る」のみならず「診る」ということであり、試しに実行した結果を見／診て判断するということだ。

「掘ってみてよ」という依頼のなかには、作業者のなすべき行為——掘る——とともに、その行為が協働すべき事物の複雑な振る舞いの不確かさ——てみて——が含まれている。

冒頭の場面でも、鷲田がツルハシで何度か掘削を試みたもののうまくいかず、その試して実行した結果を見て古川は「固いの？」と診断し、ユンボを導入しているのだから、結果的に「てみて」という言い回しはきわめて適切だったことになる。

物を前にした作業者の行為は直線的に進展することはない。使用する道具の種類と行為のありようは物との関係で無数に分岐していく。次々に明らかになる複合的な事物の状態を巡って無数の道具と行為が組織されていくのだ。

つまり古川の指示につきまとう「てみて」は、こうした事物の複合性と、それを巡る道具と行為の連鎖全体にかかる不確かさのしるしにほかならない。

不確かさの手触り

しかしながら、この不確かさの範囲は物と道具と行為の連鎖にとどまらないのではないだろうか？

「ちょっとそこ掘ってみてよ」という先の発言の場合、古川はこれからの作業が一連の試みになることを示す「てみて」を省いて、たんに依頼することもできただろう。

仮にどこかを掘る作業の場合、フィールドワーク中によく耳にした他の言い回しには「ちょっとそこ掘ってよ」「ちょっとそこ掘ってくれる?」という単純な依頼がある。職人に作業を任せきってしまう場面では「ちょっとそこ掘っといてくれる?」と言ってその場から離れることも多い。

ではなぜ冒頭の場面では「試み」であることを強調する「てみて」という表現をとったのだろう? 想定される作業が事物の複合性とそれらをめぐる道具と行為の無数の連鎖に開かれているからというだけではなかったということだろうか? ようするに、古川には、もっと根源的な不確かさの手触りがあったのではないだろうか?

この掘削が初手の平石を据えるためのものだったことを思い起こそう。この依頼はこの庭に最初に据える石の位置を決めてしまうことを意味する。ここに偶然的に据えられる石がこの庭の力の場を変形し、これから打たれる石の位置や、そこから生まれる石組の構造を強力に規定してしまう。

しかしながら、そもそも初手の平石を据えるのは、本当に、いま、ここ、でいいのだろうか?

庭の構想の先行きが強くのしかかるこの局面だからこそ、古川の言葉には「この場所で良いとは思うのだが、はっきりとはわからないので試してみたい」という意味での「てみて」が滲《にじ》んだ。つまりはこの掘削作業が物と道具と行為の無限の連鎖に開かれているからというだけでなく、初手の景石をいまここに据えてしまうことの無根拠さに直面しているからこそ、「てみて」が無意識に前景化した。

そう考えることができる。

これは正当な推論だろうか？　職人たちをたばねる親方が初手の石をどこに据えるべきかについて自信がないなんてことがあるだろうか？

普通ならありえない。この点に不確かさがあるなら設計図を見直し、メンバー内で位置を共有し直すべきタイミングだろう。しかし、すでに指摘したとおり、古川の庭づくりに設計図はないのだ。

この現場でのものづくりは、あらかじめ複合的な与件をプロットした上でいくつもの図面や模型の制作を通じて具体化されていく建築設計とはまったく異なっているし、あるいはその影響を強く受けた現代の造園工事とも根本的に違っている。

それゆえ必然的に、すべての指示、すべての作業は「試み」でしかありえない。ただでさえ職人たちは複合的な事物の不確かさに振り回されている。スコップやツルハシの一撃が地盤の締まり具合を手元に伝え、ユンボを導入したことで水道管を破壊してしまうというように。しかしこの現場では、それに加えて設計図が存在しないという根源的な不確かさが職人たちを支配している。

なぜ職人たちは事物の不確かさのみならず、構想の不確かさにまで付きあわなければならないのだろうか？

先回りして言うならば、職人たちがそうせざるをえないのは、石や樹木といった事物を媒体に編成される一連の事物と行為の連鎖こそが古川にとっての作庭であり、この連鎖の結果こそが古川にとっての庭だからだ。

ここからは、石組と並ぶこの庭のもうひとつの骨格となる延段の制作過程を追いながら、こうした根源的な不確かさのなかで、どのようにしてあるかたちがひとつのまとまりとして立ち現れてくるのかを検討する。初日、四月七日の夕刻、古川の口からはじめて延段の構想が語られた場面に移ろう。

結びつける線

「ここに延段しようと思ってるんですけど」

古川は作業員の竹島を不意に呼び止め、山門から大聖院玄関へと続く既存の石畳の脇を指し示す。竹島は工事期間中邪魔になる砂利を集めて別の場所に移動させているところだった。

ここでも古川は、いま思いついたかのように作業者を呼び止め、自らの構想を語っている。竹島は立ち止まり、古川の手が指し示している地面の一画を見つめる。延段についてはは前夜の電話の時点でも話題に上がっていた。だから、もちろん古川のなかに構想はあった。しかしあまりに唐突な話なので、古川の手短な言葉と身振りだけでは要領を得ない。続けて確認する。

「ここですか?」

聞き返しながら、竹島は地面に足で線を引いた。二人のやりとりが今後の作業の基本方針を示しているらしいことを聞きつけて、一緒に砂利を移動させていた鷲田と杁岡が集まってくる。

図2-2｜古川の言葉を受け、竹島がレーキで地面を指し示す。全員が道具の先の地面を見つめる。地面に引かれている白線は水道電気などの配管を示したもので庭の構想とは関係がない。古川の足もとの奥、左右に延びるのが石畳。左側の山門と右側の大聖院玄関を結ぶ

「幅は？」

延段の両端がどこになるのかを確認するために、竹島はちょうど手に持っていたレーキ——土を均したり、砂利を集めたりするのに使う農具——で地面を指し示す。幅が決まっていなければ作業の進めようがないからだ。四人がともにレーキの先端を見つめる。［図2-2］

「あっちまで真っ直ぐ？」

竹島も身振り手振りを交えながら庭の方へ振り返り、足もとから沓脱石の方へと手のひらで地面を切るようなジェスチャーを走らせる。古川はその言葉を遮るように説明を加える。

「いや、延段は真っ直ぐじゃなくてね、ふにゃっと曲げるんですわ」

「ふにゃっと？（笑）」

この奇妙なニュアンスを含んだ情態副詞がこの作戦会議の緊張感を打ち消し、みなつられて笑ってしまう。

この曖昧な立ち話で、新たに敷設《ふせつ》される延段の起点、

方向、幅がおおむね決定されたらしい。この話は済んだとばかりに全員が次の作業へと散っていく。古川はまた沓脱石に腰掛け、あちらこちらで同時展開する作業と、並べ置かれた石材と、これから石組がおこなわれる場所や背後の木立にチラ、チラ、チラ、と間欠的な視線を配っている。

散開した庭師たちにはとりたてて迷いも感じられない。だが、この庭でバラバラに働いている作業者たちになんらかの共通認識はあるのだろうか？

あの立ち話のなかで古川が見据えていたものと、作業者たちの視線と、指差しや手のひらが指し示したものと、足やレーキが描いた線は一致しているのだろうか？

「ふにゃっと」という情態副詞の程度は具体的にはどのような曲線として理解されたのだろうか？

重ねて指摘するが、この現場に設計図はない。

現代の造園工事に図面はつきものだ。図面がなくともおおまかな完成予想図のようなものがある場合が多いだろう。しかし少なくとも古川の現場にはそうした手がかりのすべてがない。

いま指示のあった延段が、石組が、あるいは庭全体がどういったものになるのかについては、作業員同士の間でも共有されていないし、それどころか施主である住職にさえも「それは古川さんにしかわからんのとちゃうか？」と言わしめるほどなのだ。

ここにあるのは、親方が「この辺にしようかと思うんです」と言えば、足で砂利を払いのけ、地面に簡単な線を描き、指差し、見つめる、そうした単純な行為の集積だけだ。子どもたちが互いの陣地を確定するために引く途切れ途切れの線みたいに。

親方のなんとなくの考えをなんとなくの跡にする。この痕跡を結び目にして各々が各々のイメージをつくる。皆が足もとを見つめ、指差しながら会話をする。

彼らは共通のイメージを持っていない。しかし各々のイメージをそれほど隔たったものにしないように結びつける錨のような媒体がそこにある。

遊びのなかで線を引く子どもたちは、足で引いた線が厳密に直線ではないとか、ところどころ途切れているなどと文句を言うことはほとんどない。線の形態には拘泥しないにもかかわらず、子どもたちが固唾を飲んで線の行方を凝視するのはなぜか？

それは線が引かれはじめると同時に分割される陣地が、どちらかの陣営にたいして極端に有利あるいは不利になっていないかを見ているのだ。つまり子どもたちにとって、線は引かれた瞬間に自らの行為を拘束する。

子どもたちが関心を払っているのは、その線が「なんであるか」ではなく「なにをするか」である。線はそれがきっちり直線であるか途切れていないかということにかかわりなく、それを見つめたメンバー全員にたいして遊びの布置をあたえ、唐突に効果を発揮しはじめる。

子どもたちが釘付けになっているのは、自らを、あるいはメンバーを拘束することになる線の効果である。線が錨となって、子どもたちを遊びに巻き込んでいく。

なんとなく引かれた地面の線。「ふにゃっと曲げる」といった指示。たしかに、ここには平面図もイメージ図もない。しかし四人は指差しや手のひらや引かれた線を介して地面を見つめた。ただそれだけのことが、職人たちの行為を拘束し、新しい作業に巻き込んでいく。

基準のない

実際に延段の敷設作業がはじまったのは作業二日目となる翌四月八日だった。

板石の古材がトラックで搬入される。板石とは御影石——現場では加工された花崗岩をかつての主要な産地になぞらえてこう呼ぶ——を長方形や正方形の板状に切り出し、ノミなどでかたちや表面を整えたもの。こうした石材のなかでも古材というのは、どこかの寺社仏閣や邸宅、舗装などに使われていた中古品のことだ。

古材の多くは輸入材ばかりになっている現在の加工石材市場でいまはほとんど見られない国産材であり、今回古川が仕入れた板石は概ね四五〇×九〇〇ミリ、厚みは一五〇〜二〇〇ミリ。

現在市場で一般に流通している中国やベトナムで加工された板石の規格がサブロク（三〇〇×六〇〇ミリ）やヨンパチ（四〇〇×八〇〇ミリ）、厚みはおおよそ六〇〜八〇ミリあたりであることを考えると、これらの古材はひとまわりもふたまわりも大きい。［図2-3］

古材だけに欠けたものや割れたものも多い。とはいえ、すでに長年踏みならされている表面は滑らかに摩耗して肌理も細かく、色も落ち着いている。なにより規格としても質感としても境内の他の古

図2-3｜トラックに積載された板石の古材

い石材と相性がいい。

それらの石を眺めながら住職が感嘆する。

「素人目に見てもよいというか［…］丸みがあってよい石ですな」

古川が頷く。

「ようするに古い家を壊したときにとってあるものですわ」

石材は古びているほど「よい」。灯籠や蹲踞《つくばい》をはじめとして、削り立ての新しい石材は周囲から浮き立って庭に馴染みにくい。だから石屋ではあえて石材を雨ざらしにして古びた質感をあたえようとするほどだ。今回の仕入れ先は全国の修復、解体の現場をまわって貴重な古材を回収、販売している全国的に有名な業者だ。

続けて住職が訊ねる。

「いろんな大きさのものがあるんですねえ」

「組みあわせたいんですわ」

ここで古川は「組みあわせたい」と言っている。たんに板石を敷き詰めるのではなく、さまざまな形状の石材を組みあわせながら延段をつくるようだ。やはりある程度の構想はある、しかしどの石とどの石をどこでどのように組みあわせるのかといった具体性はもちろんない。

延段は、先に古川が「ここに延段しようと思ってるんですけど」と指差した山門付近から沓脱石付近を結ぶことになる。当然のことだが延段は両端から作業を進めると早い。まず山門側にユンボを導入し、今後延段を敷設すると思われるあたりの下地をおおまかに掘り込む。板石の厚みと板石を固定する材料の厚みぶん、先に地面を掘削しておくのだ。

引き続き鷲田がユンボを担当する。そのあいだに竹島と枕岡が反対側の沓脱石周辺から敷設作業を開始する。

大聖院の軒下、つまり建物と庭が接する部分には、地面から一段高くなった犬走りがある。犬走りとは雨の泥はねを避け、水を庭側に落とすために建物の軒下や縁の下に巡らされる三和土《たたき》やコンクリートの段のことだ。

この犬走りの中央にあたる沓脱石付近は視覚的に重要であること、庭と縁側の往き来による踏圧が想定されることから、犬走りの縁に大きな延石——四角柱の長い石材——が敷かれている。この延石の天端《てんば》——上の面——から十数センチ落ちた地点に板石三枚と自然石一枚を並べ、やや広い面をつくる。このフロアが延段の起点となる。［図2-4］

この延段についてもやはり設計図はない。「ふにゃっと」という曖昧な曲率もさることながら、延段の起点となるこのフロアの高さをどれくらいに設定するかさえも未決定だ。

古川と竹島が延段の高さを決定する場面を見てみよう。測定作業中の竹島に古川が訊ねる。


「高さどう？　まだ行けそう？」

「ほぼレベル（水平）だからもうちょっといけますね」

「もうちょっと上げたらどう？」

「その方が歩きやすいです。一二と九で二一やから、それでも七センチ高いですね」

「まあ、それくらいの方がいいね」

「じゃ、一二、九で」


話し終わった竹島は、さっそく延石の天端から一二センチ下がった位置に赤鉛筆で線を入れる。会話だけではちょっとわかりづらい場面だ。延石に沿って板石を三枚と自然石一枚とを並べて延段の起点となるフロアをつくる。このフロアの高さと、フロアに隣接する延段の高さをどれくらいに設定するかが問題になっている。

先の古川と竹島の会話は、まず、犬走りの端にある延石の天端から一二センチ落とした位置にフロアの天端を設定し、次に、このフロアからさらに九センチ下げた高さに延段の天端を設定し、山門側へとつなげていくということのようだ。［図2－5］

図2-4｜工事開始前の大聖院東面。軒下の地面から一段高くなっている部分が犬走り。中央の大きな白御影石の直方体が古川の視点になっている沓脱石。その右手前に同じく白御影を組みあわせた足置きのような段があり、さらにその右手前に延石が敷かれている。この中央の延石から撮影者側へと延段が敷かれることになる

図2-5｜延石の天端からおおむね12cm程度下がった位置に最初の板石を据える。この石の両脇に一枚ずつ板石を並べ、さらに手前に左右方向に長い一枚の大きな自然石を置いてフロアをつくる。そのさらに手前側、フロアからおよそ9cm落ちた地点が延段が敷かれる高さとなる

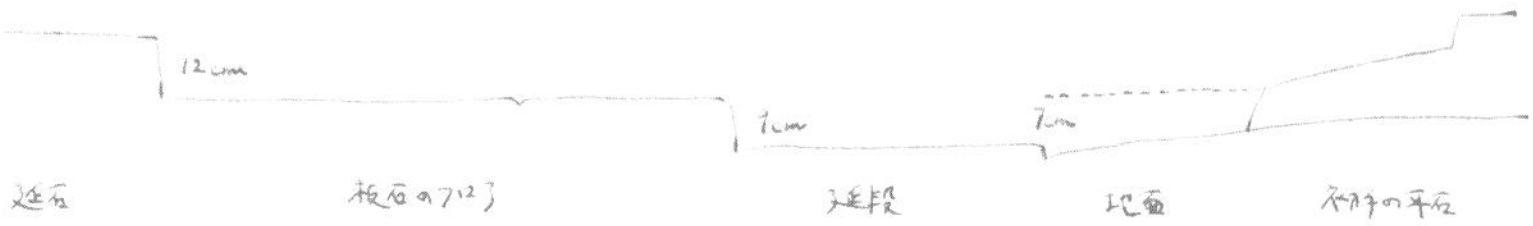

図2-6｜左から延石、板石のフロア、延段、地面（地形）、初手の平石の高さの関係を記した模式的な断面図。図にすると「12と9で［…］7cm高い」という暗号のようなやりとりも理解できる。古川はギリギリまで延段を上げて段差を減らそうとしたのだが（「もうちょっと上げたらどう?」）、あまり延段を高くすると連動して地形も上がり、今度は平石が埋もれてしまう（「まあ、それくらいの方がいいね」）

いま、この高低差の微妙な上下が問題となっている。

この段差の程度を規定する根拠のひとつは、会話のなかにも出てきたとおり「歩きやすさ」という曖昧な要素だ。

しかしながら、「一二と九で二一やから、それでも七センチ高いですね」と言っているこの七センチとはなんのことだろうか？　なにが、なにと比較して七センチ高いのか？　設計図のないこの現場にも、こうした数字をはじき出すための確定的な根拠があるということなのだろうか？

この判然としない数字を理解するために観察を続ける。作業は進み一枚目の板石が規定通り延石からおよそ一二センチ程度低く据えられた。すると作業員たちは、その板石の天端と、景石である初手の平石の小端《こば》――側面――の上端の高さとを比べはじめる。

どうやら「七センチ高い」と言われていたのは、想定される延段の天端よりも初手の平石の小端の上端が七センチ高くなるということのようだ。

高さの根拠になっていたのは、最初に据えられた景石の小端の高さだった！

初手の平石の高さにはいかなる根拠もなく、たんに見た目の良し悪しだけで決められた要素に過ぎないにもかかわらず、である。［図2-6］

たしかに一方の基準となっている延石は既存のものだし、その高さは建物の束石や犬走りといった構造物との関係で決まっているのだからいまさら変えようがない。

しかし他方の基準となっている初手の平石の高さは、後に職人の一人が口にした言葉で言うなら

「見た目」で決まったものでしかない。もちろん見た目から決まった平石の高さも、さかのぼればこの平庭のもともとの地形との関係で定められていると言うことができる。とはいえこの地形も江戸時代頃にこの庭が、あるいはこの建物と敷地が造成されて以来、偶然この高さだっただけだ。つまり、新しい庭の設計においては地形の高さもある程度自由に変えてよい変数に過ぎない。

初手の平石はいかなる意味でも高さの根拠とはなりえない。

そもそも、この延段は沓脱石周辺と山門前の石畳までを結びつけるはずのものだ。もし高さの根拠になりうるものがあるとすれば、それは延段とフラットに結びつくはずの山門側の石畳の高さだろう。にもかかわらず、いま沓脱石周辺で決定されつつある延段の高さと山門側の石畳との高さの関係はいまだ測定されてさえいない！

「山門側の石畳との高さの関係は測ったんですか？」観察者としては出過ぎたことをしてしまったのだが、不安になって竹島にそう訊ねた。

「いや、古川さん先に決めるの嫌いやから（笑）」

――さっき景石（と板石のフロアとの高さの関係）を測ってましたよね？

「そう。あの石（初手の平石）の小端が隠れるの嫌やから。あの石は最初に適当に据えたんやけど（笑）」

竹島の言葉には、根拠のなさは理解しているが仕方がないという、諦めに似た自嘲が含まれている。この気分は、沓脱石側から敷設しはじめた延段をひとまずは水平に進めていくと古川に聞かされた鷲田の言葉からも感じとることができる。

「水平？（山門側石畳の天端との）高さ大丈夫ですか？　どっちが高いんですかね？」

「そしたらいまから糸引いて（高さの関係を調べて）もいいけど[◆3]」

「基準が……」

山門側にはいまさらその高さを変えることのできない既存の石畳がある。延段をいくら沓脱石側から水平に据えていっても、そもそもこの石畳との高さの関係が水平でなければ、いくら延段を水平に敷いていっても最後にはずれが残る。

そう、鷲田が懸念するとおり、この庭づくりには決定的な「基準」が欠けている！　基準がないために、ありとあらゆる箇所にゆがみが生じ、いたるところで現場が軋みはじめている！

◆3
「糸を引く」とは、測定する二つの地点のあいだに水糸を張り渡すこと。ピンと張った水糸に水平器——現場ではレベルと呼ばれる——を当てて水平の基準線をつくる。

古川が「ここに延段しようと思ってるんですけど」と言ったあのとき、真っ先に山門側の石畳から水平をとって沓脱石側の延段の高さを割り出しておけばよかったのではないだろうか？

各要素の高さを測定したあとで理想的な景石の高さを決定しておけば、初手の平石の小端の上端の高さなどという曖昧な基準に延段の高さが拘束されることもなかったのではないだろうか？

先に基準さえ設定していれば……。各部の関係が周到に記録された図面を手に作業していれば……。基準さえ持たずに目の前の素材や出来事と格闘し続けるこの庭づくりを目にすれば、図面にもとづいて計画的に仕事を進めるよう訓練された現代の作業者たちは眩暈《めまい》を覚えるほかないだろう。

しかし、いま一度、この現場に踏みとどまってこう考えてみよう。庭をつくるにあたって、確かな基準とはなにか？　なぜぼくたちは設計図がなければ不安になるのか？　そもそも、設計図とはなにをしているのか？

2　設計図とはなにをしているのか？

作業二日目の四月八日、沓脱石周辺からはじまった延段の敷設作業は、その高さをどれくらいにするかという最初の一歩でつまづいてしまったかのようだ。現場は古川の「てみる」話法が示すような不確実さの手触りに支配されている。

戸惑いを見せる職人たちと対照的に、古川はこれがいつものやりかただと言わんばかりに平然としている。景石の小端や歩きやすさといった曖昧な基準を手に、職人たちはいったいなにを根拠に延段の高さを決めていくのだろう？

そもそもこの延段は地面に引かれたたった一本の線からはじまったのだった。見つめた子どもたちを拘束し、遊びのなかへと巻き込んでいく線。あの線のように人々の思惑と行為を結びつける錨のような媒体を見つけなければならない。

確かな基準を求めて

基準さえあれば……。混乱した現場を前にして「設計図はないのか？」と考えてしまうとしてもおかしくはない。歴史的に庭師たちは図面を引いてこなかったのだろうか？

もちろん例外的に図面が残っている庭もある。

たとえば江戸幕府の作事《さくじ》奉行だった小堀遠州《えんしゅう》や明治期の小川治兵衛《じへえ》はいくつかの庭の図面――指図《さしず》――を残している。

とはいえ、それらは厳密なものでもなければ、作業がよって立つことのできるような説明書になっているわけでもない。図面と完成した庭が明確に対応していない場合もあり、現場の判断に多くを委ねている。ようするに庭の指図とはなんとなくの感じを伝えるドローイングなのだ。

昭和期の重森三玲《しげもりみれい》になるとやや様相が変わる。全国の庭園を実測調査し平面図に変換していった経歴を持つ重森は、設計にあたって平面図や、おそらくは建築的な設計手法を参照した軸測《じくそく》投影図を含む図面を残しており、白砂に引く砂紋まで緻密に図案化し、指定している。

これは画期的な変化ではある。とはいえやはり、これもまた先行きの見えない現場で職人たちが求める確乎たる基準、ようするに各部の関係が正確に数値化された図面にはほど遠く、明治期以前のドローイングの精緻化と言ってもよいものだろう。

ともあれ、こうしてドローイングや図面が残る庭は例外的であり、残っているにしても現場に大きな余地を残している。ようするに、設計図は庭の歴史のなかでそれほど重要な位置を占めてこなかった。古川の庭づくりはこうした作庭の伝統に連なっている。

庭では石や樹木は加工せずにそのまま使う場合が多い。だとすれば、素材の形状や寸法をあらかじめ指定したとしても、規格化された一部の石材や樹木以外はイメージどおりのものを手配することはほとんどできない。

古川の場合、規格化された加工石でさえ工期中に継続的に買い足し、搬入された素材を直接見て、即興的に配置し、組みあわせていくのだから、素材の寸法や数量ですら事前にすべて決まっているわけではないのだ。

しかしながら、ぼくたちは大きな誤解をしている可能性がある。

「設計図はないのか？」——基準なき工事を目の当たりにしてそう考えてしまうとき、まるでドローイングや図面が、不定形な土地に親方の意図や施工上の基準を転写するとでも言うかのようだ。建設現場のように平面図や模型があれば設計者の意図を明確に理解することができ、測量図や断面図があれば作業者は数値にしたがって整然と庭を組み立てることができる——そのような魔法の道具として設計図をとらえてしまってはいないだろうか？

そんなことはありえない。

このような神話は、施主、設計者、工務店、大工をはじめとして、内装、設備、外構にたずさわる者など、なんらかのかたちで建築の現場にかかわったことのある者にとっては苦笑いとともに退けられるだろう。図面は設計者の着想を現場に流し込む鋳型《いがた》ではありえない。◆1

また、図面を実践的な媒体として使用している建築の現場では、図面こそが確かな基準だと言い切ることもまた困難だろう。それは打ち合わせのたびに変更され、施工が進展するなかでも書き換えられ、変容し続ける奇妙な対象であり、不変の参照点となっているわけではない。◆2

たしかに建設現場に設計図はあった。しかし設計図そのものが更新されていくのだとすれば、設計図とはなにか？

とはいえ、こう言うこともできる。

たしかに図面は現場との折衝で書き換えられていくのだとしても、建設作業にたずさわる者はみな設計図や施工図を参照しながら働き、コミュニケーションをとるのだから、図面は少なくともその都度の基準になっているのだと。

そのとおりである。

しかしそうだとすれば、建設現場の設計図もまた、その時点で仮に人々をとりまとめる錨のような媒体として働いているに過ぎないということだ。この意

◆1 この記述は経験にもとづくことだが、ブリュノ・ラトゥールの次の一節も引いておきたい。「ドローイングと模型づくりは、建築家の想像的なエネルギーやファンタジーの直接的な翻訳結果ではない。また、設計者の心を物理的形態へ、強力な「主観的」想像力をさまざまな「物質的」表現へとアイデアを移し変えるプロセスでもない」（ブルーノ・ラトゥール＋アルベナ・ヤネヴァ「銃を与えたまえ、すべての建物を動かしてみせよう——アクターネットワーク論から眺める建築」吉田真理子訳、『10+1 website』二〇一六年一二月号、LIXIL出版。訳文は適宜変更した。http://10plus1.jp/monthly/2016/12/issue-04.php［二〇二三年三月三〇日最終閲覧］／Bruno Latour and Albena Yaneva, “Give Me a Gun and I Will Make

味での図面は、現状、とりあえずの合意として足で引かれ、みなが見つめることによって効力を発揮しはじめる子どもたちの線、あるいは庭師たちの線と本質的に同じものではないだろうか？

だとすると、考えるべきは「設計図とはなにか？」ではなく、「設計図とはなにをしているのか？」だろう。

「基準が……」——曖昧な状況のなかで不安に駆られた職人がこう呟くとき、彼が暗に求めているのはおそらく設計図そのものではない。そうではなく、設計図やそれに準ずる物体が担保しているはずの、なんらかの効果である。

混迷する現場で作業者たちが最も恐れるのはなにか？

それはいま進めているこの作業が構想に沿っていなかったり、他の箇所と矛盾をきたしているために、ここまでの作業がすべて水の泡になってしまうことだ。

当たり前のことだが、作業者たちはいずれやり直しになることが想定される作業に打ち込むことはできない。作業内容が構想に沿っており、他の箇所と矛盾をきたしていないこと。この二つが暗黙の前提にあってこそ、作業者たちは困難な作業に打ち込むことができる。

All Buildings Move: An ANT's View of Architecture," in *Explorations in Architecture: Teaching, Design, Research*, Basel: Birkhäuser, 2008, p. 84)。

◆2　この記述もまた経験にもとづくことだが、設計図や模型がいかに書き換えられ、つくりかえられるものであるかについてはソフィー・ウダールと港千尋による以下の書籍のとりわけ「存在することへ向かって」と題された章を参照した（ソフィー・ウダール＋港千尋『小さなリズム——人類学者による「隈研吾」論』加藤耕一・桑田光平・松田達・柳井良文訳、鹿島出版会、二〇一六年）。また、八束はじめの図面についての寸言もこのことを証している。「日本の図面は遥かに曖昧で、確かに契約のベースをなすが厳密ではなく、設計者の意図を伝えること、概ねのガイドラインを示すことが目的であり、現場にはいってからも施工図その他での検討・変更が続けられる」（八束はじめ「日本建築の現場への文化人類学的アプローチ」、『10+1 website』二〇〇三年七月号、LIXIL出版。https://www.10plus1.jp/monthly/2003/07/10175721.php［二〇二三年三月三〇日最終閲覧］）こうした変容の具体的な航路をたどるには、設計者と設計事務所を対象にフィールドワークするだけではなく、むしろ建設現場で設計担当者と施主、現場監督と職人たちのあいだで交わされる興味深くも混乱したやりとりや、その場その場で修正され、覆され、やり直しになる作業の数々を追う必要があるだろう。庭より整然としているように見えるが、しかし庭と同じく曖昧で即興的な制作の姿が見えてくるはずだ。

それゆえ、作業内容が構想に沿っているかどうかを判断するために職人たちが注意を払うのは、作業内容が施主と親方、親方と作業者たち、作業者同士、等々のあいだで、人々の相互的な折衝を経ているかどうか、である。

また、他の箇所と矛盾をきたしていないかどうかを判断するために職人たちが注意を払うのは、現在の作業内容がつくりだす物の配置が、関連する物や同時進行で組み上げられていく他の物とのあいだで、事物の相互的な折衝とでも言うべきものを経ているかどうか、である。

人々の折衝と事物相互の折衝。言い換えるなら者の折衝と物の折衝である。

この二つがうまくなされているとき、作業者たちはようやく自らの作業に没頭することができる。逆にこの二点になんらかのディスコミュニケーションがあるとき、作業者たちは一気に不安に陥る。

ここから、設計図やそれに準ずる物体の効果を逆算することができる。

その効果とは、第一に、つくっているものについての共通のイメージを持つための媒体となることであり、第二に、いまやっている作業が他の箇所とのあいだに矛盾をきたさないことを、目に見える形でその都度保証することだ。

設計図やそれに準ずる物体とは、第一に人間相互の関係を結びつける媒体として働き、第二に石や地形や植物といった物体相互の関係を結びつける媒体として働く。これからつくられるなにものか――物――も、人間たち――者――も、この錨のような媒体が結びつけ、配置し、活動させている。

設計図やそれに準ずる物体は、多種多様な物《も》／者《の》の関係を束ねる重要な結び目のひとつになっている。

「設計図はないのか？」と不安に陥っているとき、人々は不定形な物体にかたちをあたえる鋳型を求めているのでもなく、精確で変化しない確かな基準を求めているのでもない。ようするに作業者たちは、「作業者や物体を巻き込み、相互に折衝させる媒体はどこにあるのか？」と言っているのだ。

この現場には物／者を束ねる重要な結節点のひとつである設計図はない。だとすると、設計図が持つはずの結束の効果はこの庭のどこに配分されているのだろうか？

これから観察すべきはこの効果のありかである。設計図の第二の効果としての「物の折衝」については4章で考えるとして、まずは人々相互を結束する設計図の第一の効果としての「者の折衝」について理解させてくれる作業記録を見てみよう。

者の折衝

曖昧な基準にしたがって作業が進められつつあったあの延段はその後どうなったのだろうか？

延段は沓脱石前の板石のフロアと山門とを結びつける。先の古川と竹島の会話では、フロアと延段のあいだには九センチの落差が設けられるはずだった。

板石のフロアは大聖院の建物中央の沓脱石を受ける位置にあり、建物にとっても庭にとっても中心的位置を占めている。それゆえ古川は板石のフロアを際立たせ、たんなる通路に過ぎない延段から差別化したい。

差別化の方法のひとつは、まずこのフロアの面積を広くとり、板石も大ぶりのものを使用することで視覚的に差別化する操作だ。この操作に加えて古川は、延段をフロアから一段下げることでその差を明確にしようとしている。

次に引くのは、住職がはじめてこのフロアと延段とのあいだにある九センチの落差に気づいたシーンだ。住職のちょっとした小話が古川を介して庭のありようを変える様子が記されている。住職が古川に話しかける。


「売店行くのに蹴つまづかんようにだけしといてください。いや、というのもね、古川さんこれ（以前から段差に設置されていた樹脂性のスロープ）気に入らんかと思って……」

「いや、まあ、気に入りませんけど（笑）」

「（笑）昔どこかでありましたでしょ？ 寺の階段でお年寄りがこけてしもて慰謝料払うことになったっていう。蜂に刺されましてもね、あんなん自然現象やと思いますけど、蜂の巣とっとかんのがアカンのや言われますから」［図2−7］

図2-7｜段差部分にもともと設置されていた樹脂製のスロープ

大聖院の沓脱石付近の北側には売店が隣接している。山門側から売店に行くには延段を伝い、板石のフロアに上がって向かうことになる。売店から山門側へ抜ける場合もこの落差は避けられない。

住職は現状の石の配置からここに段差ができることに気づき、ある話を想起する。高齢者が段差につまづいて怪我を負い、寺側が慰謝料を支払うことになった話だ。もしここに段差をつくるなら以前から庭に設置されていた樹脂性のスロープを設置することになる。しかしその解決方法は古川にとって不本意だろう、というのだ。

この話は最終的には笑い話として終わった、あるいはその程度で終わらせたのだが、巧みな交渉術である。

注意したいのは、住職は古川の意図に直接働きかけようとしていないことだ。いままさに配置されようとしている板石や、すでに設置されている樹脂性スロープといった物を引きあいに出して、住職は古川の意図——中央部の板石のフロアを延段から視覚的に差別化する——に自らの意図——段差で蹴つまづかないようにする——を滑り込ませようとしている。

ここでは古川と住職という者相互の折衝は、板石やスロープといった物を媒体におこなわれる。物が者を結びつけ、配置し、活動させている。

先の会話は作業者たちから少し離れたところでなされた。古川が職人たちのもとに戻って語った内容を聞くと、古川が住職の意図を代行していることがわかる。住職と古川の会話を聞いていなかった竹島にとっては、すべての指示が青天の霹靂《へきれき》のように感じられただろう。古川が言う。

「このまますーっと行こうと思うんですわ（すでに据えた三枚の板石と延段の高さをなるべくあわせる）」

「フロアですか？（ここでのフロアは「平らな面」のような意味）」

「フロアじゃなくてね。ここととその石（板石のフロアと初手の平石の小端上部）とどっちがどれくらい高い？　あれやったらそっちの高いとこにあわしいよ（初手の平石の小端上部に板石のフロアの高さをあわせなよ）」

そもそも古川は板石のフロアから九センチ落ちで延段の高さを設定し、視覚的な差別化を図るつもりだった。ところがいまはこの落差をなるべく少なくしようとしている。古川の言うとおり初手の平石の小端上部に板石のフロアの高さをあわせるなら、延段との落差は九センチから七センチに縮む。

古川が重ねて問う。

「どっちが高いのよ？」

「そっち（板石のフロア）が高いですね」

「じゃあ思い切って下げえよ（板石のフロアを下げて延段との段差を少なくしなよ）。つまづくことがあるんや、最近は」

「七センチ（板石のフロアを平石の小端上部にあわせて下げたとして、延段との高さの差は七センチ）」

「じゃあ五、六センチにしいよ。……いや、もう、レベル（水平）で行くか。昔と違うからね。蹴つまづくとかあるんや」

「こっち（平石の小端上部）にあわせるのは歩きやすさを考えてですか？」

「デザインの問題や」［図2－6参照］

最終的に板石と延段はフラットにつなげることに決まった。ただしこの会話で言われているように板石を下げるのではなく、延段を九センチ引き上げることで段差を解決することになった。

もともと初手の平石の小端は延段より七センチ高いはずだった。これが逆転したということだ。高くなった延段にあわせて地形も上がるのだから、平石の小端はほとんど地面に埋まってしまうだろう。

それゆえ後日、驚くべきことに、最初に決められ、高さの基準になっていた初手の平石の高さは、いともたやすく引き上げられることになる！

この会話で竹島は、なにを基準に話が進んでいるのかわからなくなっている。変更の基準が見えないからだ。加えて「蹴つまづく」ことを気にしているようだった古川が、唐突に「デザインの問題や」と言い放ったことには矛盾を感じただろう。

住職にとって歩きやすさの問題だった板石と延段の高さの関係は、古川にとっては歩きやすさとデザインの混合体であり、その変更が初手の平石の見え方を変えてしまうとなればそれはデザインの問題以外ではありえない。つまづき防止のために板石や延段の高さを変更することは、連動して地形の高さをも変えてしまい、重要な景石である初手の平石の見え方をも大きく変えてしまうからだ。

板石のフロア、延段、地形、初手の平石の緊密な結束が、住職の言う歩きやすさの問題を古川の言うデザインの問題へ、デザインの問題を歩きやすさの問題へと変換する。

ここで言いたいのは用と景、実用性と意匠が対立するということではない。歩きやすさとデザインという二項は、無数の要素から住職と古川がたまたま前景化させた意図の一部に過ぎない。そうではなく、一方の極には事物の配置に触発された住職の意図——蹴つまづかないようにする——があり、この意図は板石のフロア、延段、地形、初手の平石のあいだの折衝をとおしてはじめて他方の古川の意図——デザインの問題——とせめぎあうということだ。◆3

両者の意図は具体的な物の折衝をとおして、物を必然的な要素として含み込んだかたちで、新たな配置へと折衝される。これは建築において設計者の意図と施主の意図が何度もつくり直される図面や模型や見積書を媒体に折衝され、ついにはどちらの初期構想とも異なる混合体へと変容していくのに似ている。

者の折衝は物の折衝を媒体にして可能になる。

延段の構想がはじめて語られた場面にあらためて立ち戻るなら、古川の意図を確認するために竹島が足で引っぱった線――子どもたちの線――は、延段についての古川の意図がはじめて物に変換された瞬間だった。単純な線が古川をも含む作業員全員の判断や行為を拘束すると同時に可能にする。竹島は職人たち、つまりは者を折衝するために、とりあえず線を引く必要があったのだ。

地面に仮の線を引き、それを参照しつつ大枠を伝え、疑問を呈し、線を修正する。作業のなかで線は板石を据えるために掘られた穴に変わり、次いで実際の板石に置き換えられ、延石や地形や初手の平石といった周囲の事物との関係を強めていく。線は、かたちや素材や結びつきを少しずつ変えながらも、つねに庭師たちにとっての参照項となっている。

この連鎖的な変換のなかで、儚く曖昧なものに過ぎなかった線は少しずつ確度を高め、周囲の物とのあいだに、そして者とのあいだに相互拘束的な状況

◆3　ここでの議論は、ラトゥールによる目標や利害関心の「翻訳」についての考察を参照している（ブルーノ・ラトゥール『科学論の実在――パンドラの希望』川﨑勝・平川秀幸訳、産業図書、二〇〇七年。とりわけ第三章、第六章）。複数のアクタントはそれぞれの目標の中断と迂回をとおして新しい目標を合成し、この経路が常態化するとブラックボックス化する。現時点で選択している「折衝」という言葉は、ラトゥールがあまり主題化しないこの経路上の中断や迂回、あるいはブラックボックス化の失敗にともなう軋轢や葛藤、軋轢や葛藤込みでの共存に注目した「翻訳」のことだ。この点については、とりわけ「物の折衝」を論じる第四章であらためて注目したい。

——住職と古川の意図を織り込んだ板石のフロアと初手の平石の高さの関係のような——をかたちづくり、相対的に持続的なものになっていく。それは確定的な基準とまでは言えないとしても、相対的に安定した関係をつくりだしていく。

　ようするに、この庭そのものが庭の設計図なのだ。

　庭においては、土地や石や木そのものが図面になり模型になる。建築設計においては図面や模型を媒体に施主と設計者、設計者と設計事務所、現場監督と職人は結びつけられる。それら行為者たちのあいだでなされる無数の打ち合わせ、図面や模型の更新、そして再度の打ち合わせ、再度の更新という、繰り返される折衝は、庭では1／1スケールのこの庭を媒体に、実際に物体を操作しながら身体的な判断をもとにおこなわれる。

　着工してもなお、設計図や模型や見積書が更新され続けていくように、この庭＝設計図は無数の修正とやり直しのなかで相対的に安定し、人々の意図を折衝する媒体として機能するようになっていく。だから庭師たちは足で線を引く。線が効果を発揮するがゆえに庭師たちは相互に結びつけられる。だから庭師たちは石や植物を仮置きする。仮に置かれた物体がとりあえずの媒体となるからだ。

　もちろん物／者の折衝はときに深刻な問題をいくつも起こしていくのだが、言葉や地面の線や互いの視点をこの庭＝設計図の上で交換しあうなかで庭のかたちは具体的になっていく。

　変動する力の場のなかで庭師たちが石と石を結びつけ、物の濁流を鎮めていくように、庭師たちは庭を媒体として物と物を結びつけ、人々の意図を折衝し、根拠なき無数の物／者の配置を相互参照的な網のなかにおさめていくのだ。

また別の制作

こうした庭の制作方法は、古川が頭のなかに抱えているかたちを、まわりくどいやりかたで実現することではない。なぜなら、庭のかたちが立ち上がってくる以前には、古川のなかにも決定的なイメージがあるわけではないからだ。

板石の高さを決定する竹島との会話でも、古川は「もうちょっと上げたらどう？」と、指示するのではなく提案しており、竹島の「その方が歩きやすいです」という言葉を聞いて「まあ、それくらいの方がいいね」と返答していた。

ここには明らかな相談のニュアンスがある。このニュアンスはさまざまな場面で繰り返し現れる。時間的には少し飛ぶのだが、わかりやすい例として板石のフロアから北側売店前へと板石を延長しはじめた四月一一日の場面を引こう。［図2-8］

デザイン的には、やはり板石のフロアを際立たせるために、売店へと続く板石を一段下げて差別化したい箇所だ。しかしながら、もちろん古川の念頭には住職の意図があり、一段下げるかフラットに続けるかに迷いがある。

作業を担当する竹島に向けられた言葉はそれゆえ、親方からの指示というより、逡巡する作業者が

図2-8｜売店は写真中央奥。建物と庭の中心に位置する沓脱石がその左に見える。写真はまだ板石のフロアの敷設作業をしているときのものだが、数日後、売店前に敷かれている樹脂製スロープを外して小ぶりの板石を並べることになった

相談を持ちかけているかのようだ。

「どっちがいいやろ？　下げるのと下げないのと」
「下げない方が……、こっち（板石のフロア）と続きになってええと思いますけど」
「そうやね。置いてみて」
（板石を置く）
「悪くないね。［…］（仮置きした板石を下げさせて）やっぱり小さい板石で一寸（約三センチ）下げでいきましょうか」

ここでは「どっちがいいやろ」と、明らかに迷いを隠していない。これは古川のなかに、事前に決定済みの確定的なイメージがないことを意味する。古川は職人たちに指示を出すとき、おそらくは命令しているのではなく、つねになかば相談している。

だから「置いてみて」と、試行を意図する「てみる」型の依頼をする。実際に置かれた物を見て「悪くないね」と判断し、しかし段差がまったくないことに納得できず、板石を下げさせて「やっぱり小さい板石で一寸下げで」とわずかな段差をつくるという追加の判断を下すのだ。

古川にとってこうした表現は、事物の複合性と、そのまわりに組織される道具や行為の連鎖全体にかかる不確かさのしるしであり、物の配置をいまここで決定してしまうことの無根拠さを示すものだった。だからこそ一度それでいこうと言っておきながら、できたものを見て再び覆すこともする。竹島が小さい板石を一寸下げで三枚ほど据えた頃に戻った古川は、それ自体が設計図である物体の配置を見てさらに修正を加える。

「もうちょっと全体低くしよか。ちょっと中途半端な感じ」

「え……」

「もーちょっとだけ下げてみようか」

歩きやすさを考慮して控え目にした段差にやはり納得できない。こうしてフラットから一寸下げ、さらにもうちょっと下げることになった売店前の板石も、実のところ後日、結局はフラットに続けることになり、すべてやり直しになった。

こうして職人たちは、言葉や指差しや身振りや地面に書いた線や実際に物を置くことをとおして、古川自身もまだはっきりとはつかんでいないイメージをかたちづくり、調整し、折衝し、再調整するなかで、ともに庭のかたちをつくりだしていく。

庭で編成される事物と行為の連鎖の結果こそが古川にとっての作庭であり、庭であるというのはこの意味でのことだ。

設計図があろうとなかろうと、膨大な物体を折衝し、束ねていかなくてはならない現場では、物を媒体とした無数のコミュニケーションが必要になる。この無数のコミュニケーションをとおして者は折衝されるのだが、その過程で施主や作業員たちもまた、庭のかたちの形成に巻き込まれていく。

たしかにこの現場に設計図はない。しかしそれは庭の前近代性を示しているわけではないだろう。むしろ建築の現場もまたこの庭のように混乱した試行錯誤のなかにあるのであり、それはぼくたちが想像する「設計図のある制作」とは共通の尺度で測ることのできない、身体的な判断に基礎を置いたまた別の制作なのである。

作業終わりに売店前へと続く板石を洗う。手前に六枚並べられた小さな板石と、奥の三枚の板石のフロアとのあいだに段差が設けられている。このときはまだ、この小さな板石をすべてやり直してフラットに据え直すことになるなど、誰も知らなかった

第3章

徹底的にかたちを見よ

〈庭園の詩学②〉

1　石と石とが結びつくとき

本章は1章の続きとなる石組の分析——庭園の詩学——である。

作業二日目となる四月八日の午前中、1章で検討した五つの石に加えて、十二手目までの石が一気に据えられた。すべての石はまだ決定的なものではなく、たんに仮置きされたに過ぎない。そうなのだが、そこには明らかにこれまでとは異なる要素、つまり布石全体を導く重心や流れでも、石の形態や色彩によって分割された配置でもない、石と石とを結びつける無数の関係が生まれはじめていた。

そう感じたぼくは、とにかく庭のあちらこちらへと移動しては石を見、スケッチをし、メモをとり続けた。ひとつの関係をつかまえると、それが踏み台となって他の石と石の関係の見かたへと波及する。石と石のあいだを眼が走る。淀む。また走る。ひとつの形態から別の似た形態へと飛ぶ。

不動の石のあいだに動きが、リズムが現れはじめていた——。

第一期石組

作業二日目、四月八日の午前中という短い時間のなかで、古川が示唆した流れ――南南西‐北北東の軸を持っている――の上に分布する石組の大半が一気に組み上がる。初日午後の段階ですでに決まっていた三つの石に加えて九つの石が追加され、計十二手目までが展開したということだ。初日に決定して穴を掘ってあった三つの石も、実際に据えられたのは二日目午前中だったことを考えるなら、このたった数時間のうちに十二手もの石が決まったことになる。折に触れて古川の即興性を指摘してきたとはいえ、すさまじい速度だ。

もう一度、四手目から見ていこう。

1章で詳細に検討した初手の平石、二手目大石、三手目脇鯨石に次いで、鯨石の脇に、鯨石と質感のよく似た丸みを帯びた石――それゆえ竹島は子鯨と呼んだ――が四手目として置かれた。

鯨石と子鯨石はそのあだ名が示すとおり、たがいに似た形態と肌理《きめ》を持つ。小鯨石は、鯨石とともにひとつのカテゴリーとして処理されており、三手目鯨石を据える作業の流れで、その隣に、ついでのように置かれた。この庭という設計図の上に、いったん仮置きされたということだ。[図3‐1]

重要なのは次の五手目。場所が変わってしまったものの、あっ、ち、の鯨石にたいするこっ、ち、の四手目として想定されていたものだ。

図3-1｜中央奥が三手目鯨石。左下に置かれているのが四手目子鯨石。二つとも丸みを帯びている。小鯨石にかんしては下部の隙間からもたんに仮置きしただけであることがわかる

図3-2｜手前中央が五手目。後に打たれる手前右が九手目、手前左が十手目。これら三石はすべて扁平な飛び石状の形態をしており、黒ずんでいる

初手の平石に続く構想を語った古川の言葉をいま一度確認しておこう。

「それでもうひとつ（大石）置いて重心をつくって。あっちの（鯨石）は石の性質が違うでしょ。だからあっちに置いて、それでこっち（大聖院南玄関側）にも置くかな。たぶんね。いや置くな」

初手の平石と二手目の大石が重心をつくりだし、次いで「性質が違う」ために「あっち」に展開した鯨石にたいして「こっち」に、カウンターバランスのような石を置く。

このとき古川が示唆した構想上の四手目とは場所が異なるものの、この五手目もまた、大石を挟んで鯨石と対称的な位置に開いている。これは1章で検討したとおり、まずは力の場の均衡を回復させる一手である。しかしその背景には同時に、形態と肌理の違いから石を複数の異なるカテゴリーに分割しようとする意図がある。

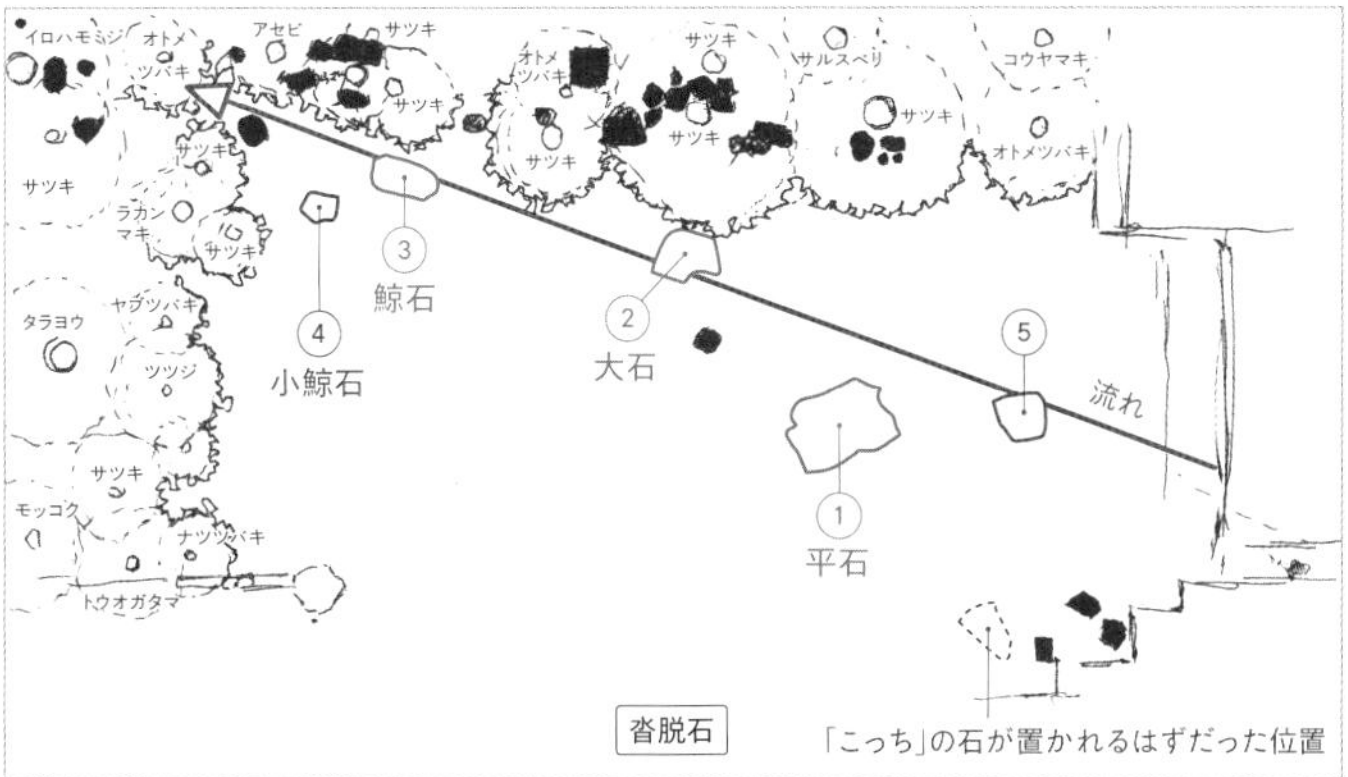

図3-3｜あっちの三手目鯨石にたいして、こっちの石は場所を変えて五手目として実現した。北東の隅石から二、三、五手目を結ぶ流れの発生

こっちへと開かれた五手目の石はやや平板で飛び石に近い形態をしており、黒っぽい色をしている。形態や色彩のカテゴリーの違いによって中央から大きく外された鯨石や小鯨石と同じく、この五手目もまた異なるカテゴリーに属するために離れた位置に打たれた。だからこそあっちとこっちなのだ。［図3-2］

　この一手によって、石は庭の左右に大きく展開することになる。同時に、五手目が打たれたことで、古川の示唆した流れ――「まあこういう流れですわ」――が、つまりは鯨石と小鯨石、大石、五手目を貫く石の並びが決定的なものになった。［図3-3］

　この五手目までの石がこの庭の大きな骨格をかたちづくっている。重心と流れにしたがって、荒々しくもひとつの構図のようなものができあがったと言ってもいい。というのもここからしばらくのあいだ、この骨格をなす大きな石の周囲にさらに石を重ねるようにして――鯨石にたいする子鯨のように――布石が進展していくからだ。

　続きを見ていこう。

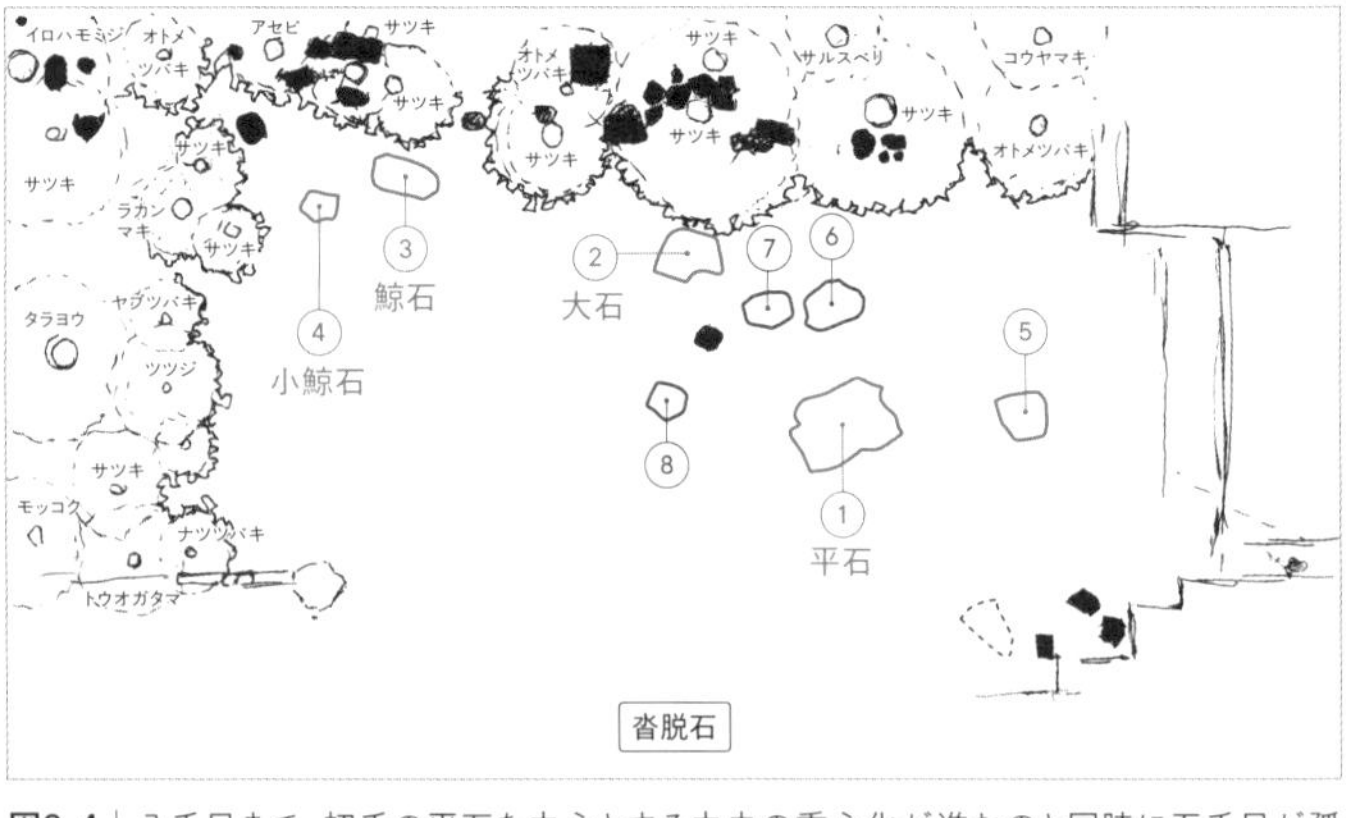

図3-4｜八手目まで。初手の平石を中心とする中央の重心化が進むのと同時に五手目が孤立して見えはじめる

三手目と五手目が左右に大きく開き、中央がやや間延びして見えはじめたところで六、七、八手目と平石の周囲に、あるいは平石と二手目大石の間隙に石が重ねられる。［図3-4］

中央の重心化が進んだタイミングで、相対的に孤立して見えはじめた五手目の近くに、やはり五手目と類似した形態と色彩の九、十手目が打たれる。これら右手側の五、九、十手目は、左奥の鯨石、小鯨石と同じく、中央布石からやや離れた場所で特殊な形態的、色彩的カテゴリーをかたちづくっている。［図3-5］

初手の平石をとり囲んで打たれたようにも見える六、七、八手目は中央やや右よりにひとつの群れを形成しており、さらに九、十手目を加えた時点で庭の重心はやや右に雪崩れはじめている。また初手の平石の周囲に石が凝集したことで二手目大石が相対的にやや孤立して見えはじめる。

このタイミングで重心をやや左に回復しつつ二手目大石の孤立を解消する十一手目が加えられた。この石はその位置と横に長い形態によって、やや右に傾きすぎた重心に視覚的なカウンターバランスをあたえている。［図3-6］

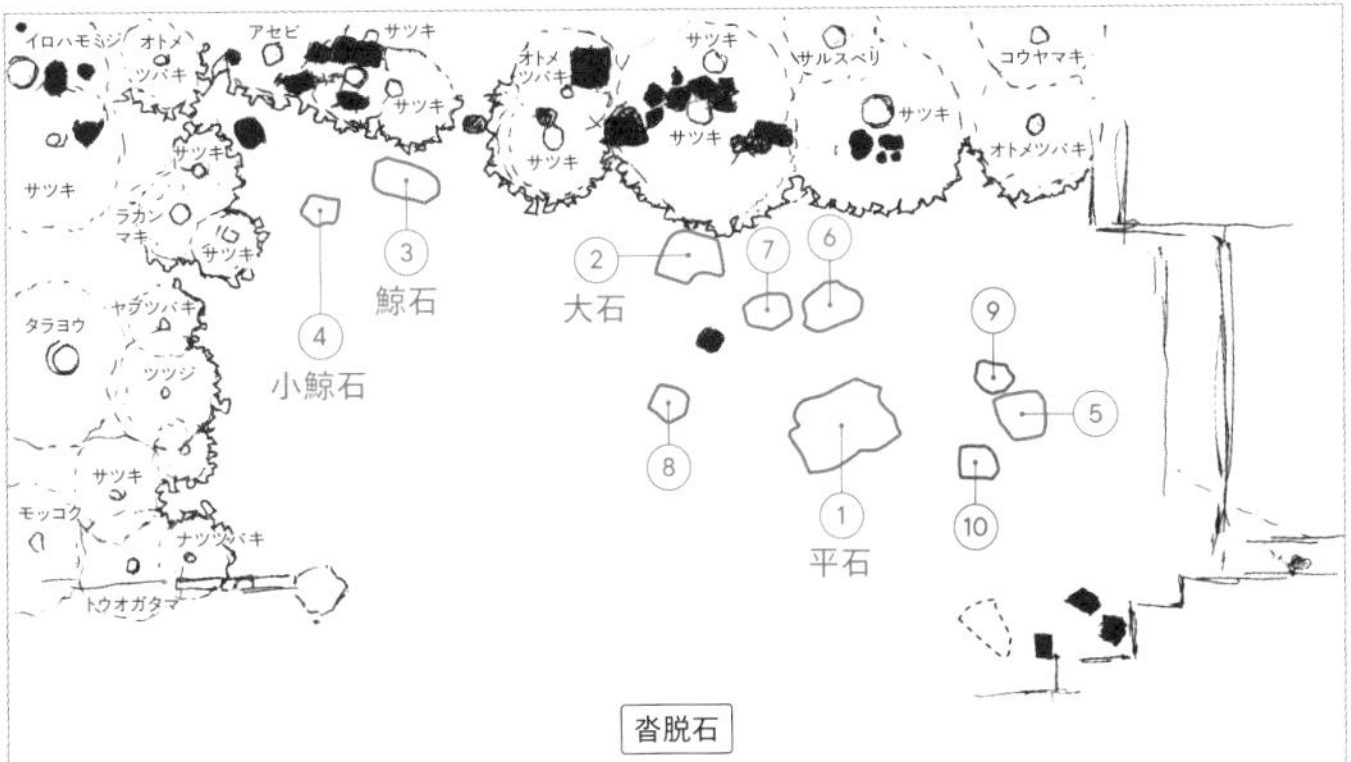

図3-5｜十手目まで。形態と色彩が特徴的な五、九、十手目の群れがつくられる（図3-2 参照）

ここで沓脱石付近に戻って布石を眺めてみよう。すると二、六、七、十一手目の四石が庭のちょうど中央奥に位置し、周囲から相対的に独立して見える。二手目大石を頂点として左手前に十一手目が、右手前に六、七手目が低く構え、これら四石で安定的な構図を構成しているのだ。わかりやすく図像的に言えば、安定した「山」の字や三角形を思わせる三尊石、より精確には品文字のバリエーションになっている。◆1［図3-7］

ともあれ、十一手目によって中央部の布石を安定させたあと、大聖院の縁側南端付近——前日に示唆した時点でのこっちの石の位置——に十二手目が開かれ、石を据える作業がひと段落する。

次に石組が動くのはちょうど一週間後の四月一五日。それまでのあいだ、職人たちは画面に大まかな「あたり」をつけてからいったん寝かせるように、石組から手を離した。

この四月八日の午前中に打たれた一連の石、つまり初手の平石から十二手目までの布石を第一期石組と呼ぼう。

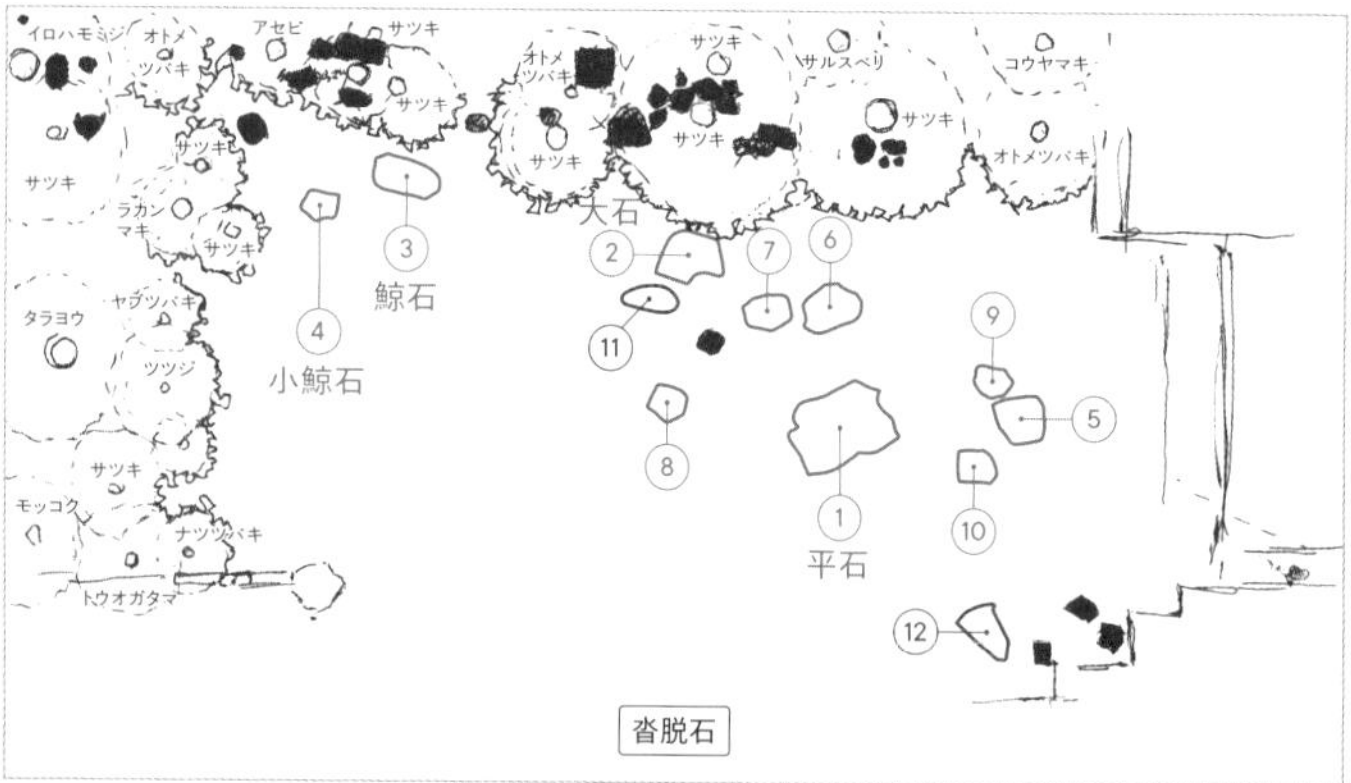

図3-6｜十二手目まで。第一期石組はここで終わる。こっちの石は場所を変えて五手目として実現したが、そもそも想定していた位置には十二手目が据えられる

第一期石組はたしかに終わった。しかし完成したわけではない。すでに場所が決まっている十二手目までの石も、実のところ大半は移動用のワイヤーやスリング――クレーンやユニックで重量物を吊る際使用する布製のワイヤー――がつけられたまま、だいたいの姿で仮置きされているだけだ。ワイヤーやスリングがついているということは、この先、これらの石をまた移動させるかもしれないという含みが残っている。

完全に石を据えてしまうには、石を据えるために掘った穴と、そこに放り込んだ石とのあいだの隙間に土を入れ、徹底的に突き固める作業が必要になるが、そうした作業もまだおこなわれていない。

とはいえ、足で引かれた仮の線が子どもたちを拘束するように、仮置きでしかない石もまた庭師たちを触発し、結びつけ、次のかたちを導く錨になる。

仮置きは仮のものでしかない。しかし、この庭=設計図のなかでは強力な効果を発揮するのだ。[図3-8]

図3-7｜大石を中心とする変形三尊石風の石組。二手目大石左手前の十一手目が安定感をあたえる。大石左奥の二つの小ぶりの石はたんに置いてあるだけ。ほとんどの石にはまだワイヤーが巻かれており、いつでも移動可能な仮置きであることを示している

類似と反復

「石はそんなに多くないよ。いまは多く見えるけどね。関係性ができてくるとね」――初日の現場には搬入されたおびただしい石がひしめきあい、混乱していた。しかし古川が予見していたように、実際に石が据えられていくと少しずつ現場がすっきりと見えはじめる。

石の運搬や設置作業に右往左往して庭を見るどころではなかった作業員たちもまた、休憩時間にあらためて庭を眺め、このことを実感しはじめていた。竹島が傍らに座っている枚岡に声をかける。

「実際置いてみると少ないねえ」
「最初はえらいごちゃごちゃしてたけどなあ」

しかし石が「ごちゃごちゃ」した状態から「少ない」状態になるとはどういうことなのだろうか？

それはたんに石が据えられた、つまりはなかば埋められたので体積が減って見

◆1　三尊石とは中央の石を高く、左右の石を低く据え、仏像の三尊形式に見立てた石組。品文字とは、立像を想起させる三尊にたいして、「品」の字のように伏せた石による三尊石。作庭記にも記述がある。「石を立てるのに、三尊仏の石は立て、品文字の石は臥せるのが普通である／石をたつるに三尊仏の石はたち品文字の石はふす常事也」（森蘊『「作庭記」の世界――平安朝の庭園美』日本放送出版協会、一九八六年、六九頁）。

図3-8｜十二手目まで石組が進んだ現場風景。据えられた石、置いてあるだけの石、道具などが散在しており全体像はつかめない。左の重機――カニクレーン――は石を搬入中の石材屋のもの

えるという話ではないはずだ。古川が示唆したのは「関係性ができてくる」という事態だったのだから。

1章で確認したように、力の場としての庭には重心があり、庭を斜めに横切る流れがあるのだった。しかし重心とはすでに据えられた石の配置が次に据えられる石の配置を導く触発の力であり、流れは石の分布の大まかな構想について言われたものだった。

そうではなく、石と石のあいだに「関係性ができてくる」とはいったいどのような事態なのだろう？

ここで注目したいのは石組の骨格がつくられたあと、つまり六手目以降の配石だ。

先ほど、骨格の周囲に石を重ねていくと言った。初手にたいする六、七、八手目、二手目大石にたいする十一手目、三手目鯨石にたいする小鯨石、五手目にたいする九、十手目である。この庭の石組は骨格になる石と添えられた石とで、ひとつの群れをつくりだしている。

しかしながら、さきほど三尊石あるいは品文字のバリエーションと呼んだ中央石組を見ると、二手目大石と十一手目、初手の平石と六、七手目の二つの群れは、分割されているというより、むしろ群れを超えて結びあっている。二手目大石を中心として左右に低い石が控える変形三尊石のようなまとまりを感じさせるからだ。

石が群れを超えて引きあう——この引力は形態や色彩が分割する群れの効果でもなければ、力の場や流れといった布石全体の構想の結果でもないだろう。なぜ、中央の四石がひとつのまとまりとして見えるのか？

　まずはこの四石が群れを超えて結びつき、周囲の石を退けながら相対的に独立する力学を見てみよう。

　扁平《へんぺい》で黒い初手の平石は、色彩的には周囲をとり囲む七、八手目よりも六手目に、形態も加えるなら群れを離れて右手側の五、九、十手目のカテゴリーに近い。だとすれば、同じ群れのなかでも初手の平石と六、七、八手目とのあいだにはカテゴリー上の分断がある。また、初手の平石と八手目は前景として配置上分断されてもいるだろう。［図3－6、図3－7参照］

　七手目はカテゴリー上平石から分断されるだけでなく、二手目大石に近接することから、群れを超えて二、十一手目と結びつく。六手目は色彩と配置の上で初手の平石に近いが、配置の上では七手目にも近く、形態的にも二、七手目に引き寄せられる。

　こうして二、六、七、十一手目の四石が、平石や八手目を退けながら群れを超えてまとまり、変形三尊石として相対的に独立する。

　しかしながらこれらの四石がまとまりとして見えるのは、周囲の石を退けているという外的な理由からだろうか？
　六、七手目が群れを超えて二手目に接近したように、これら四つの石をひとつのまとまりとして見せている内的な力学があるのではないだろうか？

群れにも全体にも還元できない、石と石のあいだに働くより小さな力を見定めよう。

七手目がどれほど平石より大石に近いとはいえ、それでも変形三尊石は二つに分裂している。たしかにこの四石は群れを超えて結びついている。しかし同時に、もとの群れの分割にしたがって左側と右側の二つの「組《くみ》」にわかれているようにも見える。

つまり変形三尊石の四石は、左側の組二‐十一と、右側の組六‐七――今後組となる石は「手目」を省略して「‐」で結びたい――という二つの組で構成されている。しかしこれらの組が、同時に「対《つい》」ともなることで、四石は三尊石のバリエーションとなっているのではないだろうか？

よく見ると左右二つの組は、細部の違いを無視すれば両者ともに左側に低い小さな石、右側に大ぶりな石といういきわめて似かよったシルエットを持っている。この二つの組相互の形態的な類似によって、六‐七は初手の平石を中心とする群れから引き剥がされ、二‐十一とともにひとつの対《つい》を形成する。

ここで注意したいのは、石と石はたんに隣接するだけで組に見えるのではないし、組と組もたんに隣接するだけで対に見えるわけでもない、ということだ。組の内部構造と対の内部構造を詳細に検討する必要がある。

まずは組の内部構造、つまりは隣りあう石と石の結びつきを見てみよう。

左側の組、二‐十一をよく見ると、水平ではなくやや右斜め上を指向する天端の線が組の内部で協

調しており、右側の組、六‐七を見るなら山なりの稜線《りょうせん》の反復が組の内部に形成されている。［図3‐9］

石と石はたんに隣接するから組になるのではなく、隣りあう石相互に形態的な反復——天端や小端の線や面の呼応関係——が織り込まれているからこそ組になっている。

石と石はかたちの反復を抱えるからこそ組になる。

次に対の内部構造、つまりは隣りあう組と組の結びつきを観察しよう。

注意したいのは、これら組内部の内的反復が、たんに隣接する石を組として暗示するだけでなく、部分的に他の組にも波及することで、組を超えた組相互の共鳴的な反復をもつくりだしていることだ。

二‐十一を見ても六‐七を見ても、組内部は左側が低く小さい石、右側がやや高く大きい石で構成され、二つの石がつくりだすシルエットは組をまたいで反復している。しかしよく観察してみると、右手の石は荒々しく立体的な石、左手の石はやや面がすっきりとした石を選択していることがわかる。

二つの組の右側を構成する二手目と六手目を比較すると右手前側の面は左手前から右奥、あるいは右下から左上へと抜ける、相互に類似した

図3-9｜二‐十一の天端の右斜め上を指向する直線の反復と、六‐七の天端の山なりの線の反復

面の角度を共有しており、左手前側の面のごつごつと切り立った表情もまた相似的だ。

次に二つの組の左側を構成する十一手目と七手目を見ると、さほど形態は似ていないにもかかわらず、七手目手前の面には十一手目天端の右斜め上を指向する稜線ときわめて相似的な線が走っていることに気づく。［図3-10］

より詳しく見るならば、七手目のこの暗示的な線は六手目の天端の手前側の線に延長され、十一手目の稜線もまた二手目の右手前の段差部分の線に延長される。これによって、構成要素の形態の差を超えて、ともに左下から右上へと向かう反復的な動きをつくりだしている。［図3-11］組と組もまた、たんに隣接するから対になるのではなく、組を超えた明示的、暗示的な類似と反復が織り込まれているからこそ対になっている。

組と組もまた、かたちの反復を抱えるからこそ対になる。

こうした即物的な線や面の構成が、たんなる隣接を越えて、ある石を他の石と、ある組を他の組と結びつける。この類似と反復の絡みあいが、たとえば六手目と七手目、二手目と十一手目を、あるいは六-七と二-

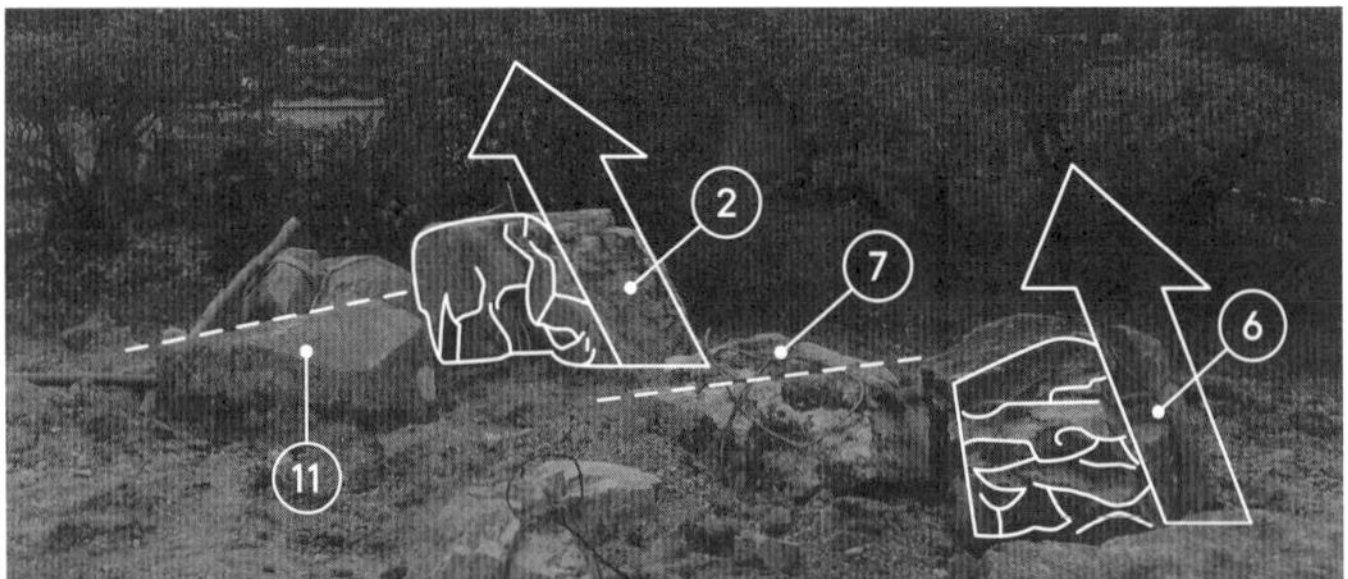

図3-10｜二手目、六手目の右の面の切り立ちを大きな矢印で、左面のごつごつした表情は石の割れ肌のトレースで、十一手目の天端と七手目中腹の右斜め上を指向する線は破線で示した

十一を繰り返し結びつけ、庭に走らせた眼をその即物的構成の迷路に絡めとる。

視線はところによって走り、ところによって絡めとられる。この即物的構成に絡めとられた視線のダマこそが、そこに準安定的な群れを、あるいは三尊石に類する図像的なものを感知させる。

図像の根底には視線のダマが、ひいては即物的構成の迷路がある。

石は第一に力の場における重心の均衡を探る試みとして配置され、第二に古川が想定する大きな流れに沿って分布し、第三に形態的、色彩的カテゴリーにしたがっていくつかの群れに分割されている。

その上でいま、類似と反復の効果によって隣りあう石の組、隣りあう組の対が群れを超えて結びつき、変形三尊石が現れる。

大聖院庭園の無数の石のあいだには、いまや古川が言う「関係性」ができはじめている。

ごたごたからリズムへ

こうして無数の石のあいだに張り巡らされた類似と反復の効果に、古

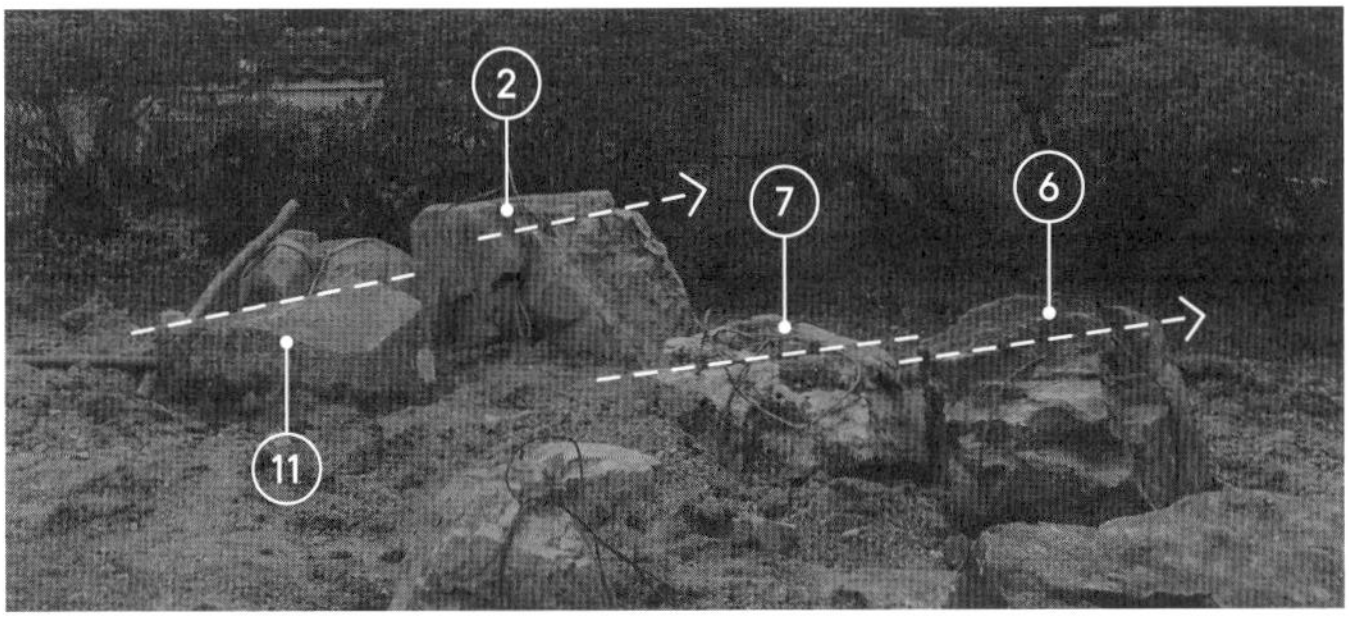

図3-11｜十一手目の右上がりの線は輪郭に相当する稜線部分なので明示的だが、二、六、七手目の線は部分的だったりうねっていたりするので暗示的だ。しかしその動きは組を超えて呼応している

川はリズムを見ている。

「似たようで似てない。似てないようで似てる。そういうのがあるとリズムが出てくる」――後日、第二期石組を終えた四月一六日、庭のなかに形態、色彩、線や面の効果によって、石組の構造に類似や反復が現れはじめたことに気づいて訊ねると古川はこう答えた。

――いくつかの石のグループが反復をつくっているように思います

「え、なに？　反復？　そうやね。反復が一種のリズムを生み出すんだよね。重複やとだめなんや」

――リズムということでどういったことを考えておられるんですか？

「似てるけど重複を感じさせないってことだよね。［…］リズムがなくなると今度はごたごたしてくるんですわ◆2」

重複による「ごたごた」から反復による「リズム」へ――これは先に職人たちが指摘した、石が「ごちゃごちゃ」した状態から整理されて「少ない」と感覚される状態への移行、つまりは古川の言う石と石のあいだに「関係性ができてくる」という事態の言い換えではないだろうか？

◆2　古川はしばしば石組を音楽に喩える。「反復」はもしかするとこちらが導入した言葉に引きずられたのかもしれないが――古川の聞き返しが、聞きとれなかったからか、耳慣れない語彙だったからか判別できない――、直後に「重複」と峻別し、「似てるけど重複を感じさせない」と言い直しているところから、もともと古川の感覚と概念系のなかで整理されていた語彙だと想像できる。古川にとってこの「反復」は「似たようで似てない。似てないようで似てる」の言い換えである。

「似たようで似てない。似てないようで似てる」とはまさしくいま詳細に検討したばかりの六‐七と二‐十一の関係そのものだ。

あらためて布石全体を見るなら、組と認知される石は他にもある。三手目鯨石にたいして四手目小鯨石――あだ名からしてすでに組だ――、二手目大石にたいして十一手目、六手目にたいして七手目、五手目にたいして十手目と、古川が構想する流れの上に右が大きく左が低く小さい四つの石の組を確認することができる。

ほぼ二つずつ並んでいる四つの組は、平面図的に言えば南南西‐北北東の軸上に展開する「流れ」にたいして、おおむね南東‐北西方向に斜交いに切り込む四つの短い線の繰り返しのように見える。［図3‐12］

沓脱石周辺から見ても、組の内部ではおおむね左手の石が低く小さく、右手の石が高く大きく組まれているため、左下から右上へと跳ね上がる短い線の連続としても感じられる。布石全体を規定する流れが右下から左上へと抜けるように見えることを考えるなら、やはりこれらの組は斜交いに切り込む線のような効果を持つだろう。

四つの組は、平面図的に見ても、沓脱石周辺の視点から見ても、この庭の大きな流れに抗する小さな動きの反復であるかのように見える。

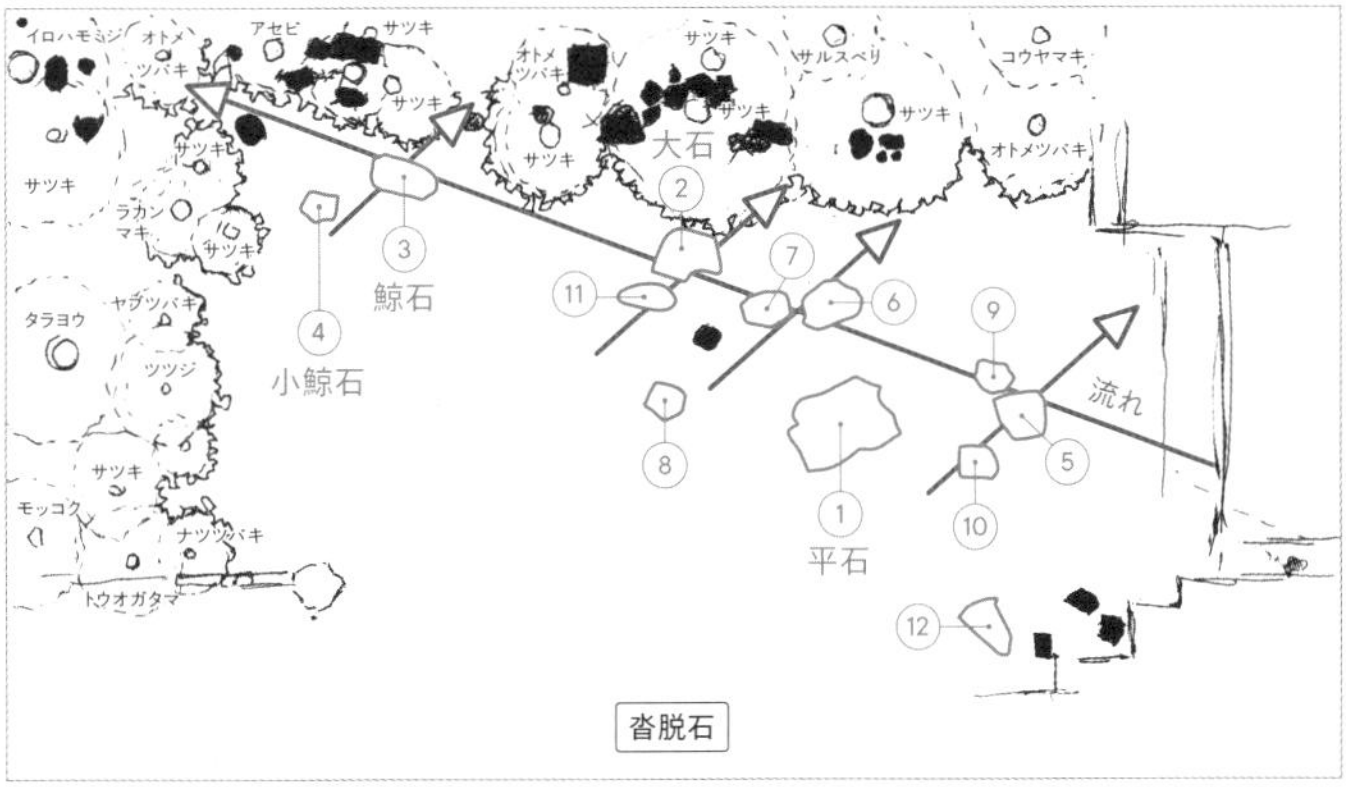

図3-12｜流れの布石にたいして切り込む四つの短い斜交いの線

この庭全体にひろがる組のパターンはまさしく「似たようで似てない。似てないようで似てる」のであり、「そういうのがあるとリズムが出てくる」。

それは単調な重複とは異なっていなければならない。先に検討した二‐十一と六‐七の対のように、相互に類似が知覚されつつも、その知覚のされかたはつねに複数の経路でなされなければならない。つまりはごちゃごちゃした石の海をリズムある石の組――石組――へと変容させるものでなければならない。

石から石へと移りゆく視線が布石全体の大きな流れや、より小さな組や対の動きや、石のない余白の上を滑る。視線はあるところでダマになり、ふたたび走る。多様な外観のなかに繰り返す線や形態の類似が感知される。一度類似が感知されると、繰り返しが感じられる場所をスキャンするように視線が飛び移る。

類似のあいだを眼が飛び移るということは、類似関係の内側から言えば、回遊する視線を繰り返しとらえて視線のダマをつくるということだし、類似関係の外側から言えば視線の迷いが整理され、そのあいだに存在する雑多な情報をスキップするということだ。

ある場所では視線がとらえられ、ある場所では部分的な抜け道ができる。この浪費的な視線のダマと節約的な視線のジャンプが回遊する視線に速度の落差と部分的な繰り返しをつくりだす。この速度の落差と反復が無数に組みあわされることで、一見無秩序に見える錯雑とした石組のなかに多層的なリズムが発生する。

こうして早くも——分析は長かったのだが——作業二日目の昼、十二手目をもって第一期石組が終わった。
ひとまずは庭全体に石が行き渡り、石相互に大まかな関係が生まれたこの時点で、いったん手を離し寝かせることになる。その間に職人たちは延段の作業を進めていく。

その日の午後、ようやく一段落した石組をあちらこちらから見ながら、ぼくは石と石の関係をスケッチし、メモをとり、記録写真を撮影していた。ちょうど山門付近からこの庭を眺めていた住職が歩いてきて、石組にたいする懸念《けねん》を口にする。
「あの裏切れ込んでるやつは人工的違いますか、どうなんですか?」
住職が言っているのはこの庭の主石とも言うべき二手目大石の背面についてである。この石は正面から見れば複雑な表情を示しているが、裏から見ればたしかに人為的に切断したかのような平滑な面をしている。［図3-13］
庭師の側にも施主の側にも過剰な影響をあたえたくないぼ

図3-13｜南側山門付近から撮影。中央の大きな石が二手目大石。背面が平滑であることがわかる

くは曖昧《あいまい》に返答を濁《にご》した。しかしこの懸念は数日中に古川に伝えられることになる。

この懸念を受けた古川は、第一期石組を終えた日からおよそ一週間後、作業六日目となる四月一五日から翌一六日にかけて、いま詳細に分析したばかりの変形三尊石をほとんど解体し、再構成してしまう。

なんということだ！

そう。わかってはいたものの、すべての石はまだ仮置きに過ぎない！

これまでに描いたスケッチやメモや写真がすべて意味をなくしてしまったような気分になる。これまでの分析はなんだったのか？

仮置きの石をいくら詳細に検討したところで、対象そのものがまた消滅してしまうかもしれない。

実際、この本を片手に現地を訪れても、ここまで執拗に分析してきた変形三尊石はもうないのだ。

完成した庭にその痕跡さえ残らない要素を検討することにいったいどんな意味があるのだろう？

庭を介して互いの意図を折衝
しあう古川（左）と住職（右）

2 意図しないものの蓄積とパターン

「あの裏切れ込んでるやつは人工的違いますか、どうなんですか?」——こう問いかける住職の言葉から、中央の石組は劇的な変化を遂げることになる。

たしかに第一期石組の石はすべて、ある程度の姿を定めた上でこの庭=設計図の上に仮置きされているだけだ。とはいえ、こうして今後も変更が重ねられていくのだとすれば、石のかたちや配置がいまだ決定的ではないこの段階で布石や形態間の関係を分析するのは早すぎたのではないか?

ぼくは、あらためてつくられつつあるものの不安定さに直面していた。

しかしながら、これまで書いてきたように、制作プロセスのなかでは仮置きの物体もまた制作者の判断に強く作用する。裏返して言えば、むしろ判断に作用するからこそ、積極的に仮置きがなされるのだし、それゆえ、覆されもする。

この推移の詳細を追うのが本稿の目的だろう。

それは目的地に到着したあとでその旅程について取材するのではなく、出発の日からつきまとい、旅行者たちがどのような判断や作業を積み重ね、どんな経路で、どんな手段で、町や山や海を横切っていくのかを描きだすということだ。

目的地への到着はたしかに記念碑的だとしても、振り返ってみれば旅のピークは道行きに生じる無数の出来事のひとつに過ぎないものだろうし、終着点はトラブル続きの旅の成りゆきで異なるものへとずれてしまうかもしれないからだ。

石の配置や組みあわせがどのようにかたちづくられていくのかを追跡するこのフィールドワークでもまた、作業のひとつひとつがその都度どのような仮のかたちをつくりだしているのか、その仮のかたちをもとに庭師たちがどのように動き、話し、判断しているかにこそ注目する。いま分析している布石が最終的な庭にその跡をとどめないとしても、仮に置かれた石は、後続の、より多くの要素に結びつけられ、また別の仮のかたちをつくりだしていくはずだからだ。

いま、手元には膨大なスケッチとメモと写真がある。ひとたびできあがってしまえば判断の根拠もろとも消えてしまう制作現場の詳細なプロセス――これを明らかにすること、それこそがこのフィールドワークの狙いである。

第二期石組

作業六日目となる四月一五日から、第一期石組で据えられていた石、とりわけ中央の変形三尊石部分のいくつかが覆される。この配置換えからはじまる新しい布石の系列を第二期石組と呼んでおきたい。まずは十三手目から十九手目まで、第二期石組前半を見てみよう。

変更のきっかけは延段の段差と同じく、二手目大石にたいする住職の言葉にある。しかし住職の言葉にも、古川の配石の変更にもまた、仮置きされていた無数の石からの触発が強く作用している。住職の指摘のとおり、沓脱石付近から見ると複雑な表情を示す二手目大石も、裏面は切断されたかのように真っ平らな面となっている。この真言宗の僧は、庭の石組を東寺講堂に安置される立体曼荼《まんだ》羅《ら》、《羯磨《かつま》曼荼羅》に喩えつつこう評した。

「片方から見てええ（良い）んじゃなくて、こっちから見ても、こっちから見てもええ。四方から見て整っとるんがええいうのが（ええんです）。庭もこっち隠したらええというんやなくて四方良しというのがええんです」

結果、四月一五日から二手目大石を中心に変形三尊石風に安定していた石組の核心部に大きく手が入れられることになる。

「気にいらんやったみたいやからね」——古川は笑う。

この変更は石組の構想を根本から変えるというよりは、すでに据えられている二つの石の入れ替えが中心であり、布石全体からすれば些細な変更のように思われるかもしれない。

しかしながら、この入れ替えは石組の核心部分の印象をまったく違うものにし、以後の布石の展開そのものを大きく拘束することになる。石相互に「関係性ができてくる」という古川の言葉を理解する上でもきわめて重要な局面だ。

詳細に検討しよう。

まず住職から指摘のあった二手目大石——これまで主石《しゅせき》の位置を占めていた——に手がつけられる。変形三尊石中央の大石が掘り起こされ、四石の右端に位置する六手目の石と交換される。二手目も六手目も二 - 十一、六 - 七という組内部で右側に位置していた大ぶりの石だ。

移動した二手目大石はもちろん住職の指摘した「切れ込んでる」平らな面が底になるように据え直される。この変更された大

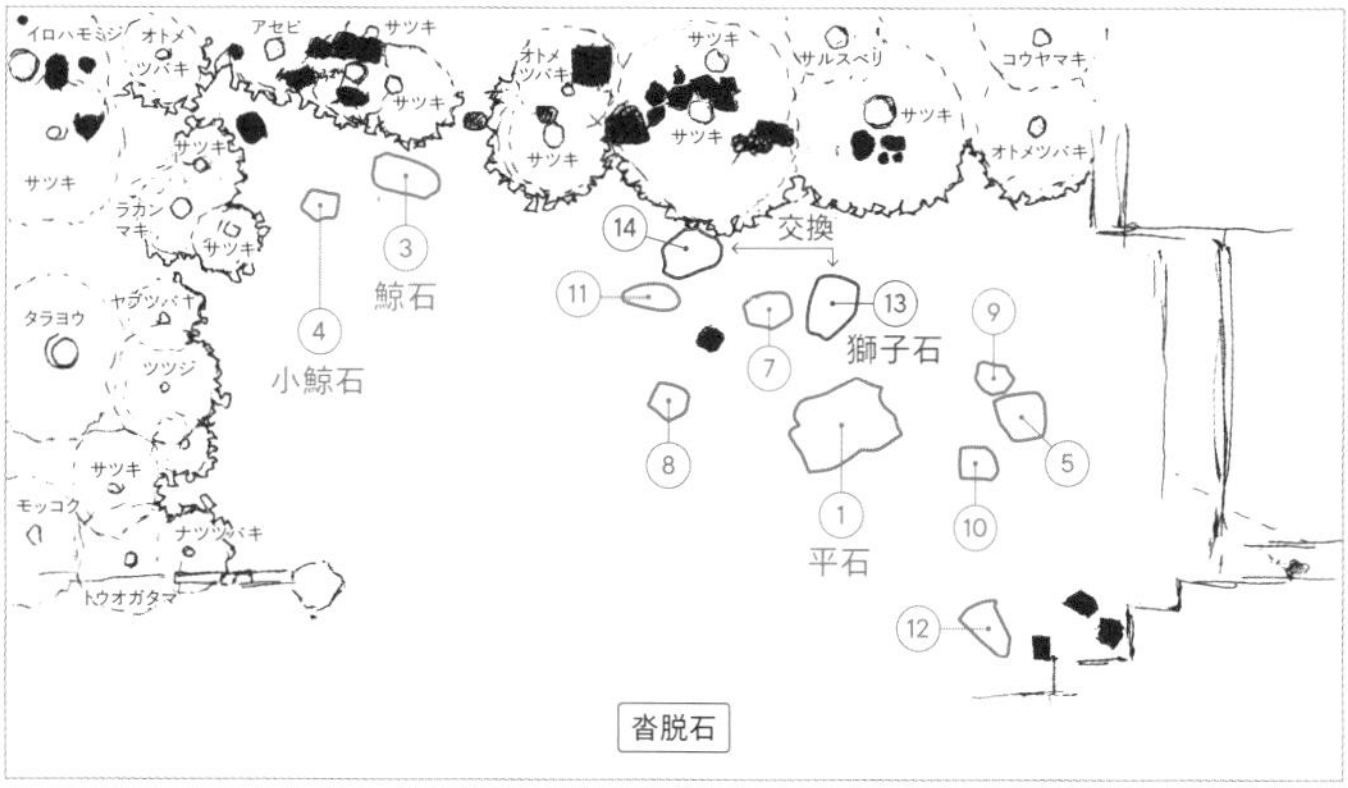

図3-14｜十四手目まで。二手目と六手目の位置が十三手目と十四手目として交換される

石を十三手目としよう。いったん脇に避けられていた六手目の石は、十四手目として二手目大石のあった位置に移される。［図3-14］ようするに二手目は六手目の位置へ、六手目は二手目の位置へと入れ替えられた。二石の位置が交換されたということだ。あれほど緊密に結びついていた中央布石の二つの石が交換されたのだから、その影響が他の石に波及しないわけがない。十一手目は十五手目として姿かたちを変えて十四手目の奥に移される。十一手目があった場所には新しく十六手目の石が据えられる。［図3-15］

十三手目はもともと二手目大石として主石の座にあった。それゆえこの配置換えでその地位から転落するかと思われたが、据え方を変えたことによる屹立《きつりつ》した形態とその量感から周囲を圧倒し、あらためて主石の地位を手に入れたように思われる。

位置の重要性からすれば中央付近を占める十四手目が主石とも考えられるのだが、その形態の特異性と量感からすれば十三手目には届かない。十三手目を見た住職がこの石を獅子《しし》と名づけたことからも、その屹立した存在感は明らかだ。

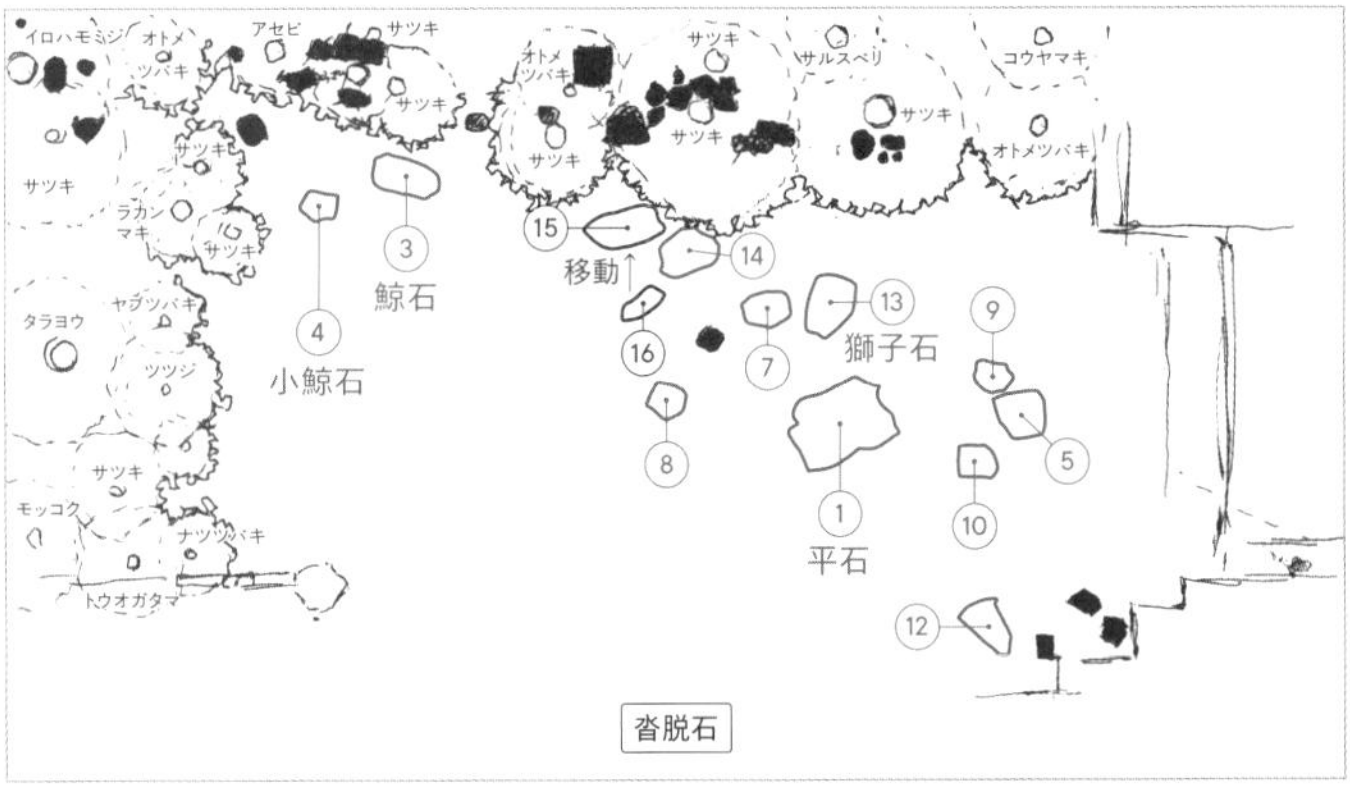

図3-15｜十六手目まで。十一手目が十五手目として十四手目の左奥に、十一手目があった場所に十六手目が据えられる

新たな主石となった獅子石についてはのちほどあらためて検討するとして、ここではまずその他の石を検討しておきたい。

なぜ十四手目はこのように据え直されたのか？

なぜ十一手目はそのままではなく、十四手目の左奥に移動させられたのか？

なぜ十一手目があった場所に十六手目が加えられたのか？

十四手目の立ち姿は、この石が六手目だったときの立ち姿のままスライドしてきただけのように見える。これはつまり、『作庭記』の言う「看所《みどころ》」、ようするに最も見せたい面がはっきりしているということだ。[1]
次いで十四手目の左手前にあった十一手目が十五手目として、立ち姿を変えて左奥に移された。そもそも二手目大石と十一手目は稜線その他の類似と反復によって二－十一というひとつの組を形成し、右隣の六－七という組とも複雑に呼応しあう対関係を結んでいた。
だとすると十一手目が変更されたのは、六手目の代わりに据えられた十三手目獅子石、二手目大石の代わりに据えられた十四手目との呼応関係を形成できなかったからだと予想できる。
十四手目までの段階を見てみよう。［図3－16］

[1] 「かと」（森蘊『「作庭記」の世界——平安朝の庭園美』日本放送出版協会、一九八六年、六八頁）。

十一手目は、変更前の二手目大石のとりわけ緩く右に上がる稜線と協応するように据えられていた。ところが十一手目と新たに据えられた十四手目のあいだには明示的な類縁性はなくなっている。

もちろん、そこにも暗示的な右上がりの線を見てとることはできる。しかしながら、右側の七手目と十三手目獅子石に目を移すと、そこには類似も反復もほとんど見てとることができない。七手目と十三手目は、隣接しているとしても、もはや組ではない。◆2

かつて組と組のあいだに幾重にも張り巡らされていた稜線や面の反復は、四石中央部分の七手目と十四手目の山なりの稜線、十三手目獅子石と十四手目の右手前の面の方向性——右奥から左手前へ抜けている——などを除いてほとんど失われてしまった。

なかでも重要なのは、この四石を二つの組として見た場合、十一-十四、七-十三のそれぞれのシルエットの対は、かつての二-十一、六-七の対に比してあまりに似過ぎている。

ようするにこれら四石は、古川が言うところのリズムある反復ではなく、ごたごたした重複に近づいてしまっている。

それゆえ変更は重ねられる。十六手目まで進んだ様子を見てみよう。［図3-17］

◆2　ここから、前節で詳細に分析した組や対が、たんに隣接からくるものではなかったことがわかる。

図3-16｜十四手目までの布石。手前の石群の多くは運び込まれたときのまま置いてあるものも多い。左側の人物足もとから右へ十一手目、十四手目、七手目、十三手目獅子石。石相互の造形的結びつきが中央二石の山なりの稜線を除いてほとんどなくなっている。にもかかわらず、十一－十四、七－十三の組みあわせの大小や輪郭は重複といってもよいほど単調なものになっている

まずは十一手目の位置と据えかたが十五手目として変更された。十四手目までの状態からすれば、この変更の趣旨は第一に四石のごたごたした関係を整理することにある。

十一手目とその配置換えである十五手目を比べると、まず稜線の形状を変更していることがわかる。つまり十五手目の山なりの稜線は十四手目の稜線との関係を、つまりは組の関係を回復する一手であることがわかる。

変更前の変形三尊石の右側の組だった六－七の関係を、新たな布石の左側の組、十四－十五として別様に回復させたということだ。

しかしながらこの山なりの稜線の反復は、七手目の稜線の形状とも重なってしまっており、ともすれば単調な印象をあたえる。とはいえ、十三手目獅子石の屹立した存在感は以前のように安定した二つの組による対関係も、中央が強い三尊形式も拒絶している。

それゆえ、十三手目の突出によって孤立した七手目を十四、十五手目に近づけながら対構造を解体し、屹立する獅子石と山なりの稜線の連続という構成に変容させた。しかしその代償として中央石組には、中央にあるにもかかわらず、かつての変形三尊石のような中心性を持った図像

図3-17｜十六手目まで進んだ中央石組。山なりの稜線の反復が七手目からその左奥の十四手目、十四手目の左奥の十五手目、左手前の十六手目へと波及している

的まとまりはなくなってしまった。

十五手目まで進んだ段階で、かつての四石がなぜ即物的構成の迷路をつくりだし、視線のダマを発生させ、図像的まとまりをつくることができたのかについて、また別の理由が見えてくる。

かつての中央石組が安定していたのは、もちろんその三尊形式や石相互の複雑な造形的絡みあいによるところが大きい。しかし見落としていたのは、大石の左手前に構えていた十一手目の重要性だ。

この石はかつての四石のなかで最後に、大石の左手前に打たれた。これが意味するのは、十一手目が右手前から左奥へと後退する流れの構想を部分的に断ち切り、中央四石を領域化していたということだ。

しかしこの十一手目が十五手目として十四手目の奥に、つまりは流れの上に移されたことで、中央石組の領域はほどけ、流れへと、つまりは三手目鯨石のある左奥側へと開かれた。この段階では、十五手目は右隣の七手目、十三手目とともに、左奥へと後退する流れにあまりにも沿ってしまっている。［図3-18］

かつての十一手目に代えて、十四手目左手前に据えられた十六手目は、

図3-18｜写真は十六手目が打たれた直後のもの。十六手目がまだ打たれていない状況を想定して見れば、中央石組が画面外右側にある五手目から左奥の三手目鯨石へとあまりに単調に整列していることが確認できる

この布石上の単調さを切り崩す要《かなめ》の石であり、同時に流れの構想に抗して斜交《はすか》いに切り込む四つの線の反復——三手目鯨石と四手目子鯨石、二手目大石と十一手目、六手目と七手目、五手目と十手目——を回復する一手である。

たしかに十六手目には十一手目ほどの領域化の効果はなかったし、十四手目も二手目大石と比べれば求心力に欠ける。主石が右端にずれたことで中央石組はいまや位置的な中心性こそあれ、かつてのような図像的なまとまりや対構造を持つことができない。

しかしながらこの否定的な印象は、布石が新しくなりつつあるにもかかわらず、以前の三尊形式の残像を基準に新たな布石を評価しているからに過ぎないのではないか？

いま展開しはじめているのは、これまでの布石の構想とは異なる性質を持った、また別の布石の系列なのではないだろうか？

のちに展開された布石をたどった後であらためてこの地点に立ち返るなら、つまりは遡行的に振り返るなら、十六手目はそれほど軽い手ではない。というより、それほど軽い手ではなかったということになる。

というのも今後、この小さな石が起点となって、この庭に新たな流れがつくりだされていくからだ。

斜交いの流れの発生

第一期石組では、まずは大きな布石として庭を斜めに貫く流れがあった。次いで沓脱石付近の視覚的足場から見た中央部分に安定した変形三尊石があり、流れに斜交いに切り込む四つの短い線の反復が流れへのカウンターとなることで庭全体の布石が形成されていた。

ところが二手目大石と六手目の交換にはじまる第二期石組では、やや右寄りの位置により強い主石――十三手目獅子石――が現れ、流れを部分的に断ち切っていた十一手目も流れの上に移動した。この変更によって変形三尊石構図はほどけてしまい、流れに斜交いに切り込む石の配置もほとんど解体されてしまった。

このタイミングで、もともと十一手目が占めていた位置に小さな十六手目の石が打たれる。十六手目の石はその方向性と左隅が落ちた形態によって明確に左手前側、つまり北西方向を指し示す。この石は、これまで石の配置と高低差が暗示していただけの斜交いの線の反復を、もうひとつの流れとして先鋭化する。

先ほど、この十六手目は遡行的に振り返るなら軽い手ではなかったと言った。それは打たれた時点では明確ではなかったが、この石が以後の布石を支配する新たな流れの端緒となったからだ。

十六手目に続く十七手目から十九手目までの布石を確認しよう。

まずは十三手目獅子石の右手に小ぶりな十七手目の石――住職によって雛《ひな》と名づけられる――が打たれる。この石は住職の言う「四方良し」を実現するための手であり、山門側から見たときの十三手目の切り立った平滑な印象を補助する。◆3 同時に周辺の石と類似した水平の天端、それらの石と十三手目のあいだをとった中間的な高さによって、屹立する獅子石を庭に馴染ませる意図があるだろう。

次いで十六手目が先鋭化させた左手前、つまり北西方向への流れと平行するように二つの石が打たれる。黄みがかった十八手目、景石としてはあまりにも扁平《へんぺい》な十九手目――その特殊な形から古川に四国と呼ばれた――である。［図3-19］

十八手目はチャート特有の色調や肌理の点から、十九手目は切石ほど平らな形状から、中央の景石群から分割されたカテゴリーとして遠くに打たれたと思われる。これは以前指摘した鯨石と子鯨石、あるいは五、九、十手目が中央から外されたのと同様だ。

さらに言えば十九手目四国石は、形態的に奥の景石群ではなく、むしろ手前の園路に使用されている平石――コンクリート舗装の角に据えられた北西隅の平石や、延段の沓脱石前に据えられた平石――に近い。景石のなかでも最も建物に近い十九手目は、手前の建築から中間の園路を抜けて奥の庭までを、切石-平石-景石と、平滑な領域から荒々しい起伏の領域へとつないでいる。［図3-20］

◆3 古川「まあ、（十三手目獅子石は）裏から見るとのっぺり見えるから、まだいくつか（の石を）入れなあかんと思いますね。向こう（正面沓脱石付近）から見えないようなのもね」。

しかし十八、十九手目の石はたんに中央の景石群から疎外されたり、建築と庭をつなぐためだけに打たれた布石ではない。この二石は園路を構成する北西隅の平石に向かって明らかにひとつの流れの上に連続しており、八手目や十三手目獅子石をも貫き、流れに拮抗する新たな庭の構造線を形成しているからだ。

かつて古川が示唆したこの庭を貫く流れに交差し、右奥の南東から左手前の北西方向へと逸出《いっしゅつ》する「斜交いの流れ」の発生である。

今後混乱がないように、古川があらかじめ構想を語っていた三手目鯨石から主石群を抜けて五手目を貫く流れを「第一の流れ」、この流れにたいして斜めに切り込むように発生してきた新たな流れを「斜交いの流れ」あるいは「第二の流れ」と呼ぶことにしよう。

十六手目と十八、十九手目は同じ軸上にはない。しかしながら、続く石の連鎖は十六手目を端緒とする斜交い方向の流れを強化している。ここからさかのぼって、十六手目が布石の方向性を決定づける手だったことがわかる。

これほど小さな石が、十一手目の移動によって解体されてしまった斜交い方向に向かう布石を再活性化させ、庭全体を支配する第一の流

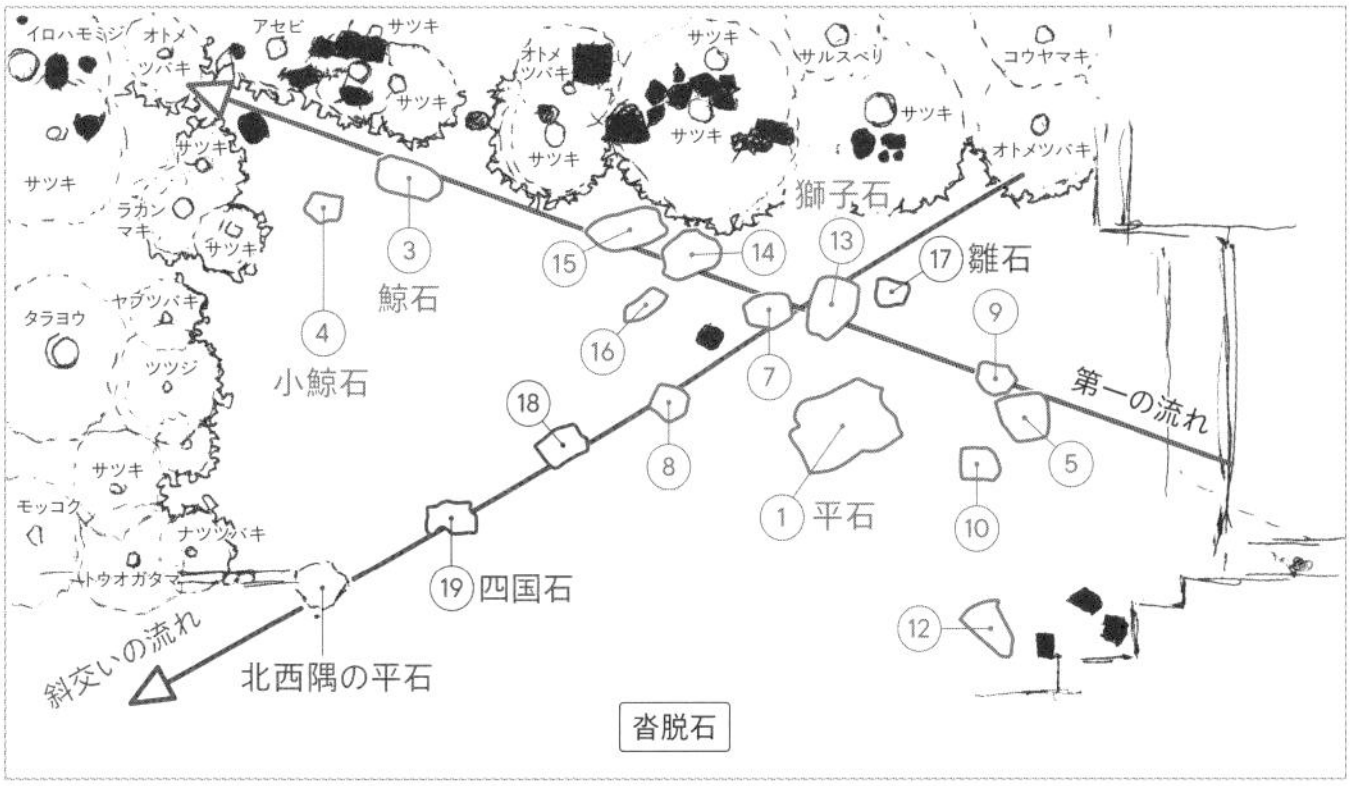

図3-19｜十九手目まで。十六手目が指し示す流れに平行して展開する十八、十九手目

れに拮抗する力があるとは思えない。

しかしそう見える。そう見えてしまう。

もちろん先に指摘したとおり、もともとこの位置にあった十一手目に比して、あとからこの場所を占めることになった十六手目は明確に北西方向を指向している。

それだけのことだろうか?

ひとつの小さな石が、庭を貫く複数の石の配置によってかたちづくられた第一の流れに抵抗する力を持つことができるのだろうか?

第二期石組で大きな変更を受けた中央石組を再度検討しよう。

十五手目までの段階では複数の石の配置が第一の流れを強化していた。十六手目がその大きな流れに抵抗する端緒となったとすれば、この石が他の石と結びつき、より広域的な効果を発揮したからにほかならない。

十六手目を他の石との関係のなかに置いてみるなら、まずは十五、十四、七手目と山なりの稜線の性質を共有していること

図3-20｜手前の平らな石が北西隅の平石。切石や舗装と同じく、庭と建築の境界に平面的に据えられている。奥の十九手目四国石、十八、八、十三手目獅子石と、徐々に立体感を増す

が見てとれる。この単調にも思える稜線の反復がこれら四つの石を同族として結びつけるとともに、十三手目獅子石から切り離された群れをつくりだし、同じことだが同時に獅子石の屹立を引き立てる。
これら稜線の性質を共有する四石をよく見ると、とりわけ十六手目と右奥の十四手目が、表面の肌理や色調においてかなりの類縁性を持っていることに気づく。両脇の石との明白な差がこの二石の類似を排他的に際立たせている。［図3－17参照］
十五手目までの段階では、山なりの稜線の反復が十四手目と十五手目を結びつけているように見えた。この見立ては間違いではないものの、以前ここにあった変形三尊石の組構造、対構造の残像を引きずっていたことがわかる。十六手目が打たれたいま、十四手目にたいしてはむしろ十六手目が、その肌理と色調からより強く結びつく。
あらためてこの二石を組十四－十六として見てみよう。
十四－十六を組として見ると、十六手目の右手前の面と十四手目の右手前の面の傾きや方向性がひとつの大きな面として感知されることに気づく。というよりも、この二つの面の共有もまた、この二石をひとつの組として見ることを支える重要な要素だったということだ。十六手目の稜線もまた、断絶を挟みつつも十四手目の稜線に延長されることがわかる。十六手目を経て、二つの石はまるでひとつの巨石の一部になったかのようなのだ。［図3－21］
以前の組は、別々の石がいかに類縁関係を結ぶかによって結びついていた。それにたいして、新たな組十四－十六は、別々の石がいかにひとつの石となるかによって結びつく。

ようするに、十六手目はひとつの小さな石ではないということだ。この小さな石は十四手目とともに、二石にまたがる大きな面と左下に滑り落ちる稜線によって、北西方向の指向性を持った巨石として作用している！

十六手目を経たいま、十四手目が斜交い方向の指向性を持っていたことが遡行的に理解される。十四‐十六の指向性を意識するなら、第一の流れの上に配されたように思われた十五手目もまた、左下に落ちる稜線や面の方向性によって、十四‐十六が指し示す斜交いの流れを支持していたことが、やはり遡行的に見てとれる。

この見立てのなかでは十三手目獅子石の効果もまた変形される。

第一の流れの上に配置され、中央石組からは疎外されているように見えた獅子石もまた、壁体のごとくせり上がる形態で第一の流れを堰き止めつつ、右手前の面が示す指向性によって、十四‐十六と反復的に斜交いの流れを強化し、船の舳先《へさき》のような形態によって左前方へと切り込んでいる。［図3‐22］

たったひとつの小さな石によって一気に現れたかのように見える斜交いの流れは、それゆえ、十六手目の石が単独でつくりだしたものではない。第二期石組冒頭で交換や変更を受けたすべての石が、実のところ、それぞれのしかたで斜交いの流れを準備していたかのようなのだ。

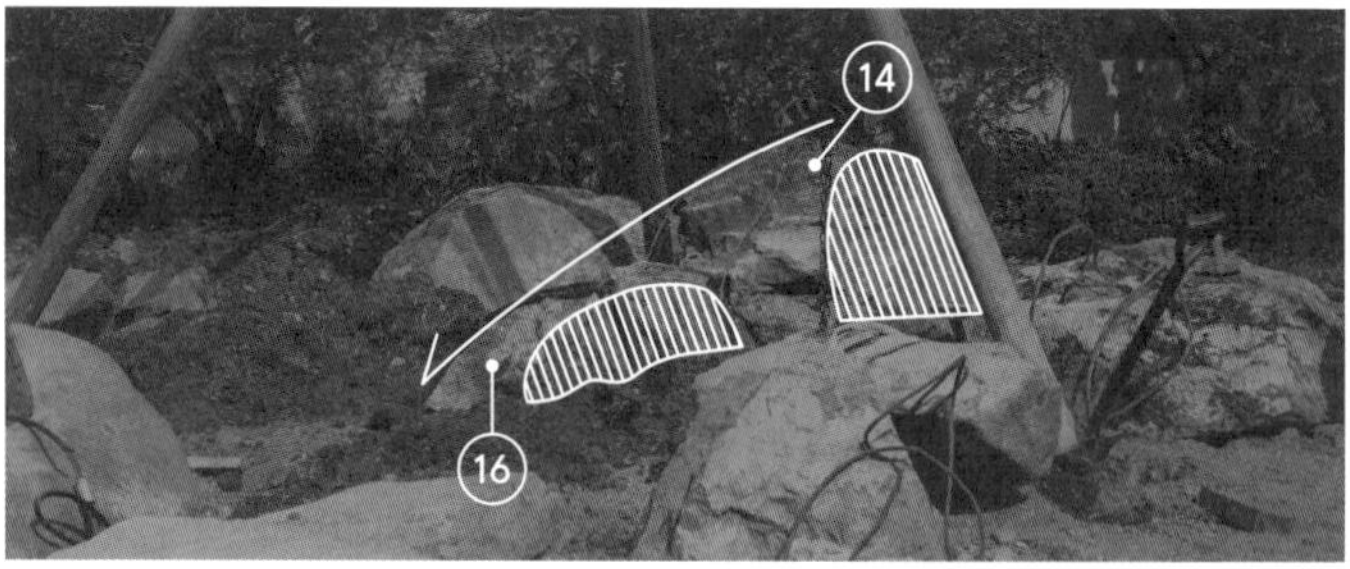

図3-21｜十四手目と十六手目がひとつの石であるかのように面と稜線を共有し、それらがともに左手前へと逸出する流れをつくる

第一の流れの線上に沿って、山なりの稜線を凡庸に反復させていた十五手目までの中央石組は、かつてここにあった変形三尊石のように図像的領域を切り出そうとしていたのではなかった。そうではなく、中央石組の求心力を解体することで中央石群を第一の流れへと開きつつ、同時に斜交い方向へ向かう造形的指向性を積み上げていたということだ。

図像的な静的均衡から交差する流れの動的均衡へ！

これまで空間的にも時間的にもバラバラに打たれ、因果系列もそれぞれ異なる複数の要素が、十六手目を経たいま、まるで斜交いの流れを積み上げていたかのように、準備していたかのように、特定のパターン――斜交いの流れ――のもとに統合される！

ここで斜交いの流れの発生を、1章で検討した重心の観点から整理しておこう。

住職の懸念が表明される前の石組では、布石は第一の流れの上に展開しているとはいえ、変形三尊石を中心として左奥に鯨石と小鯨石、右手前に飛石《とびいし》状の石が三つと、ほぼ対称的に展開していた。さらに十一手目が二手目大石の左手前に出ることで、中央石組を第一の流れから部分的に切り離し、安定

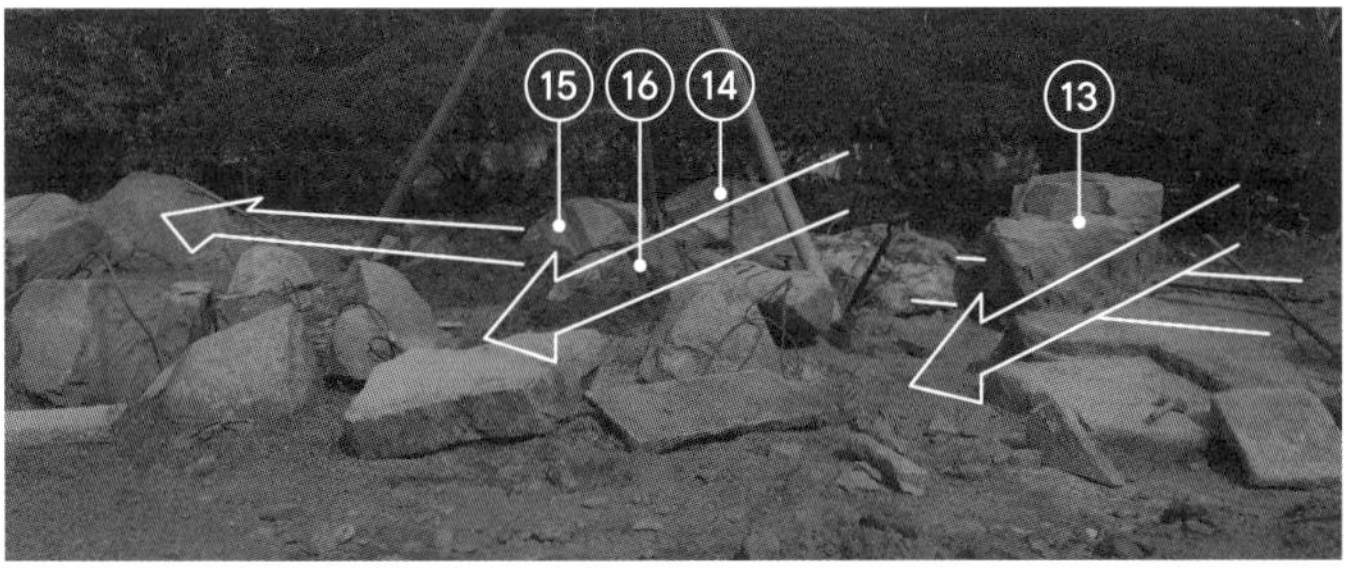

図3-22｜十五手目、十四–十六の左下に落ちる稜線と右手前の面、十三手目獅子石の舳先形態と右手前の面が支持する斜交いの流れ

した図像的領域をつくりだしていた。

しかし住職の懸念が表明されたあと、主石である二手目大石が十三手目獅子石として右にずれ、重心に強烈な非対称が発生する。

この不均衡を是正するためにすぐさま第一の流れ上に十四手目が、続けて十五手目が打たれたが、獅子石の屹立と初手の平石の量感は依然として場を右に突き崩している。この非対称を打ち消す対抗的な布石として、いまだ石の打たれていない左手前方向へと伸びる斜交いの流れが、つまりは十六、十八、十九手目が要請された——そう見ることができる。

つまり重心の観点でも斜交いの流れの起点は十六手目であり、その変容は十三手目獅子石から準備されていたということになる。

しかしながら十三手目は住職の言葉で配置換えされたものだし、十四、十五手目は第一の流れに沿いつつ七手目の稜線を反復的に増幅したものだ。つまり個々の石は異なる意図のもとに据えられている。

意図しないものが蓄積されていた——この庭に、この布石のなかに。

庭が考える

意図していなかったが、事後的に、まるで意図されていたかのように斜交いの流れへと統合されることになった要素の蓄積。この斜交い方向を指向する造形的性質の蓄積とその発見は、たんなる偶然――非意図的蓄積の偶然的統合――に還元できるのだろうか？

しかし個々の石がそれぞれに蓄積し、持続させてきた一定程度の造形的斉一性《せいいつせい》は、反復とリズム、第一の流れへの抵抗を大まかに指向していた古川の意識的傾向によるのだから偶然と呼ぶことは難しい。

では、のちに実現することになる斜交いの流れというパターンが事前に明確に意識されていた――意図的蓄積の必然的統合――のかと言えば、そうでもないだろう。

意識されることなく布石に堆積した形態を、庭が、パターンとして示したかのようなのだ。

「意図の発達についてのオブジェクト指向モデル」――この奇妙な事態を、ここでは芸術の制作プロセスを研究する平倉圭の言葉を借りてひとまずこう呼んでおきたい◆4。

制作段階のある時点で突如として相転換が起こり、飛躍したパターン――ここでは斜交いの流れ――が示されるとき、このパターンはあらかじめ意図されていたのか？　たんなる非意図的な偶然なのか？

◆4　平倉圭『かたちは思考する――芸術制作の分析』東京大学出版会、二〇一九年、一二二頁。平倉は同書第五章において、パブロ・ピカソ《ラ・ガループの海水浴場》（一九五五年、東京国立近代美術館蔵）とその制作プロセスを記録編集した映画、アンリ＝ジョルジュ・クルーゾー監督『ミステリアス・ピカソ――天才の秘密』（一九五六年）とを干渉させることでピカソ他の制作実践についての驚異的な分析をおこなった。《ラ・ガループの海水浴場》の思考――ピカソではなく――は「異なる時点に絵画上に現れて蓄積する形態群を架橋することで実現される」。これを意図の点から言い直すなら「概括的意図の下でなされるローカルな問題解決が、それ以上の規模での反省的総合を介さぬまま物質的に蓄積し、ある段階で相転換するよそのどちらでもない、というのが平倉の答えだ。

　制作プロセスのなかで、各構成要素は制作物の表面にバラバラにかたちづくられていく。しかし、それらの構成要素は紙に走り書きされる筆算のように、制作者の思考の一部を物質的に担う。それゆえ制作者は、その時点ではいまだ明確に意識していないが、制作物があちらこちらで物質的に担い、堆積させている意図とでも言うべきもの――非意識的意図――を、あるとき発見し、意識し、あらためて実現する。◆5

　ようするに、斜交いの流れを支持する面の反復を準備し、積み上げていたのは古川でもあるが、むしろそれ以上に石であり、庭だということだ。

　平倉の言葉をもじって言うならば、部分的には庭が考える。

　このモデルは、庭の制作実践でもたびたび立ち会うことになる奇妙な事態――新たな石が他の石を遡行的にもとの文脈から切り離し、新たなパターンへと統合する――をよく説明する。とはいえ、古川の制作実践のなかで非意識的意図と非意図的偶然は混成状態にある。

　平倉の分析対象は非意図的偶然を退けようとする。しかしながら古川はそうではない。それゆえ、この庭師の制作実践にとって、事物が担う非意識的意図の遍在とその生長、そしてそれら意図の事後的な我有化というモデルはあまりに――

うに突如グローバルに架橋される」（同書、一二一頁）。作庭現場でも観察されるこうした事態を、平倉は「意図の発達についてのオブジェクト指向モデル」（一二二頁）と呼んだ。

◆5　「意図は、異質な要素の統合へと向かう概括的な意識の傾向を背景としつつも、具体的細部においては、外的物体の布置に非意識的に予兆＝前形成（prefigure）され、あるとき観察者＝制作者の発見を介して遡行的に意識され実現される」（同書、一二〇頁）。

平倉も指摘しているが――「強すぎる」◆6。
　このモデルを借りつつも、古川の制作実践に沿うことで、別のしかたでこの「意図」――非意識的に生長する制作物の意図――の描像を修正しなければならない。

　ここで注目したいのは古川にとっての「非意図」の重要性と庭の特性だ。平倉の分析対象と異なり古川は非意図を積極的に評価するし、悲意図の最終的な我有化、つまりは意識的意図への統合も周到に避けようとする。そして庭もまた、絵画とも映画とも異なる造形的特性を持っている。

　第一に、古川は非意図的偶然を肯定する。

既存の石組、植栽、地形――この庭には、そもそも古川の意図に還元できない非意図的要素がひしめきあっていた。しかしながら古川は、作庭プロセスが意図せぬ偶然に晒されることを肯定する。1章で他性と呼んだ布石を導く力はまさしくこの非意図そのものだし、2章で検討した蹴つまずかないようにするという住職の意図もそうだ。

　即興的な古川の制作は、むしろ偶然的で意図しないものとの折衝をこそ重視する。だからこそたまたま布石の「きっかけ」となった既存のへそ石についても「ぼ

◆6 「本節での「意図」の描像は、実際の絵画ないし絵画的意図の形成過程に対して強すぎる」（同書、一二二頁）。撮影時の絵画制作は疎外的・寸断的なものだった。平倉は編集や音楽によってアニメイトされた絵画の印象にもとづく意図の「生命的」な描像を修正し、「映画内で生長する絵画」の思考をピカソ自身も巻き込まれていく複数の人間と非人間的技術装置の絡み合い――ピカソ他――によって実現される「合成的形象」として再定義する（同書、一二五頁）。

くが据えてないでしょ？　だからぼくのクセがないんだよね。遊び心でもあるし」と肯定的に評価することができる。

第二に、意図の有無以前に、そもそも古川はこの庭のすべてを見ているわけではない。見えてはいるが意識化されていないというだけでなく、庭の特性上、端的にまだ見ていない、あるいは古川のパースペクティブからは見えないということがある。

十三手目獅子石について住職が竹島に語った場面を引く。

「中央の高い石（十三手目獅子石）ありますでしょう？　あの石（がまだ二手目大石として据えられていたとき）は気に入らん言うたら古川さん嫌やったやろうけどよう聞いてくれて。でも面白いのは「わたしまだ見てません」言うてね（笑）。「据えといてよう言うわ」言うて」

「いや、見てへんことありますからね。自分がやったこと覚えてへんかったり（笑）」

住職は二手目大石の平滑な裏面を嫌ったのだった。しかしそのことを住職に指摘された時点で、古川は自分が据えた石をまだ見ていない。

同時進行する作業、職人あるいは住職による頻繁な声かけに引き裂かれるなかで、あるいは、あらゆる方向から見ることができる庭の特性によって、古川は二手目大石の裏面を見落とす◆7。この意味でこの庭師は、きわめて限定された認知的限界のなかで制作している。

庭の制作者はすべてを見ることもできないし、すべてを覚えていることもできない。
しかし古川はここでも、この認知的限界と庭の特性をむしろ積極的にとらえている。

「表から見ると面白くないものも裏から見ると案外良かったりするからね。［…］正面からだとのっぺりするでしょう？　絵画的になるというのかな。裏から見ると立体的になるんだよね」

庭は裏にまわるだけで、いや、立ち位置を少し変えるだけで、相転換しうる。ようするに庭は一望することができない。庭には端的に、「物体の裏面」があるということだ。
この制作条件と古川の態度は福笑いにも似ている。福笑いは目隠しをするため、意図的につくることはできないが、まったき偶然――非意図的偶然――を楽しむものでもない。この遊びが面白いのは、視界は遮られていても手の位置やパーツのかたちから、なんとなくこんな顔になっているだろうと意識しているにもかかわらず、目隠しをとると絶妙に意図せぬ相貌が立ち上がってしまうところだ。

◆7　それゆえ庭でも制作は絵画と同じく「疎外的・寸断的」に進行し、映画と同じく他の制作者――職人や住職――や物体に巻き込まれながら「合生」されていく（同書、一二二－一二五頁）。

もちろん庭師たちは目隠しをしているわけではない。しかしながら物体の裏面――必ずしも裏側ではない――と自身の認知的限界によって、庭の他の相貌については目隠しされている状態に限りなく近づいてしまう。

庭師たちは、少し移動するだけで変貌する庭の見た目に意識的だ。だからこそあちらこちらから眺め、局所的な問題解決を重ねていく。しかしこうして物質的に蓄積される局所的解決には、物体において生長する非意識的意図――庭の思考――だけでなく、認知的限界と福笑い的な庭の特性によって意識的であるにもかかわらず意図から落ちてしまう意識的非意図――庭の非思考――とでもいうべきものが埋め込まれる。

古川はこうした制作条件そのものを積極的に受け入れ、肯定するのだ。

因果系列の遡行を止める

斜交いの流れの考察に戻ろう。

舳先形態によって左手前への流れを指示していた十三手目右手前の面こそ、物体の裏面の効果、あるいは裏面そのものである。

先に斜交いの流れは十三手目にまでさかのぼる可能性を示唆しておいた。しかしそう考えるならこの積み上げの起点は無限後退しかねない。

というのも十三手目右手前の面は、平面図上は離れているものの、沓脱石からのパースペクティブのなかでは初手の平石の左奥面が示す斜交い方向の面と呼応しており、同様に十三手目の重心上の配置もまたそれ以前の力の場を引き継いでいるからだ。

パターンが発生したあとで、庭のあちこちに散らばる石の造形的特性——非意識的意図——に注目するなら、斜交いの流れは初手の平石のなかに予告的に埋め込まれていたことになる。

しかしここでは、制作者の「概括的な意識の傾向」（註5参照）を背景におこなわれる石の処理の造形的因果に注目する。この因果をたどることで、意識的であるにもかかわらず制作者の意図から落ちてしまう福笑い的な物体の裏面——意識的非意図——を見定めたい。

十三手目獅子石の右手前面の緩やかな「）」型の湾曲は、たしかに初手の平石の左奥面の「〉」型の屈曲にたいしてパースペクティブ上噛みあっており、両者ともに斜交い方向の流れを支持している。それゆえ斜交いの流れの起点を十三手目にさかのぼるなら因果系列的には初手の平石までさかのぼりうることになりかねない。［図3-23］

しかしこの噛みあわせは、斜交いの流れを準備したというより、まずは以前ここにあった六手目右手前面の「〉」型の屈曲と初手の平石の左奥面の屈曲の噛みあわせを引き継いだ形態の呼応関係として見るべきだろう。［図3-24］

石組の生成プロセスを追うぼくたちは、住職の懸念が口にされる以前に展開していた石組の系列をすでに見ている。変形三尊石が現れた以前の系列では、初手の平石と噛みあう六手目は中央四石の組関係や対関係のなかにあり、斜交いの流れを前景化してはいなかった。それゆえこの新たな流れの端緒は、最大限さかのぼるとしても十三手目まで――まずはここに造形的因果の切断面を見ることができる。

さらに十三手目そのものについて検討するなら、この石が十六手目以前の段階では必ずしも斜交いの流れを支持したものではないことがわかる。というのも十三手目は、古川がまだ見ていなかった「切れ込んで」「人工的」な二手目大石の裏面を隠すために据え直した石だからだ。

重要なのは、この裏面が見えないように底にするなら、獅子石は現在の立ち姿で斜交い方向に釉先が向くように据える以外にほとんど選択の余地がなかったということだ。

なぜか？

住職の指摘した平滑な裏面を底にすれば、現在十三手目が示す二段に分かれた水平的な天端が必然的に上になる。そのように据えるなら、形態のカテゴリーによる群れへの分割の点から、この石は布石右手側の飛び石状の群れか布石右手前側の初手の平石に接近することになる。主石

図3-23｜十三手目右手前面の「）」型の湾曲と、初手の平石左奥面の「〉」型の屈曲のパースペクティブ上の噛みあい

図3-24｜六手目右手前面の「〉」型の屈曲と、初手の平石左奥面の「〉」型の屈曲のパースペクティブ上の噛みあい

級の石であることを踏まえれば、この石はかつての中央石組の範囲内で最も右手前に接近する現在の位置付近におさまる。

次は立ち姿の決定だが、現在沓脱石付近から見える特徴的な段差のある天端――『作庭記』の言う「看所」であり、この石が二手目大石だったときには正面を向いていた面――以外の面は、隠した底面ほどではないにせよ平面的で、古川も言うように「のっぺり」している。

仮に現状左手前を指している舳先を反対の奥側に向ければ、この特徴的な天端の面は隠れて単調な石になってしまう。舳先を右や左に向けてもやはり天端の印象は薄れるし、手前に来る切り立った面も平面的に過ぎる。他にありうるのは舳先を右手前に向ける可能性だが、これは中央石組にたいしてそっぽを向いているように見えるだろう。

だとすれば、この舳先はきわめて限定された北西方向、つまりは沓脱石付近から見て左手前を指す振り幅のなかで決定するほかない。最後に舳先方向の微調整がおこなわれるが、初手の平石とのパースペクティブ上の噛みあわせは、もともと限定されていた振り幅をいっそう限定する。

ようするに獅子石は、住職の要請に応えた時点でなかば必然的にこの位置付近に配され、ほぼこの立ち姿で据えられる可能性の高い石だった。北西方向を支持する右手前の面やそれを準備したと思われた重心は、斜交いの流れとは異なる造形的因果から現れてきた。

いや、唯一の見せ場である天端をどう見せるかという点からこの立ち姿が決定したことをふまえれば、右手前の面はむしろ大まかに全体を方向づける古川の「概括的な意識の傾向」を裏切り、物体の裏面としてたまたまそのように現れた。

この見立ては斜交いの流れを支持する十三手目の舳先や右手前の面の効果を変えることはない。依然としてこの石は、斜交いの流れの重要な一部を担う非意識的意図としても働いている。しかしこの見立ては、この石の理解を変える。

制作とは小さな相転換の連続だ。偶然的なものでしかない物体の裏面も、のちに現れるパターンに寄与する限りでは意図の一部として我有化されてしまう。しかし十三手目獅子石の舳先や右手前の面は、意識的操作をすり抜けてたまたまこうなった。

この福笑い的な意識的非意図こそが、偶然を肯定し、我有化を退ける古川の態度や、認知的限界と物体の裏面を受け入れざるをえない庭の制作——庭の非思考——の実際を理解させる。

古川は徹底して石がたまたまそこにあることの非意図的な無意味さに賭ける。それどころか、次節で見るように、意図的に据えた石や植栽さえも非意図的なものに変形しようとさえするだろう。

この行き過ぎた態度は、庭という分野に、あるいは職人というつくり手に特有のものかもしれない。この態度は今後、制作者の意図を重視し、制作物が「作品」として屹立することを望む住職とのあいだに密やかな対立を生むことになる。

次節では庭を非意図的なものへと変換しようとする古川と、住職との水面下での対立の帰趨を見てみよう。あるいは古川の奇妙な理想、「あってないような庭」を。

十九手目まで進んだ現場の様子。
十九手目は画面の外、左側にある

3　あってないような庭とありてある庭

四月一五日、十三手目にはじまった第二期石組は、中央石組の配置換えによって十三手目獅子石という新たな主石を手に入れた。庭は変形三尊石が中央を均衡させていた十三手目以前とはまったく異なる姿を見せている。

屹立する獅子石は高さや量感において際立ち、そもそもそこにあった石相互の造形的な結びつきや重心の均衡を動揺させる。この屹立にたいして十三手目以前の石は、『作庭記《さくていき》』の記述にしたがい、揺らぐ力の場のなかで重心を探る試みだった。

以前の配石は、いくつかの初期条件を設定すれば自動的に走り続けるプログラムにも似ていたかもしれない。そこから現れるのは違和感のない、しかし特異点を欠いた、「求めるところにしたがう」石の網状《もうじょう》組織である。

獅子石は、このプログラムを破壊したのだろうか？

あると同時にない

「（古川さんは）あってないような庭がええんや言わはるんですね。この辺にも石像寺や長安寺には重森三玲（や重森完途《かんと》）の庭があるんですけど、そっちはもう素人から見たらちゃんとした庭なんです。見るからにええ庭」

住職によれば、古川が理想とするのは「あってないような庭」だという。「ちゃんとした庭」「見るからにええ庭」ではなく、あると同時にない庭。

この言葉の真意はいまだ明確ではない。しかし、続けて語られた住職の言葉を聞くとその意味するところが見えてくる。住職が言及したのはかつて古川が据え、大聖院南側斜面、紫陽花園の階段脇に現在もひっそりと立つ句碑をめぐって交わされたやりとりだ。

「裏に句碑がありまして、こんなおっきい石運んできたんやけど、古川さんは三分の二ほど地面に入れてしまうんですよ。石は埋《うず》めんとあかん言うんですね。私たち素人は大きい派手なものをと考えてしまうけど違う」

数十年前に寄贈されたというこの句碑は、かなり大きな石に句を刻んだものだったようだ。その威容は、本来なら本堂の脇のような平らな場所に記念碑のごとく屹立するはずだった。しかし当時その設置を担当した古川はあえて紫陽花園散策路入り口の階段脇を選定し、しかも石の大部分を地中に埋《う》めてしまう。

句碑はたしかに目が落ちやすい場所にあり、文字が刻まれているため目立っている。とはいえ、あまりにうまく周囲に溶け込んでいるので気づかずに通りすぎたとしてもおかしくはない。［図3-25］あると同時にない――この石がいまや地衣《ちい》類に覆われて苔むしているからというだけではない。そうではなく、据えられた石の姿がこの場所の文脈にしたがっているからだ。

ようするにこの句碑は、寺や神社の境内《けいだい》で壁体のごとくそびえ立っている一般的な石碑と異なっている。句を刻んだ石を意図的にここに据えたというよりは、この場所に道をつけようと掘削したときに偶然露出した岩にあとから句を刻んだかのようなのだ。

意図的に据えた石を非意図的で偶然的な石へと変形すること。古川がおこなうこの操作を「自然化」と呼ぼう。

「あってないような庭」と「埋《うず》め」ること、それにたいして「見るからにええ庭」と「大きい派手なもの」。この対比された二つの語彙の系列の具体例をもう少し増やしてみよう。すでに作業初日の四月七日にもこの対比は現れていた。

即興的に石を決めていく様子に驚いた住職との会話のなか、『作庭記』の「こはんにしたかひて」を引いた古川は、「それがわからんのですわ」と首をかしげた住職にたいして、そばにいた竹島とともにこう答えていたのだった。

竹島「石組は抽象画に近いんだと思います。意味はないけど、意味をつくっていくというか。全体の関係のなかで組みあわせていくんです。ここの姿が面白いっていう判断は経験から来てると思うんです。（だから）古川さんは直感的に判断できるんですね」

古川「そういう意味では最終的にこうなっちゃう」

竹島「変なことをしないようにすれば決まるんですよね」

住職「有名なところは石が立ってるでしょ。小堀遠州とか重森三玲とか」

古川「あれが変なことなんですわ。地形《ちけい》が大事で、後ろが崖だったり立体的になっているといいんですけどね」

住職「でも龍安寺《りょうあんじ》とかは……」

竹島「あれは寝ている方ですね、埋《つ》もってるほう」

これがこの現場での、「求めるところにしたがう」という『作庭記』の記述の註解だ。

会話の流れから相互に理解しあっているように思われる古川と竹島によれば、庭とは「変なこと」

図3-25｜大聖院南側の紫陽花園に続く階段の脇にある句碑。本来はかなり大きな石だったというが、周囲から突出することなく、まるで階段工事で露出した岩の一部であるかのようにおさまっている

を避け、経験の厚みに裏打ちされた直感的判断から生成されるものだ。それゆえ、庭はどのようにつくるかというよりも、むしろ半ば自動的で必然的な流れから「こうなっちゃう」ものだという。このことが『作庭記』の「求めるところにしたがう」の記述と連続的に解釈される。

変なことをしないようにすれば決まるがゆえに、あってないような庭になる——つまり違和感のない、特異点を欠いた、「求めるところにしたがう」石の網状組織。

これらの言葉には古川と職人たちの立場が鮮明に現れている。庭師たちにとって、自らがつくるものは、あるいは庭というものは、特異な相貌《そうぼう》をまとって屹立するなにかではありえない。だからこそ、突出する「立ってる」石にたいして、地形との関係で「寝ている」あるいは「埋もってる」石が重視される。

そういうことなのだろうか？

素材や条件の「求めるところ」、つまりそれらの本性にしたがえば必然的にこうなるもの。つくることにたいして意識的でありながらも、つくられたものが非意図的なものになることを目指す無名の技。こうしてつくりだされるものは自然化され、あると同時にないようなものになる。

この制作観は新たな造形的達成とともに作家名を刻印し、歴史的な「作品」を、つまりはあってないものではなく、撞着《どうちゃく》的な表現をすればありてあるものを残そうとする近代以降の芸術家たちの制作観とは大きく異なっている。◆1

こうした職人たちの立場にたいして、住職は自らをつねに素人の側に位置づけ、あえて「見るからにええ庭」、「大きい派手なもの」、「石が立ってる」庭について古川に問い続ける。開創千三百年になる寺の住持《じゅうじ》としていくつもの文化財を抱える住職の意図はここにある。つまり、この両極的な二つの制作観を折衝することに。

「いい庭つくってください。自分の作品残すつもりで」――これは作庭作業中に住職が幾度となく古川にかけた言葉のひとつだ。

「庭でもなんでも個人よりお寺に残した方が残」ると言い、その「文化を人にお示しするのも寺の仕事」と言い切る住職は、寺が時代時代の文化的達成の保護区となり、博物館のような収蔵展示機能をも果たしてきた歴史をふまえている。◆2

寺でなにかをつくれば良かれ悪しかれ残ってしまう。さまざまな努力と幸運が積み重なればいずれ文化財に登録されてしまうかもしれない。その残ってしまったなにものかを、少なくとも一時代の文化的達成として人に示し続ける責務を負うからこそ、住職は作者名や成立年代とともに記憶される作品という形式にこだわる。

「文化財は年代とか作者がわかった方がええでしょ。あっちの敷石にも名前

〈庭園の詩学②〉

◆1 「ありてある」は、たんに古川の「あってない」に対比したものだが、この撞着的表現は山田晶の自然神学論『在りて在る者』（創文社、一九七九年）から借りた。「モーセがシナイ山上において神にその名を問うたとき、神は「われは《在りて在る者》なり」と答えた」（同書、三頁、および訳は異なるが『旧約聖書』「出エジプト記」第三章一四節参照）。神学的解釈に立ち入る意図はないが、神学と芸術論が重ねられてきた西洋の歴史を踏まえるとおもしろい対比ではある。

◆2 住職「庭でもなんでも個人よりお寺に残した方が残りますね」。竹島「たしかに代が代わると……」。住職「平山郁夫さんも（このあたりの寺に）残されてるでしょ。ここ（観音寺）でも千三百年ですからね。寺の住職はせやから古いもんの良さがわ

があって、過去帳見たらそこの誰それのご先祖やいうことがわかりまして、
古川さんも石に名と年代でも書いといてくれたらええんですけど」

もちろん制作された事物は自動的に残るわけではない。それがどのようなものであり、どこに、どのような形で残り、どうやって周知されるかという経路の重要さも、また、寺に残されたからといって災害や人災による破壊を免れるものではないことも住職は知っている。

それゆえ住職によれば、住職という者は、あるいはこれから住職になる者は、「数を見て目を養う」ことを必須とし、古い物品をおびただしく抱えるがゆえに古いものの価値がわかるまでは「寺づくり」をしないようにすべきだと言う◆3。

1章の1で記したように、かつて建物が湿気るという理由で埋《う》められてしまった観音寺の旧庭は少年時代の住職にとって重要な景色だった。その憧憬の庭に代わって、新しく「後世に残る庭」「本物の庭」あるいは「きちっとした庭」をつくるのが住職の悲願だ。

だからこそ住職は、匿名的な技による非意図的で自然化された「あってないような庭」に全面的に賛同することができない。「求めるところにしたがう」穏やかな石の語らいとして形成されつつあった第一期石組を打開したものこそ「あり

かるようにならなあかんて言うとるんですけどね。息子にも。お経覚えるんと一緒にね」。文化を人に示すことについては次の註釈を参照。

◆3 住職「文化を人にお示しするのも寺の仕事です。庭を潰してしまったうちの老僧ではありませんが若いうちに寺づくりをしたらダメですね。いろんなものを見て勉強して、本当に人の心を癒やすものをつくっていかんと。庭つくろう思っても、まずいい人を探さなあかんでしょ。それで数を見て目を養う。そうするとやはり見る目が育っていくわけです。古川さんもいろんなもん見てきたんですな。ありものではなかなか庭はできんですから。まず先人が築いたものをベースにして、基礎がないといけないんですね。私らも若い時分は庭は芸術やと思ってませんでしたけどね」。

てある庭」を希求する住職の言葉であり、その言葉を起点に変更された十三手目獅子石だった。
この現場では、ものづくりにたいする二つの考えが相まみえている。

雑話的批評

第一期石組を支配していた変形三尊石が解体されるきっかけとなった住職の言葉は、二手目大石の裏面の平板さを指摘したものだった。しかしその背後には、あってないような「求めるところにしたがう」石の網状組織に満足せず、あくまで、ありてある特異性によって屹立する「作品」を希求する住職の態度があった。

住職がそもそもは「立ってる」石を希望していただろうことは先の会話で暗示されている。しかし変更以前の石組では、石はすべて先行する石の特性を参照するがゆえに周囲から突出するものはなく、主石のひとつだった変形三尊石中央の二手目大石でさえ、「変なこと」にならないように「寝て」いたのだ。

もちろんこの大石を配置転換した十三手目獅子石も、寝ているわけではないものの立っているというほどではない。だが、住職の希望によって「切れ込んで」「人工的」な裏面を底にせざるをえなかったからこそ、古川の意図から落ち、造形的な因果系列から偶然的に切れた。だからこそこの石は、「求めるところにしたがう」以前の姿とはまったく異なる屹立を示すことになり、なかば周囲から隔絶した形態を持つことにもなった。

この特異な形態は、結果的に住職の期待に応えるものになる。

「どう思われます、あの石（十三手目獅子石）？　最初裏が切れてましたでしょ？　ひっくり返ったんが九〇度返って。表情があって、かたちも特徴あって、あれはこの庭のシンボルになりますわ」

ここであらためてこの石が据えられた経緯を振り返ってみよう。

獅子石をかたちづくったのは「ありてある庭」を希求する住職の意図だけでもないし、「あってないような庭」を理想とする古川のかたちの論理だけでもないことがわかる。この非意図的に現れた石の背景には、この現場に参加するすべての人々のあいだで交わされ、しかし物体に書き込まれて消えてしまう、庭園史や造形的分析や趣味判断についての言葉の積み重ねがあった。

会話のひとつひとつをとってみると、すべてはたんなる雑談に過ぎない。しかしその総体はこの庭に特化した批評的な雑話《ざつわ》となっており、制作にたずさわる人々や庭を緩やかに方向づけ、拘束していく。つくることを中心に交わされるこの無数の評言《ひょうげん》は、それゆえ、批評的な形式を借りた雑談というよりむしろ雑談の形式を借りた批評、つまりは雑話的批評とでも言うべきものだ。

二手目大石についての懸念を住職がはじめて口にした四月八日から、この大石が十三手目獅子石として据え直される一六日までのちょうど中頃となる四月一一日、休憩中の庭師たちのもとに大きな書籍をたずさえた住職がやってきた。縁側に腰掛け、おもむろにページを繰りながら、住職は少年時代にはまだあった、かつての大聖院旧庭の話をはじめる。住職が「ええ景色」だったと語ったあの庭の話だ。周囲に庭師たちが集まる。◆4

「手前に縁側があって、池、築山、竹藪があったんです。子どもの頃そこで釣りをしてね。これがよーく似ててね。橋はなかったですけど」

開かれたページに映し出されているのは観音寺の旧庭ではなく、島根県の津和野町にある永明寺《ようめいじ》庭園。この庭が、少年時代の住職が遊び、火災の事後処理で失われた憧憬の庭によく似ているようなのだ。

「昔は外で釣りしてたら寺の子が殺生しとると言われたり、告《つ》げ口されたりして、帰ってきたら親に怒られるんです。そやから庭の池で親の目を盗んで鯉を釣るんが楽しみやった」

住職の庭の思い出が語られる。想像したことがなかったが、寺の子には寺の子固有の哀しみがある。

「あの庭はここが焼け落ちたときに潰してしまいましたけど、今になってあれ

◆4　ここで住職が開いたのは『探訪日本の庭2　山陰』小学館、一九七九年。

が良かったんやと思う。寺の建物もその時分は茅葺《かやぶ》きで、冷暖房は効かんし、隙間風がすごくてね。広くて暗くてがらんとして嫌やったけど、歳とってみてから、ああ、あれは良かったんやなあと思うてね。やから若い時分に寺づくりせんと、古いもんの価値がよくわかるようになってからせんといかんと思うんですわ」

永明寺庭園の池や橋の構成、住職の思い出についてひとしきり歓談したあと、古川が書籍を受けとりパラパラとページを繰る。その手が枠氏庭園のページにさしかかったとき、住職が不意に口を挟む。

「こんなんいいんですかねえ?」——住職の指は白砂に据えられた低い石の上に置かれた特徴的な三日月型の石を指している。山口県防府《ほうふ》市の名刹《めいさつ》、月の桂の庭。古川が答える。

「ここまでやったからいいんですわ。これが月ですからねえ。で、これがウサギですわ。森（蘊《おさむ》）さんは嫌いでしたけどねえ。で、ウサギが月を見て妊娠するという。まあこういうのは思想が優先ですよね」

古川の「あってないような庭」の立場からすればありえない特異性を持つ、台座に乗った三日月のような景石について柔らかく質問しつつ、住職はおそらくずっと気になっていた京都市の天龍寺曹源《そうげん》池《ち》庭園の座禅石《ざぜんせき》へ、そしてここ観音寺大聖院庭園の初手の平石へと話をつなげていく。

「夢窓国師《むそうこくし》の天龍寺ありますでしょ。あれは平らな石があったりしてね。座禅石や言うて。手前のあれ（初手の平石）は傾いてますけど、それですか?」

「いや、手前にあると普通座禅石じゃなくて礼拝石《らいはいせき》になるんですわ。まあ、そういうのにこだわりすぎたらダメですよね」［図3-26］

この会話の時点ではまだ十三手目獅子石は打たれていない。だからこそこの段階での住職は、なにか特定の意味——古川の言葉では「思想」——をもつ石、あるいは意味の器にふさわしい特異な石の誕生を希望しているのであり、初手の平石にもなんらかの意味を求めているだろう。

それにたいして古川は、師の森蘊を引きあいに出しながら、並外れた意味を持つ石は自身の趣味ではないことを匂わせながらも、むしろ「ここまでやったからいい」のだと引き受けた上で、同時に、石に付与される意味に「こだわりすぎたらダメ」だと牽制《けんせい》する。石に名前を書いてほしいという住職の願いも慎重にはぐらかすことになるだろう。

座禅石ではないと言われてしまった初手の平石をもう一度指差しつつ、住職が重ねて問う。

図3-26｜中央やや右よりの平らな低い石がいま話題となっている初手の平石。奥のやや高い石がこの会話の時点ではまだ据えられていなかった十三手目獅子石

「あれは何なんですか？」
「いや、あれは別に（笑）」
「あれに名前つけてもらって、石に名前でも書いとってもらったら百年後、国の名勝とかになって（笑）」
「いや、これは座禅もなんもできん庭ですわ（笑）」

月の桂の庭を話の枕にして、住職が景石についてあれこれと古川に訊ねているだけのようにも思える場面ではある。しかしながら先に指摘したとおり、ものづくりにたいする立場の対立を念頭に置くなら、ここでは両者の庭園観――あってないような庭とありてある庭――が水面下でつばぜりあいをおこなっているようにも読める。

同じ庭を見ながら、両者はまったく違うものを見ている。

しかし2章の2で検討したとおり、両者は無関係に進んでいくのではない。互いが互いの意図を媒介するようにして作庭作業は進んでいく。

事実、この数日後に古川は住職という他の意図を汲んで中央石組を修正したのであり――「あの石は気に入らん言うたら古川さん嫌やったやろうけどよう聞いてくれて」――、しかし本章の2で詳細に分析したとおり、古川は「思想」とは異なる形態の必然的展開――平滑な裏面を底にすることで出現した非意図的な偶然的形態——から十三手目を決めたのであり、それにもかかわらず住職は同じこの石の際立ちに象徴性を見てとり——「あれはこの庭のシンボルになりますわ」——獅子という名をあたえたのだから。

両者の意図が、物体の論理が、さらにはこの庭にかかわる限りでの庭園史や趣味判断にまつわる雑談の総体がない交ぜとなっていく。休憩中のちょっとした会話として流れていったかのように見えたこのやりとりだが、数日後に据えられた十三手目獅子石を経たいま読み返すなら、この会話に見られる評言の数々もまたこの石の成立に深くかかわる重要なやりとりだったことがわかる。

失われた観音寺の旧庭から永明寺庭園、月の桂の庭、天龍寺曹源池庭園を経て再び観音寺大聖院庭園へ——短い休憩時間のなか、雑談の形式を借りて連想ゲームのように交わされた言葉とイメージ、そしてそれらにたいする各々の寸評の数々が、意図する、しないとは別の次元で、この庭にとってしか意味をなさない雑話的批評を紡いでしまう。

少し名前のあがった近場の石像寺や長安寺の庭、著名な龍安寺庭園、そして重森三玲や小堀遠州の作風や『作庭記』の引用、さらには立っている石や埋まっている石への評価までもが、住職や庭師たちの日々の会話のなかで交換され続け、ただこの庭の物体のありかたのなかに書き込まれて消えるだけの膨大な註解をつくりあげる。

作庭参加者たちのあいだで交わされるこの無数の語りこそ、古川のあってないような庭と住職のありてある庭を直接対決に陥《おとしい》れることなくこの庭の成りゆきを緩やかに方向づけ、拘束し、折衝する。

この人々の語らいをとおして、もう一度十三手目獅子石を見るならば、この石が「寝ている」と「立ってる」、「あってない」と「ありてある」を折衝した姿として据えられていることが理解されるだろう。

もちろん獅子石の姿はこれまで何度も指摘してきたように、平らな裏面を底にした時点で現れるほかなかった偶然的形態でしかない。しかしながら、この姿が再度変更されることなく肯定されたことをふまえれば、まるでこの石が、桂氏庭園のあの三日月型の景石と台座の遠い反響であるかのようにも見えてくる。住職がこの石に象徴性と獅子の姿を見てとったように、この庭を拘束する雑話的批評が、かたちの本歌取《ほんかど》りとしてこの石を見ることを強いるのだ。◆5 ［図3-27］

庭の閉ざされと開かれ

十六手目を起点に、あるいは巨石と見立てられた組十四-十六を起点に、斜交《はすか》いの流れが現れたのだった。この軸線からやや南西にずれているものの、続いて据えられた十八、十九手目四国石、北西隅の平石の連鎖がすでに配置されていた八手目、十三手目獅子石に連なることで、この流れは明確になった。

新たに加わった斜交いの流れは、これまで北西の売店側から大聖院庭園に入っ

◆5 とはいえ古川自身はこの類似について明確に否定しており、初手の平石同様、一般的な「二段石」だという認識を示している。

図3-27｜大聖院庭園を南側から見る。中央やや右、スコップが立てかけられているのが十三手目獅子石。桂氏庭園の三日月状の景石およびその台座の遠い反響であるかのようにも見える

て布石を見る者——地元の人々や紫陽花シーズンの順路——にとっては横方向のひろがりしかなかった布石に北西隅の平石から十三手目主石へといたる強烈な軸をあたえ、南側の山門を潜《くぐ》って庭に入る者——大聖院を訪れる正式な順路——にとっては第一の流れの軸線だけでは得ることのできなかった布石のひろがりを感じさせる。［図3-28］

　沓脱石付近から眺めると、斜交いの流れは中央部分で第一の流れと干渉し、布石の動勢に複雑な経路をあたえることになる。十四-十六が形成する軸と、十三手目から八、十八、十九、北西隅の平石が形成する軸。この二重の斜交いの流れが第一の流れと交差することで、布石が奥から左手前へとジグザグとせり出してくる動勢が現れる。

　このジグザグの経路は一本道ではなく、逸《そ》れたり寄り道をしたりを繰り返し、始点も終点も複数ありうるのだが、そのひとつをとり出してみるならこうなる。

　北東にあたる左奥の鯨石から第一の流れに沿って十五手目を通過する視線はこの流れに拮抗するかのように左奥にやや傾斜する姿勢で据えられた十四手目で淀み、ひとつの巨石であるかのような組十四-十六の南西側の面の統一、左手前に向かう方向性、左下に落ちる稜線によって

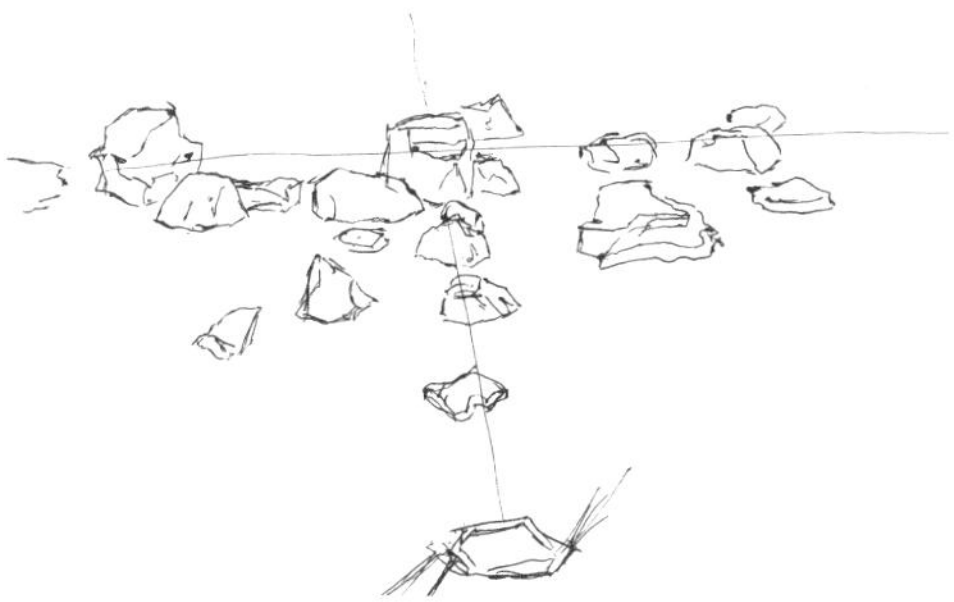

図3-28｜北西角から見た布石。最も手前の北西隅の平石から十九手目四国石、八手目をとおって十三手目にいたる斜交いの流れ。横方向のひろがりは第一の流れ。

斜交い方向に折り返す。しかしこの斜交い方向の流れを延長する石がないためにこの支流はいったんそこで閉じ、視線は再び第一の流れと合流して七手目を経て、屹立する十三手目獅子石でまた淀む。十四手目と同じく南西側の面と舳先形態の効果によって斜交い方向の流れが再起動し、目は八、十八手目へと支流をたどり、また本流へと戻る。支流の末端となる十九手目四国石、北西隅の平石は、たどられるとしても石に高さがなく、視界から外れていることもあり正面から見た場合ほとんど効果を持たない。[図3-29]

もちろん流れをたどろうとする目はこの説明のとおりにジグザグに走るわけではない。むしろ最も強く作用する第一の流れの上を疾走しようとしては、とりわけ組十四-十六、十三手目獅子石がきっかけとなって支流である斜交いの流れにひっかかり、逸らされてしまい、再び第一の流れに立ち戻る運動が繰り返される。

流れを追っては淀んで折り返し、また流れるこの運動は、鯨石から五手目まで抜けることもあれば、途中でひっかかって折れることもあるのだが、布石全体を走査しようとする速く反復的な目の運動の総体が、ジグザグにせり出してくるような石の流れの印象とリズ

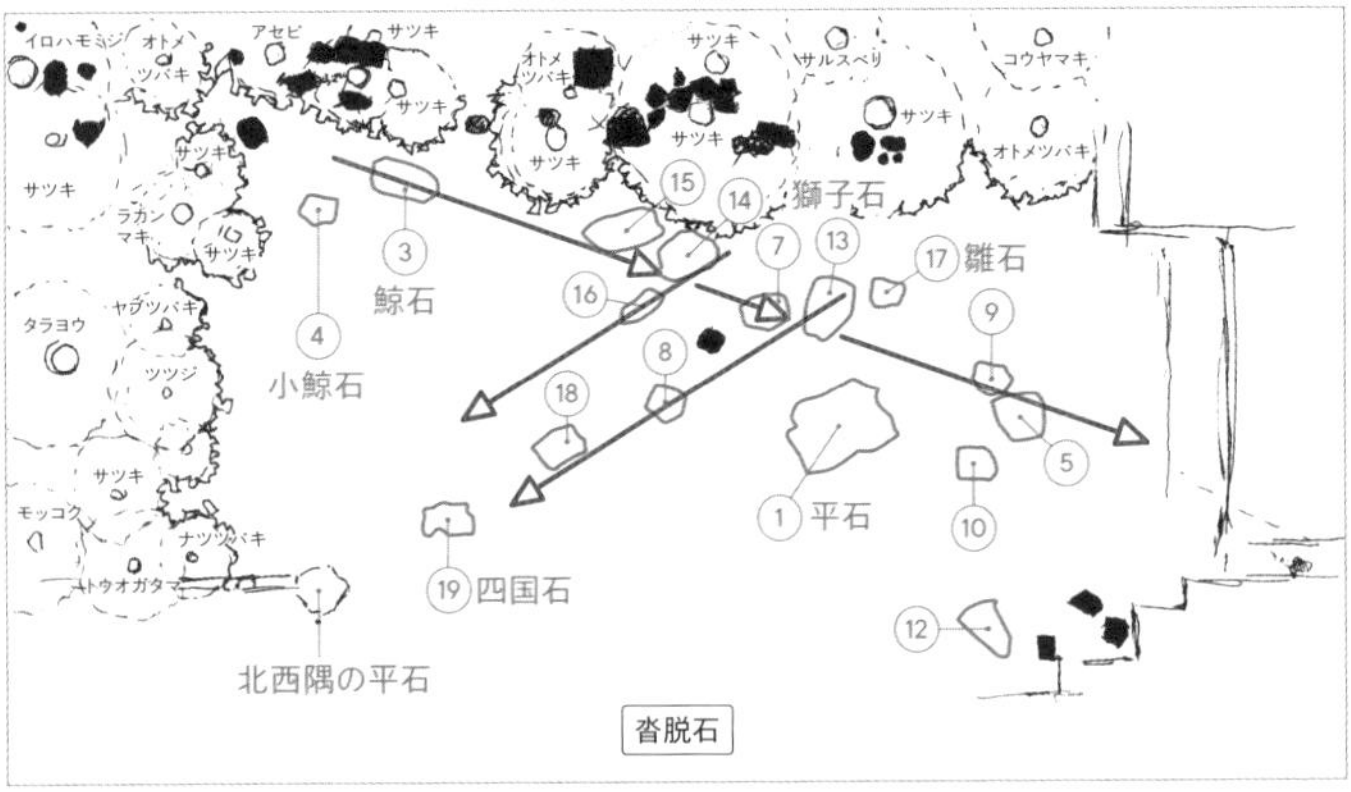

図3-29｜石を疾走する視線の経路のひとつ。二つの流れが干渉しあうことでジグザグに感じられる

ムをこの庭にあたえている。

奥へと退行していくのではなく、むしろせり出してくる感覚をあたえるのは、おそらくはまず位置価として重要な中央石組付近が起点となり、庭全体に目を走らせる際に石の連鎖が手前へと展開するからだ。このとき、奥の鯨石に始点としての重要性はない。しかし鯨石は中央石組からはじまった視線が一瞬立ち寄るため、事後的に流れの起点であるかのような印象をあたえる。

とはいえ、この動勢はいまだ明確ではない。このジグザグ状の動きはのちによりはっきりとしてくる。そのとき、あらためて詳細に分析しよう。


斜交いの流れが二重に現れたことで庭の構造はいっそう分節された。いま、庭には単独の流れがあるのではなく、複数の流れ、複数のリズムがある。

庭はたんになんらかの図像や意味を代理する挿絵となるだけでない。それは造形的な関係が幾重にも張り巡らされた構造体としてつくられている。これが2章と本章の石組分析——庭園の詩学——が示していることだ。

ところが現場でフィールドワークをしながら、あるいは机に向かってこの文章を書きながら、ぼくは二つの視点のあいだで引き裂かれていた。

最後にこの点を記して本章を終えたい。

第一期石組では、第一の流れの構想を基準に「求めるところにしたがう」全体的な布石がおこなわれた。形態と色彩の類似や位置の隣接、輪郭線の反復、対相互の共鳴やリズムによって「関係性ができて」いる状態がかたちづくられ、中央に相対的に閉じた変形三尊石が形成されたのだった。続く第二期石組では、中央石組の組み替えによって変形三尊石が開かれ全体の布石に合流するとともに獅子石の屹立が決定づけられ、庭の各所に堆積していたかたちの斉一性がパターンとして現れ、二重の斜交いの流れがかたちづくられた。

しかしここまでの石組の分析は、本書の趣旨からすれば当然のことなのだが、庭という限られた空間内部を分析する試みだった。この態度は、ある意味では庭を閉じた造形作品として扱い、敷地内の造形要素間の関係として庭を分析することを意味している。

ところが、こうした造形要素間の関係の記述にたいして、この閉ざされた庭の構造の外部を志向する古川の言葉や庭の要素についてのメモもまた蓄積していた。「作品」の単位を淀ませるこの観察結果もこのフィールドワークにおける重要な記録だろう。

フィールドノートには迷いとともにこの二つの観点が、つまり庭を開かれたものととらえるか、閉ざされたものととらえるかという両極的なメモが同時並行的に記述されている。これは先に指摘した古川と住職の対立、つまりは作品という単位を認めない「あってないもの」へと向かう制作観と、新しい造形的達成とともに作品を残すことを求める「ありてあるもの」へと向かう制作観との対立だ。

この対立を、ぼく自身もまた抱えているのではないだろうか？

この乖離は、第一の流れがなぜ構想されたのか、その意図について古川に訊ねたときに決定的なものになる。

「石組はこうでしかありえなかったんだよね。それで、この石の続きが本堂（大聖院）を越えて裏にもつながってるというか。裏の山まで（第一の流れの五手目方向を延長した先にある斜面と堂山）。そうなってるだろうなーと思わせるような、ね。山の岩盤の一部がここに見えているようでないと。庭の隅に続く反対側の線（第一の流れの鯨石方向の延長）は土塀を越えてずーっと下につながってね。下手したら（裾野の平野部や川を越えて）向こうの山までつながってるんだよね」

虚《きょ》を突かれた——あまりに遠大な構想に言葉を失う。その日はフィールドワークを終えての帰りの道中、この言葉が頭から離れなかった。

石組を庭内部の造形的関係として分析することで頭がいっぱいになっていたぼくにとって、この言葉は鮮烈な衝撃だった。もちろんフィールドノートには庭を外部へとほどいていくような要素も記されていた。しかしそれ以上にこの庭をひとつの閉じた作品——ありてある庭——として分析することに集中していたぼくは、東と北は植栽背後の土塀、西は大聖院の建物とその足もとの犬走り、南は門から玄関へと続く石畳に区切られた敷地のなかに現れる限りでの庭の細部ばかり見ていたのではないだろうか？

借景《しゃっけい》に代表されるように、もちろん庭の構想は積極的に庭の外部をとり入れる。あるいは庭につくられたせせらぎを外部の用水路や川から引いてくることもあるし、まるで背後の山から流れ込んでくるかのように組むこともある。

だが古川のこの言葉に衝撃を受けたのは、外部を庭の内的構造にとり入れるのではなく、庭を外部へと開き、解体していくようなニュアンスが響いていたからだ。

実際、このあとの作庭工事では、この庭の閉ざされと開かれのせめぎあいが間欠《かんけつ》的に交替していくことになる。

「石組はこうでしかありえなかった」——古川はあくまでも意図を否定し、庭の最終的な我有化、あるいは作品化を、つまり「ありてある庭」を拒否し続ける。しかしここで語られた構想は庭を、あるいは石組をひとつの造形的な関係として分析してきたこれまでの観点を否定するものではなく、むしろ拡張するものだ。庭は内部の造形的関係の束でもあり、同時に外部との造形的関係の束でもある。ここからは、それゆえ、庭を外部との関係のなかでも描かなければならない。

フィールドノートには迷いとともに二つの観点が記されていると言った。たしかにノートに記されていることは完全に中立的ではないかもしれない。それでもそこに記されているのは、庭のスケッチや人々の会話のメモの連なりである。だとすれば、主要な記述対象である古川もまた、この両極的な揺らぎのなかで庭をつくっている可能性がないだろうか？

もちろんここまで見てきたとおり、庭にはさまざまな他の意図や物体の論理、雑話的批評等が絡みあっており、庭の制作プロセスはすでに古川の意図にのみ還元することはできなくなっている。そうだとしても、庭内部の造形的関係と、庭外部との関係とを折衝しようとする古川自身の揺らぎもまたそこにあり、この振幅《しんぷく》がフィールドノートに転写されている——そう考えられないだろうか？

庭の石組が「山の岩盤の一部」であるような事態。この倒錯した構想をぼくたちはどのように受け止めればいいのだろう？

この構想と、非意図的で自然化された「あってないような庭」はどのように結びついているのだろう？

しかしそれらの問いについて考える前に——それについては5章で描かれることになる——、次章ではあらためて延段をつくる職人たちの仕事に注目したい。2章の続きである。物と道具と人々を撚《よ》りあわせる「庭師の知恵」に、いま一度目を向けよう！

第4章

物と者の共同性を縫い上げる

〈庭師の知恵②〉

1　バラバラの物をＤＩＹで結びつけよ

ここでは再び職人たちのコミュニケーションや判断や行為に焦点をあわせよう。職人にとってはあまりにも当たり前で、振り返られることもない日々の仕事のなかに庭師の知恵を観察したいと思う。

2章を思い出してほしい。庭師たちはまるで「わらしべ長者」のように、言葉や指差しを地面に引いた線に変換し、線を下地に、下地を仮置きされた板石に、仮置きされた板石を周囲の物体と複雑な関係にある緊密な配置に変換することで、庭のイメージをともにつくりあげていく。

こうして基準のない庭に、徐々に安定した状態がつくりだされる。物が相互に結びつけられたこの庭こそが庭師たちの設計図となり、人々の意図はこの庭、あるいは配置された物体を媒体に変換される。つまり「者の折衝」は「物の折衝」によって可能になる。

では、それらの物はどのように結びつけられ、なにを折衝しているのだろうか？

交換の連鎖に巻き込まれる青侍

今は昔。奈良の長谷寺に参詣し、観音の慈悲をすがり願うは貧しい若き青《あお》侍《ざむらい》。夢のなか、男は寺を出て最初に手に触れたものを手放すなというお告げを聞く。さっそく大門でつまづき倒れて起き上がったこの不運な男の手には、一本の藁《わら》のすじ、つまりは藁しべがあった。たまたま拾い上げたこの藁しべが、偶然か霊験《れいげん》か、すれ違う人々との間で次々と異なる物へと交換されていく。寄《よ》る辺《べ》なく貧しかった男がとんとん拍子に財を手にして幸せになっていく様が、広く「わらしべ長者」◆1として知られるこの説話の中心なのだろうか？

貧しさから逃れ出ることがいつの時代にも多くの人を惹きつけるという意味ではもちろんそうだ。しかしこの話の面白さは、たまたま手にした観音からの賜り物、つまりはひとすじの頼りない藁しべが虻《あぶ》を結《ゆ》わえた藁しべとなり、人々とのコミュニケーションをとおして三つの大柑子《おおこうじ》——大きな柑橘《かんきつ》の実——へ、その大柑子が数反《たん》の綺麗な布へ、さらには馬へ、田や家へと、相対的に安定した物体へと交換されていくそのリズムにある。

冒頭、虻を結わえつけた藁しべを手に男が歩いていると車に乗った女と子ど

◆1
この説話は広く「わらしべ長者」として知られる。ここでは「参長谷男依観音助得富語（はつせにまゐるをとこくわんのむのたすけによりてとみをうること）」（馬淵和夫・国東文麿・稲垣泰一校注／訳『今昔物語集2〈新編日本古典文学全集36〉』小学館、二〇〇〇年、二五四－二六一頁）、「長谷寺参籠男預利生事（はせでらさんろうのをのこ

もが従者を連れてやってくる。子どもがこの虻を結わえた藁しべに目を留めてほしがったので、男は虻を結わえた藁しべを、女が差し出す三つの大柑子に交換して別れた。

寺から京への道中、男の身にはこの出会いと物の交換が幾度も訪れる。男と彼がたずさえている物、道中ばったり出会った人々と彼らがたずさえている物、つまりは複数の物《も》／者《の》が、一時的なコミュニケーションをつくりあげては解散する。生まれては消えるこの仮設的な結びつきのなかで物が交換され、人々と別れるたびに男は新たな物を手にしている。偶然か霊験か、この間欠的コミュニケーションと物の変換の連鎖こそがこの物語を駆動している。

注目すべきは、道中出会う人々はたった一度男と交差して通りすぎてしまうのにたいして、物はこのコミュニケーションのなかで男の持つ物と交換されて男とともに進み、もう一度別のコミュニケーションのなかで交換されることになるということだ。

つまり人々は男と点で交差するに過ぎないが、物はこの点と点とを結びつけながら旅している。この説話の時間軸を紡いでいるのは物の系列、つまりは藁しべであり、大柑子であり、布であり、馬である。人々のコミュニケーションのあいだを経《へ》巡《めぐ》る物の旅がこの説話を編んでいる。

りしやうにあづかること）」（小林保治・増古和子校注／訳『宇治拾《しゅう》遺《い》物語〈新編日本古典文学全集50〉』小学館、一九九六年、二三四－二四四頁）、「長谷寺参詣男以虻替大柑子事（はせでらさんけいのをとこあぶをもちてだいかうじにかふること）」（三木紀人・浅見和彦・中村義雄・小内一明校注『宇治拾遺物語　古本《こほん》説話集〈新日本古典文学大系42〉』岩波書店、一九九〇年、四七五－四八三頁）を参照した。いずれも観音の夢告からはじまるこれらの説話はほとんど同じ筋にしたがうが、『今昔物語集』では男の幸運を「観音の霊験」に結びつけ『宇治拾遺物語』や『古本説話集』ではそれほど強調されない他、交換される物の種類や数や人の呼び名に若干の異同がある。物の交換を主題とする本稿の意図を最もよく表しているのは『古本説話集』の表題だろう。『雑談集《ぞうたんしゅう》』（山田昭全・三木紀人校注『雑談集〈中世の文学〉』三弥井書店、一九七三年、一五五－一五六頁）にもごく短い類話がある。ところで、古川はかつて「ちびっこ博覧会」という地元の有志が開催した子ども祭に出店し、庭木の剪定で出たタラヨウの葉を「字が書ける葉」として一束数十円で売ったという。まるで狐や狸が人を化かす昔話のようではないか。庭師にとっては剪定ゴミでしかない葉が、興味津々ながら半信半疑の子どもたちに飛ぶように売れたというのだからまさに「わらしべ長者」のごとき交換である。もちろん翌日の教室は葉に文字を書く子どもたちで賑わったという。

男の人生そのものはさして重要ではない。物の旅が男の身の上に数度にわたって重なるがゆえにこの男が話の筋《すじ》となっているだけで、この偶然あるいは霊験が女たちの身の上に起これば女たちが、次に出会う主人《あるじ》たちの身の上に起これば主人たちが話の筋になりえた。実際、女たちにとっては大柑子よりも虻の結わえられた藁しべの方がより彼女たちの状態を安定させるのであり、主人たちにとっては布より大柑子だった。その意味ではここに登場する人物たちはみな、自らにとっての藁しべとともに彷徨《さまよ》う「わらしべ長者」だったというわけだ。

それゆえ、男もまた他の誰かのパースペクティブから見れば物の旅に交差する点に過ぎない。物語の中心は連鎖的に変換されていく物であり、物が媒体となったコミュニケーションである。人々のコミュニケーションの中心には物があり、変換される物の系列が人々の行為を拘束し、可能にしている。

登場人物たちは各々自らが主人公の顔をして、物の旅のまわりをまわっている――藁しべとはまさに庭師が地面に引いた線なのだ。

ぼくたちもまた、物とともに旅をしよう。

三叉のコミュニケーション

庭には三叉《さんまた》という不思議な道具がある。大きさはさまざまだが、長さおよそ四、五メートルの丸太三本の先端付近を太いステンレスワイヤーで束ねただけの単純な道具だ。

それぞれの丸太はワイヤーで束ねられつつも、片側が結束されているだけなので、反対側はワイヤーの拘束の範囲内である程度開くことができる。脚の長さ四、五メートルの木製の三脚のようなものを想像していただきたい。

庭では、重量のある石や植物を吊り上げるときにチェーンブロックという金属製の滑車機構を使用するのだが[◆2]、三叉はこの機構を中空に吊り支える支点となる。

まず吊り上げようとする対象物の真上に三叉を正四面体状に開いて立て、結束部にチェーンブロックを吊り下げる。対象物にワイヤーやスリングを巻いて引っ掛ける部分をつくり、チェーンブロックからフックを伸ばして引っかける。最後にチェーンブロックの鎖を引いていくと対象物がゆっくりと吊り上げられていく、というわけだ。［図4-1］

◆2　江戸期に籬島軒秋里《りとうけんあきさと》が編纂した『築山庭造伝（後編・中）』にも類似した機構のより単純なものとして蝉車《せみぐるま》と大絞車《おおろくろ》の組みあわせが描かれている（籬島軒秋里『築山庭造伝（後編・中）』国立国会図書館デジタルコレクション、コマ番号19、https://dl.ndl.go.jp/pid/1183930/1/19［最終閲覧日二〇二三年四月一三日］）。

庭づくりのなかでは、とりわけ大きく重い石を据える際にこの原始的な道具が使用される。石組が佳境を迎えるとまずはこの石、次はあの石と、庭に散在する石を次々に動かすことになる。そんなとき、この巨大な四面体が庭のあちらこちらへ移動する様を見ることができる。

この機構はかなりの重量があるため、移動の際にはチェーンブロックをとり外し、三叉を畳んだ上で運ぶのが安全だ。とはいえ、近い距離を何度も行き来することになるのだから、この機構をいちいち解体して移動させ、たった数メートル先の目的地でまた組み立てるのでは手間がかかる。

そこで現場では多くの場合、三叉を立てたまま、チェーンブロックもぶら下げたまま、三名の作業員が三つの丸太の端をそれぞれ抱え、正四面体に近い形状を保ちながら目的地まで運ぶことになる。慣れるとそれほど難しくはないのだが、この行為はなかなかに危うさをともなっている。[図4-2]

三叉の三本の脚——この道具には脚しかないのだが——をそれぞれに抱え、足並みを揃えて歩くだけ。見ているぶんには簡単そうだ。それなのに三本の脚は持ち上げたとたんに強い力で外へ外へとひろがろうとする。予想外の動き。中空に浮かせたことで地面に固定されていた脚が自由《じ》になり、自重《じゅう》で潰れようとする力が庭師たちを外へと押しひろげるからだ。

三叉を持ち上げるということは、つるつる滑る床に三本の脚を置くに等しい。庭師たちは支えているつもりで三叉の脚を滑らせる潤滑油になっている。

三叉の脚がひろがる。三人の作業者たちの身体はすぐさまその動きを感知する。ワイヤーの結束も三本の丸太を締めつけているのだから、脚がひろがりきって倒れるということはほとんどない。ともあれ、まず重要なのは上に持ち上げつつも脚がひろがらないよう内側へ、ようするに正四面体の頂点に向けて斜め上に脚を突き上げることだ。

しかしここからが面白い。

ひろがろうとする脚の動きを各々が感知してそれぞれに修正しようと力を入れることで、つまりはひろがろうとする脚にたいして、各々が各々の感覚で力をかけることで、脚の開き方はいびつになり、重心は崩れ、三叉全体がバランスを欠きはじめる。

三叉は地面を支持体にして、三本脚の中央で重量物を吊り下げてこそ最も安定する。なにかを吊り下げることで、丸太を束ねるワイヤーは丸太の力と拮抗しつつ締めあげられ、脚と地面の摩擦は大きくなり、重心も下に落ちるからだ。

このとき、バラバラだった物体間の遊びは消え、三叉は緊密で強靭な構造体になっている。

この奇妙な構成がつくりだす均衡は、吊り下げた物体を外し、三本の脚を持ち上げた途端に崩れ去る。頂部にチェーンブロックを残す三叉の重心は高くなり、脚の摩擦も消え、ワイヤーは緩み、丸太は自由に遊動しはじめる。

このとき、緊密で強靭だった構造体はワイヤーで結束されているだけのバラバラの物体に戻っている。

庭師たちはこの緩みきった構造体とともに庭を移動する。もちろん足もとには石や道具といった障害物が多くあり、茂みや建物も行く手を阻む。進みながらも三叉の脚を内側に寄せたり外側にひらい

図4-1｜三叉とチェーンブロック。頂点からぶら下がっているオレンジ色の滑車と鎖がチェーンブロック。このときはチェーンが作業の邪魔にならないように脚に巻き付けている

図4-2｜三叉を運ぶ。このときはチェーンブロックを外している

たりしなければならない場面が多く、目的地に到着するまでのあいだ拮抗を保ち続けるのは思いのほか難しい。三叉底面の三角形がひろがり過ぎると潰れてしまうし、同じくその三角形が小さくなり過ぎると、あるいは直線に近づき過ぎると、この不安定な構成はあっという間に倒れてしまう。

不思議なゲームのようだ。

もちろん三人が呼吸をあわせる必要はある。だが、要点はそこにはない。これは人間同士のコミュニケーションではないからだ。

なにより重要なのは、三叉頂部の結束や重心の動きと呼吸をあわせること、この結束を介して伝わってくる限りでの残された二人の動き――たとえば障害物を避けて一人が内側に入り込んでくる――を理解し、それにあわせて自らの位置や力加減を修正し続けることだ。圧や振動や重みとして手元に伝わってくるこの情報を意識しない者がいるならば、三叉はたちまち転倒してしまうだろう。

三人の職人たちは三叉という事物を介して緩やかに、しかし、しっかりと結びつけられている。三人はお互いに呼吸をあわせるというよりは、束ねられた三叉の結束や重心の動きと呼吸をあわせ、突き上げながらも力を入れたり抜いたり、ときには斜め下に引き下げたりしながら進まなければならない。

一人の動きは丸太と結束を介して残る二人に伝わる。三人の力はお互いのあいだで直接拮抗するのではなく、遊動する結束を媒介に拮抗する。揺らぎながら進んでいく庭師たちが注意するのは残る二人の動き以上に三叉の結束と重心であり、この第四の行為者との関係で作業者は配置され、移動し、行為する。

2章で触れたとおり、者の折衝は物の折衝を媒体にして可能になるのだった。三叉という物を介してこそ、三名の作業員たちは相互に突き、牽引しあい、ひとつのコミュニケーションをつくりあげながら進んでいく。

きわめて不安定な関係のなかに、揺らぐ安定性をつくりあげること——三叉の運搬は設計図を持たない庭師たちがいかにして協働し、折衝されていくかについての寓意のようだ。

この三者、あるいは四者は物を介して結びつけられている。三叉が倒れそうになれば職人たちは力の入れかたや配置を変えるしかないのであって、このコミュニケーションの主導権は部分的には三叉が握っている。三人の行為や思惑はこの揺らぐ三叉を媒体に折衝されざるをえない。

では、この者の折衝を可能にする物の折衝はどのようにかたちづくられているのだろうか？　三人の庭師たちとともに揺らぎながら進んでいく三叉そのものに注目しよう。

三叉は、頂部で結束されていなければ、実のところバラバラの丸太に過ぎない。真に三人を結びつけているのは丸太ではなく、頂部のステンレスワイヤーであり、ワイヤーが結束する限りでの三本の丸太である。

ようするに、結束された物が媒体になっている。思い起こしてほしい。古川と住職の意図を折衝したのは板石のフロア、延段、地形、初手の平石の緊密な構成であり、この構成が古川の意図――デザインの問題――を住職の意図――蹴つまづかないようにする――に、住職の意図を古川の意図に変換していた。

　三人のコミュニケーションを結びつけているのは丸太を結わえるステンレスワイヤーであり、結束された限りでの三叉である。重要なのはこの結束であり、結びつけるものだ。複数の事物を結束するステンレスワイヤーが三本の丸太の、そして三人の作業員の動きを拘束し、かつ可能にしている。◆3

図4-3｜万力《まんりき》と呼ばれる結束のかたち。トラックの荷台に積載したバラバラの不安定な物を締め上げ、拘束する

　この結束、あるいは結びつけるもの――糸、紐、縄、ロープ、ワイヤー、チェーン――は庭仕事を考える上でも重要なモチーフだ。これらの道具は三叉のステンレスワイヤーと同じく複数の人間や複数の物体の関係をとりもつ。それらは物と物の関係を測定し、結びつけ、あるいは物と者を結束する。丸太を束ね、巨大な石を吊り上げ、高木上で作業する庭師を吊り支える。［図4-3］三叉の運搬は者相互の折衝のありかたを理解させるとともに、物相互の折衝

◆3　準-客体としてのステンレスワイヤー。ミシェル・セールは荷車を引く二頭の牛を描きながらこう書いている。「その綱は、本人と他者と引っ張られる物とを結びつけている。二者のうちのいずれか一方のほんのわずかな勝手な動きも、ただちに、

のありかたをも理解させる。三叉の運搬とは結束された複合的な物／者に拘束されたコミュニケーションである。

DIY的結束

者の折衝は物の折衝を媒体にして可能になるとしても、媒体となる物の折衝をよく見なければならない。

住職の、古川の、作業員の、つまりは者の折衝を支えてきた事物相互の緊密な構成――板石のフロア、延段、地形、初手の平石――はどのようにつくられていったのだろうか？　物の折衝とは具体的にどういったものなのだろうか？　これが本章を貫く問いである。

沓脱石《くつぬぎいし》付近の犬走りと山門付近の石畳を結ぶ延段の敷設作業を、次は物の折衝に注目しながらたどり直してみよう。古川は沓脱石側の板石のフロアから山門側の石畳まで、延段を水平につなげる構想を語ったのだった。

しかし水平につなげるはずの板石のフロアと石畳の高さの関係はまったくわかっていない。作業員の鷲田が問いただしたように――「水平？　高さ大丈夫ですか？　どっちが高いんですかね？」――、あるいは彼が呟いたとおり――

第三者たる物の動きに影響を及ぼし、その第三者の物の反応が、そのまま前二者の動きに作用を及ぼす。これこそ関係のシステムであり、相互作用の集合体である。その結果、このグループのそれぞれの構成要素は、力と動きによって力学的に結びつけられて存在しており、リアルタイムで他の要素の位置関係を理解する。それというのも、他の要素の位置についての情報が絶えず伝えられるからである」（ミッシェル・セール『自然契約』及川馥・米山親能訳、法政大学出版会、一九九四年、一七八頁）。セールによれば、これは言語を前提としないひとつの契約だ。綱はその範囲内での自由を保障し、限界において拘束する。岸壁を登攀《とうはん》するパーティが互いを結びつけるザイルのように、末端で受けとる情報は「ザイルで結ばれた他のすべての者たちについての情報のみならず、自分がその一部をなしているシステム全体の状況についての情報」にもなっている（同前）。局所と局所、局所と全体が、綱やザイルといった準‐客体をとおして結ばれる。

「基準が……」――、ここには決定的な基準が欠けている。

　もし延段を水平に続けようと思えばフロアと石畳のあいだの高さの関係を先に知るべきではないだろうか？

　それとも、古川のなかには一定の確かさの手触りがあったのだろうか？　ともあれ、延段を水平に結ぶことを要求された庭師たちは、この不安定で基準のない事物相互の関係を実践的に結びつけていかなければならない。庭は確定的な根拠の上に打ち立てられる安定した構造物ではない。ゆらゆらと揺らぐ不安定な動きのなかで諸要素を仮に結びつけながら、より安定的な結びつきへの変換――わらしべ長者――を繰り返すことで、複合的な物《もの》／者に拘束されたコミュニケーション――三叉の運搬――をつくっていくことだ。

　物の折衝はここからはじまる。

　この曖昧で基準のない現場で、遊動するバラバラな無数の事物を結びつけるもの、それはたんなる糸であり、棒であり、板である。

　沓脱石前の板石のフロアの高さを決定する際、板石の高さと初手の平石の小端の高さの関係が問題となっていたのだった。この二つの物体は、まずぴんと張った糸――水糸《みずいと》――で結びつけられる。たんなる糸が、バラバラの物と物のあいだに橋を架ける。
次に、この糸にたいしてレベルと呼ばれる水準器あるいは水平器が添えられる。蜘蛛の糸のように二つの物体間を漂っているだけの糸に水平という属性をつけ加える。水糸のどちらかを仮に固定して水平を出し、もう片方の物体とのあいだにどの程度の落差があるか、どれくらいの高さになれば水平になるかを測定する。［図4-4］［図4-5］
水糸と同じく、レベルもまた単純な道具だ。気泡管に封入された溶液中に気泡が残されており、重力によって溶液が真下に溜まる、あるいは気泡が浮力によって真上に押し上げられる性質を利用している。より原始的には器に水を入れ、水が示す水平と器の縁をあわせながら、糸を器の縁に沿わせることで代用可能な単純な機構だ。◆4［図4-6］
一本の糸と、気体と液体の結束——たったこれだけの、ありあわせの物の組みあわせが、確たる基準を持たないこの庭にとりあえずの関係を仮設する。基準もなく無縁のままだった二つの物のあいだに、糸とレベルの結束が仮の橋を渡す。測定するもの同士が近ければ、この糸は棒や板に変わるだろう。
結びつけ、調整するものとしての糸も、たんにあちらの端とこちらの端を結んでいるだけだ。糸、紐、縄、ロープ、ワイヤー、チェーン、それら紐状の道

◆4
高階隆兼《春日権現験記絵《かすがごんげんげんきえ》》巻一（一三〇九年、三の丸尚蔵館蔵）にも描かれる、こうした原始的な木製器具を水準《みずばかり》と言い、それに水糸や水縄を沿わせて測定する。水と水糸や水縄の結束からなる水平。

図4-4｜水糸とレベルの組みあわせで板石のフロアと平石の小端の高さの関係を測定する

図4-5｜図4-4の反対側。平石の小端の上端に水糸を張る

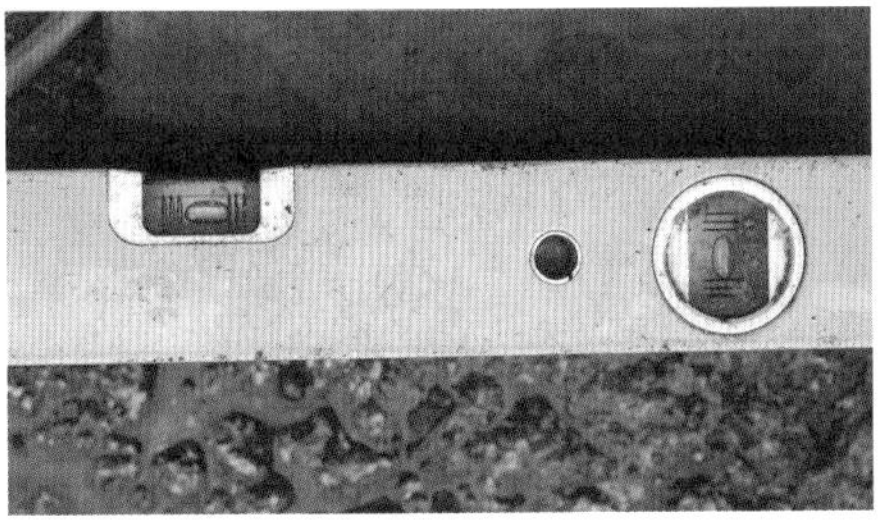

図4-6｜レベル。気泡管に封入された気泡が見える。気泡管には三本一組の線が二組入っており、気泡が中央に来れば水平。測定する対象に水勾配などきわめて緩い傾斜をつける際には気泡がいずれかの線にかかるように調整する

具に手近な物体を組みあわせ、局所的なとりあえずの関係を幾重にもつくりだしていく。

面白いことに、この仮設的構成をつくりだす物体の多くは作業者たちによってストックされてきたほとんどゴミのような端材《はざい》である。水平の測定に使われる棒や板、水糸を仮固定する短い鉄筋などは、庭づくりに先行して現場に入ることの多い産廃業者や大工がゴミとして残した端材をストックしたものに過ぎない。それら端材と紐状の道具のとりあえずの組みあわせ、つまりはＤＩＹが、庭に散在する物同士を結びつけていく。

これが物の折衝の核心にある結束だ。水平さえも、庭ではＤＩＹ的結束によってつくられる。ＤＩＹ的結束による水平らしきもの。〔図4-7〕〔図4-8〕

この結束によって、たとえば水平らしきものが検出されたとしよう。こうした記録の詳細を紙の上にまとめていくならば、作業員や施主をスムーズに結びつける媒体、すなわち測量図ができあがる。しかしながらこの現場では、この測定結果がノートに記されることはまずない。

ＤＩＹ的結束が支配する現場では、事物相互の関係はたんに作業員たちによって記憶されるか、測定した物の高さや配置をその場で変えて辻褄《つじつま》をあわせるか、ある

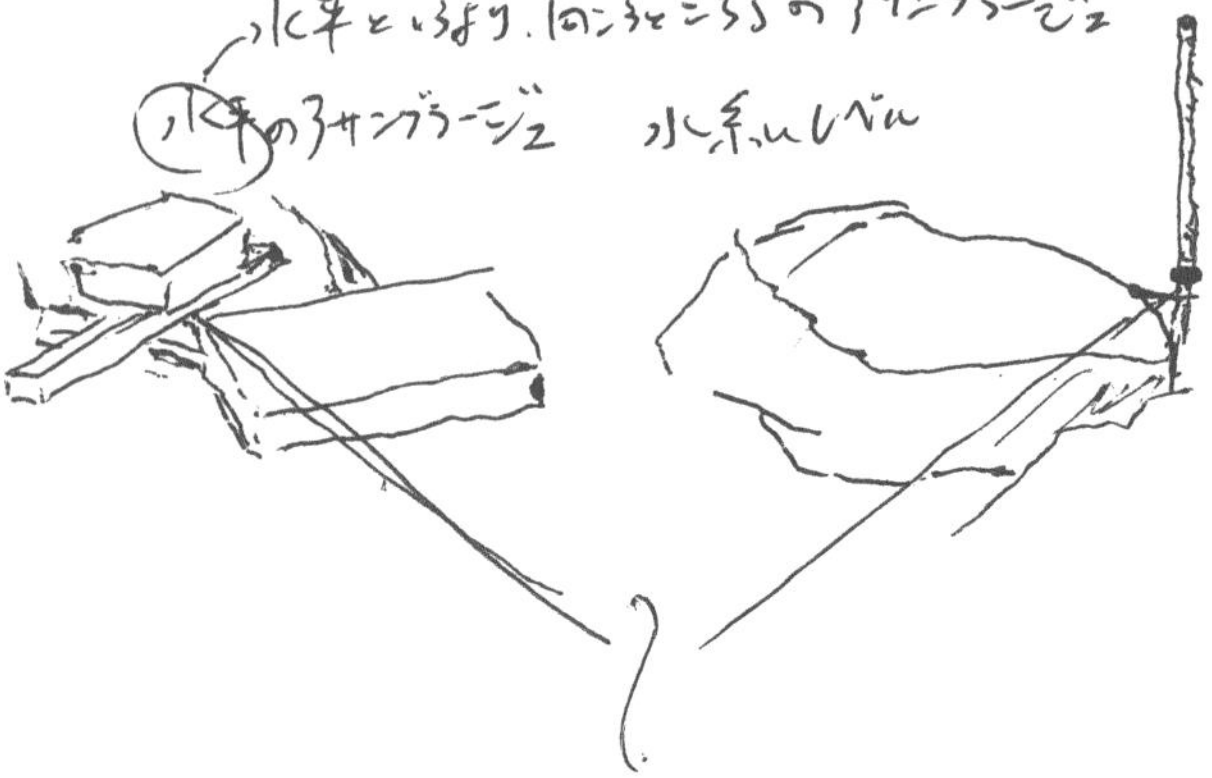

図4-7
上｜水平のDIY的結束のスケッチ
右｜水平のDIY的結束。鉄筋の切れ端に結びつけられた水糸を測定対象にかけて張る。この糸にレベルが組みあわされる

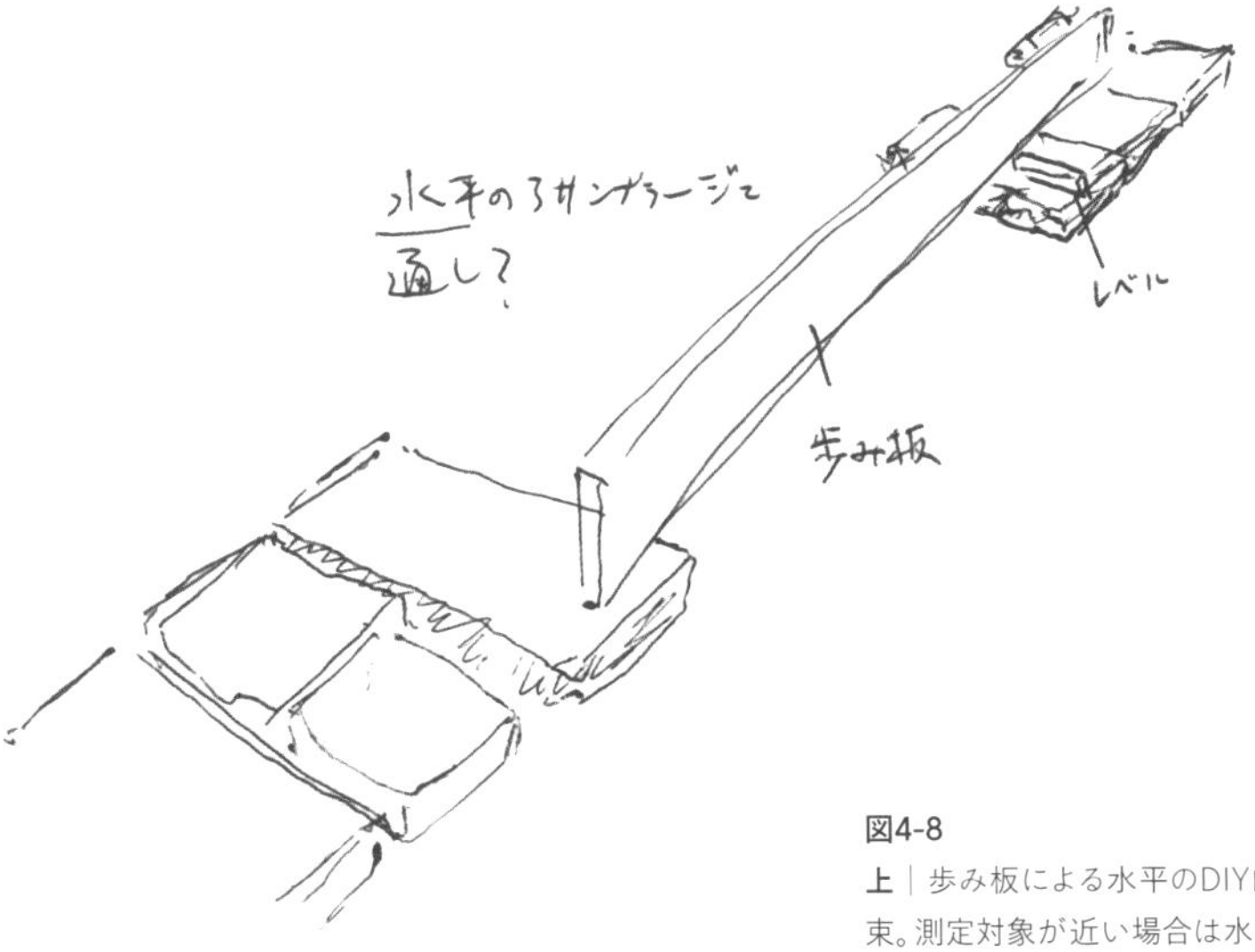

図4-8

上｜歩み板による水平のDIY的結束。測定対象が近い場合は水糸の代わりに棒や歩み板で結びつける

右｜歩み板による水平のDIY的結束のスケッチ

いは測定結果のしるしが赤鉛筆で物に直接記されるだけだ。

つまり庭では、物体の水準から図面を構成するような形式の水準への飛躍は起こらない。あるいはほとんど起こらないと言うべきだろうか。

水平は物のすぐ隣で、測定される物をも巻き込んだ結束として実現され、その測定結果は対象となる物に折り返し転写される。たしかに抽象化は起こるのだが、形式の水準はより抽象的な形式の水準――測量図――へと変換されていくのではなく、すぐさま物の水準に折り返され、物にたたみ込まれる。

物体の水準から引き出された情報はコミュニケーションが必要な範囲で共有され、必要な範囲の物に転写されて消える。より安定的な配置をかたちづくるために足がかりとなった情報は、庭づくりが終わればその痕跡さえも空しく消えてしまうだろう。［図4-9］［図4-10］

水平だけでなく、およそ直角や平行といった物と物の関係はすべて、糸やレベルや板や棒を介した事物の結束によって実現され、測定される。その情報は物に直接記されるか、その場で物の配置そのものを変えることで達成される。

庭師や大工といった職人たちは現場から情報を引き出して事務所のデスクに持ち帰る必要はない。彼らにとって物体と形式はあまりに隣接している。

古川の庭に設計図はなく、この庭そのものが庭の設計図になっていると言った。それは繰り返される折衝がこの1／1スケールの庭を媒体に試みられるからというだけでなく、庭では形式の水準は物

図4-9｜情報は赤鉛筆で物に直接転写される

図4-10｜物への転写

に折り返され物に転写されるからだ。

物相互の関係は物に直接記され、物の配置になる。庭師たちはきわめて具体的な、しかしその場限りで消えてしまう情報をかき集めて作業している。設計図のなかで、さまざまな線やかたちや数値が相互に参照しあうことでひとつの結束をつくりあげているように、ここでは板石や糸や棒といったさまざまな事物それ自体が、最小限の範囲で互いに結びつけられ、互いを参照しあう局所的なＤＩＹ的結束を形成している。

この不安定な場に確かな基準はない。だが、古川によれば「ひとつ決めれば関係ができる」。無数の鋼管とそれらを結束するクランプを頼りに自らが寄って立つ足場をその場で組み上げながら登っていく鳶職《とびしょく》のように。

建設現場の足場は歩いてみると思いのほか揺らぐ。しかし揺らぐとはいえ相対的に安定している。庭も部分的で相互参照的な結束がより安定的なものに変換され、隣の結束と、あるいは離れた結束と重ねられていくことで、安定しているとまでは言えないものの、不安定でもない、揺らぐ関係の束としての構造体になっていく。

結びつけるもの、あるいは結束。こうした結束のひとつひとつは、三叉の運

◆5　では古川が延段を水平にすると決めたとき、そこにも一定の「揺らぐ関係の束」があったということなのだろうか？　だとすればどういった結束を参照していたのだろうか？　それとも、それらは作業員の一人を狼狽させたように、いかなる基準もない、破れかぶれの一手だったのだろうか？　もちろんなんの考えもなかったわけではないだろう。水糸による石と石との関係が成立する以前にこの庭の諸要素を緩やかに結束していたもの、それはこの庭の表面全体を拘束している地形である。この場合の地形は3章で現れた庭外部の山や平野部をも含む地形というよりは、庭の敷地内にひろがる、地形とも呼べないような極微地形のことだ。つまり古川

は、おそらくそもそも庭の表面に分散している諸事物を結束していたこの極微地形を信頼していたのではないだろうか？　極微地形に拘束された諸要素を起点に新たな物を結びつけていくならば、ある程度矛盾のない結束を編みあげていくことができる。とはいえこの極微地形は庭において変更可能な変数のひとつに過ぎない。大聖院庭園でも後に変更が加えられることになったのだから、この地形も庭に分散する諸関係を下から支える根拠というわけではない。しかし沓脱石側の延石、山門側の石畳周辺、初手の平石周辺の関係は、地形によってあらかじめ水糸で結びつけられているのとほとんど同じ状態だったのであり、かつ、この地形は庭をつくりはじめる以前に問題——一部に水が溜まる等——を抱えていなかった。

搬のように、新たに関係する物を結びつけると同時に拘束し、作業にかかわる古川や作業員たちや住職たちをこの物の結びつきと拘束の範囲でも結びつけ、拘束する。

三叉の運搬は結束された複合的な物《も》／者《の》に拘束されたコミュニケーションなのだった。物の折衝を媒介にして者が折衝される。その核心部をなす物の結束は設計図とは異なる具体的な仕方で、関係に組み入れられる物《も》／者《の》のあいだに制約をつくりだしている。

こうした物の結束の秘密を探ってみても、三角点や水準点のような基準にたどりつくことはなく、どこまでたどってもまた別の局所的で仮設的な物の結束が現れるだけだ。

庭における基準とは、関係を下から支える土台、あるいは上から吊り支える図面のようなものではなく、同一平面上に分散する物体相互の揺らぐ関係の束——DIY的結束——それ自体である。◆5

「わらしべ長者」の物語の中心が物の変換の連鎖であることに変わりはない。しかし若くてなにも持たない青侍が物《も》／者《の》のコミュニケーションの連鎖へと参入していくためには、ただ一本の藁すじを握りしめているだけでは足りなかっただろう。男はこの藁しべになんらかの飛躍をあたえる必要があった。

この飛躍をもたらしたもの、それこそが顔のまわりをうるさく飛び回る虻をとらえて藁しべの先に括りつけたこの男のＤＩＹである。事物の複合的なＤＩＹ的結束こそが、この説話を駆動する物の交換の起点となった。

藁しべの性質を理解し、ＤＩＹ的飛躍を成し遂げること。観音の霊験があったとすれば、男の手に最初に触れさせたものが「結びつけるもの」——糸、紐、縄、ロープ、ワイヤー、チェーン——だったということだ。

この説話のなかでは、男の人生も次々に出会う人々の人生もさして重要ではない。登場人物たちは各々自らが主人公の顔をして、物の交換のまわりをまわっている。にもかかわらず、ＤＩＹによって最初の飛躍をつくりだし、その後の出会いのなかでも次々と物／者《もの》のコミュニケーションをつくりだしていったこの男の狡知《こうち》こそ、なにも持たなかったこの青侍が話の筋を担うことになった秘密である。

さて、この狡知、つまりは物の折衝をつくりだす庭師の知恵は本章のテーマでもある。物の折衝はそれほどスムーズではない。いくつもの矛盾や軋轢をともなうこの折衝を庭師たちはどのように成し遂げるのだろうか？

こうした結束は締めると強いが解く
のも簡単。仮設的な結束

2　庭師の知恵と物騒な共存

確たる基準のない庭づくりのなかで、庭師たちはＤＩＹ的結束によって物と物とを結びつけていく。とはいえ、この綱渡りはそれほどスムーズにはいかないようだ。というのも、その場その場で即興的に編まれていく複数の物のあいだには、当然のことながら解決しえない矛盾がたびたび生じてくるからだ。

物と物のあいだの、そして作業者同士のパースペクティブ間の矛盾や軋轢《あつれき》として現れるこのひずみは、いったいどのように折衝されていくのだろう？

庭師たちはこうしたひずみを「偸《ぬす》む」あるいは「捨てる」という折衝の技法によっておさめていく。奇妙な言い回しで表現されるこれらの技は、矛盾しあう物事を矛盾するままに、意見の異なる人々を異なるままに撚《よ》りあわせる狡知である。

この庭師の知恵は、基準を欠いたままに庭をかたちづくる具体的な技術であると同時に、多様性に呻吟《しんぎん》するぼくらの日常を別様に照らす共存の技法でもあるだろう。

見た目

「なんかこっちから見るとおかしいな」
作業を眺めていた古川が不意にそう呟き二人の作業者に近寄る。古川が咎《とが》めたのは、大聖院の沓脱石前に三枚の板石を並べたフロアの石の据えかただ。犬走りの端の延石から一二センチ落ちで三枚並べられた、あのフロアである。

このフロアは、延石の長辺にたいして板石の長辺が直角になるように三枚横並びで据えられる。長方形の板石の組みあわせが、より大きな長方形のフロアになるということだ。いままさに最後の一枚の調整段階なのだが、その三枚目がどうやらしっくりおさまらないらしい。

庭師は板石を据える際、まずは下地をしっかり固め、次に板石の場所を定めて置き、最後にドンツキと呼ばれる長さ一五〇センチ、直径二〇センチはありそうな重くて太い丸太で上から何度も突いて板石と下地を圧着、安定させていく。レベルを乗せて水平面を確認し、水平がおかしい場合は叩く位置をずらしながら地面にしっかりと固定していく。叩くことで板石と下地は強力に圧着され、下地そのものも充分に圧縮される。おびただしい来園者がこの石を踏みしめることになるのだから、たんに並べておくだけでは板石が沈んだり、ゆがんだりしてしまうのだ。

さて、作業者たちが板石のあっちを叩き、こっちを叩きしている様子を、古川はこの写真の視点側、

図4-11｜「なんかこっちから見るとおかしいな」。古川は写真視点側から見てそう言うと板石のフロアに近寄った。右端の作業者が突き棒で板石の下に土を込め、板石の端を僅かに上げようとしている。その左の作業者はスコップで板石を抱えて作業を助けながらレベルの気泡を凝視している。奥のユンボは延段の下地をつくっている

つまりは沓脱石付近から眺めていたのだが、先の台詞を述べて近寄り、作業していた竹島、枕岡とともに板石を三人でとり囲む。［図4-11］

なにが問題となっているのだろうか？

二人の作業者が見つめている板石をよく見てみよう。なにがおかしいと思われるだろうか？

見たところ奥の板石は手前の板石と同じく綺麗におさまっているように見えるし、左端の辺もうまく通っているように思われる。

しかし、いままさに据えようとしている板石の奥側の辺に注目すると、この辺が左に行くほど柔らかく落ち込んでいるのがわかる。もちろんこのフロアには、雨水が石の上に溜まったり、右手の建物側に流れないよう、左側をやや低く落とした水勾配がつけられている。けれど、それを考慮に入れても左上端の落ち込みは極端に強い。

右下の延石との関係が直角ではなく、板石の左側が

やや手前に寄ってしまっている可能性もあるが、ゆがみが左上端に局限されていることからすると、板石の奥側の辺が曲がっているか、この石の天端の面そのものが左上端に向かって緩やかに落ち込んでいる可能性が高い。

しかし板石の向こう側で作業している庭師たちから見れば、この辺は一直線に通って見えているはずだ。つまり作業者たちは、作業者のパースペクティヴから見た精確さで板石を据えようとしていると見るべきだろう。板石を据える最終段階で作業者が二人とも板石の向こう側にまわる必要が生じてしまったために——一人が板石の向こう側をスコップで持ち上げながらもう一人がその隙間に土を込める——、この上端の線のゆがみが見落とされてしまったのだ。

板石を三枚並べてフロアをつくる。規格化された長方形の石をたんに並べていくだけのことなのだから、レゴブロックを並べていくような単純作業と思われるかもしれない。しかし物と物とのあいだには、つねに予想外の齟齬《そご》が生じてしまう。

具体の世界では、物のかたちはいびつに揺れている。庭で使用する素材のなかでは最も規格化されているはずの延石や板石でさえ、たんに並べるだけでは直線、水平、直角、平行等々をつくりだすことができない。

ぼくたちの目は直線や直角で構成されたものの微細なゆがみを瞬時に見てとるし、周囲の建築物が直線や水平や直角などの比較項にもなってしまう。それゆえ規格化された石材の揺れは、その石の特性というよりは、たんなるエラーと感じられてしまうのだ。

こうして次々に発生する物体相互の矛盾や軋轢を折衝するためにさまざまな測定と調整がおこなわれる。抽象的な直線、平行、直角、水平等々をいびつな石材によって構成すること。これは形式の水準と物体の水準のあいだの折衝であるように思われるが、実際に重要なのは物と物の折衝である。

前章で描写した「水平らしきもの」同様、「かのような」「らしきもの」をかたちづくること。設計図にあわせるのではなく、この現場で、あらためて物のあいだに揺らぐ関係の束をつくりださなければならない。ＤＩＹ的結束の出番というわけだ。

古川はさっそく、問題のある板石ではなく、三枚の板石からなる長方形のフロア全体が正しい形をしているかを調べさせる。このとき、個々の板石よりもフロア全体を問題にするのは、歩行による視点移動をともなう庭においては、一枚一枚の板石以上に背景となる地面からわずかに浮き上がるフロア全体の輪郭こそが浮き立って見えるからであり、庭全体を眺める視線にとっても、このスケールのなかではフロア全体の方が重要な要素として見えるからだ。

再度測定される平行、直角、水平。これらすべての要素は板石を一枚据えるごとに測定しているので問題はないはずだ。しかし、複数枚あわせると板石相互の辺の位置や高さや傾斜角のわずかなずれが全体としてのフロアのかたちにゆがみをあたえることがある。もし狂いがあれば、石相互の譲りあい、石と石のあいだの目地《めじ》の幅の調整によって解決することになる。

まずはフロアの向かいあう短辺同士、長辺同士がメジャーによって測定され、平行になっているかが確かめられる。次に延石にたいしてフロアの短辺が直角になっているかどうかが直尺と棒の結束によって測定される。最後に、フロア全体の天端の水平。三枚の板石に長い棒を渡し、その上にレベルを置いただけの結束が使用される。棒の下に隙間がないか、三枚の板石をまたいで水平がとれているかを計測する。建物や延石と平行になる線上では水平をとり、垂直になる線上では水勾配をとる。再度の測定と微調整。フロアの平行、直角、水平が、延石と板石のあいだの目地幅の調整、板石と板石の場所の譲りあい等々といった物相互の折衝によって実現されていく。［図4-12］［図4-13］

しかしながら結果的に、総じて問題はなかった。そのことがいっそう問題を深刻なものにする。というのも、先に古川が指摘した板石の辺は、やはりまだ落ちているかのように見えるからだ。

先ほど板石の落ち込んだ辺について書いた際、作業者のパースペクティブから見た精確さがあることを指摘したが、この再度の調整のなかでも物体の構成が正しく見えることの重要性を強調しておいた。もちろん平行、直角、水平といった形式の水準に照らして正しくおさまっていることはもちろん重要だ。しかしながら、個々の板石よりもフロア全体がどう見えるかが重要だったように、いびつな物体が支配する現場でより重要なのは、最終的に物体の構成全体がおさまっているかのように見えることだ。

かのように見えること——沓脱石周辺の延段作業から少し離れて、この見えかたにたいする判断が明確に現れた事例を見てみよう。

図4-12｜フロア全体がひとつの長方形の塊として扱われていることがわかる。この現場で測定に使用されている中央の白い棒は別の現場でカーポートを解体した際の廃材ということだ。最も直線が出る道具として重宝されている

図4-13｜直尺と廃材の棒の組みあわせ。でこぼこしている板石の辺の平均を棒でとり、それに直尺をあわせる。直角のDIY的結束

図4-14｜屈折して見える板石を再度測定し直す

板石のフロアが沓脱石周辺で敷設されているとき、延段のもう一方の端となる山門側でも石畳に続く四枚の板石が敷かれていた。こちら側の作業は比較的あっさりと終わり、庭師たちはまた別の作業へと散っていった。

ところが別の地点から見ると、先ほどちゃんと据えたと判断した四枚の板石が奇妙に屈折して見える。このことに気づいた竹島が指摘する。

「古川さん、見た目なんですけど、あそこ折れて見えるんですが、いいですか?」[図4-14]

この「見た目」という言葉が示唆しているのは、測定のなかでは直線や平行や直角が正しく出ていたとしても、異なるパースペクティブにおいては、つまり見た目においては物体の見えかたが変形してしまう可能性である。

いびつな物体の構成は視点のとりかたによって様相を変える。この個別の物体が持つゆがみを職人たちは石のクセと呼ぶ。たとえ直角や水平が測定されていても、石の小端や天端や辺のちょっとしたクセが、組みあわせによっては異様な見た目をつくりあげてしまう。

もちろんこの四枚の板石は修正されることになる。板石の組みあわせは完成していたのだから、作業地点付近での見た目はほぼ精確だったはずだ。にもかかわらず、離れた地点からの見た目の屈折にあわせて板石を修正するならば、作業地点付近からの見た目はわずかに狂わざるをえない。物の個別的なクセが複数の見た目のあいだの統合を困難にしているのだ。

作業者たちは観察地点によって異なる複数の見た目のあいだの齟齬を結びつけながら、物と物とを折衝していく。しかし重要なのは、こうして物が相互に折衝されていくとき、この折衝は者と者の――つまりは複数の見た目のあいだの――折衝を媒体にしているということだ。

2章で、者の折衝は物の折衝を媒体にして可能になると言った。しかし物相互の折衝が前景化するとき、それは者相互の折衝を媒体にしておこなわれる。

しかしながらすぐに想定されるとおり、この調整はときに複数の物体のあいだ、および複数の見た目のあいだに解決困難な矛盾を生じさせる。この矛盾はどのように解決されるのだろうか？

偸《ぬす》む

庭に散在するさまざまな物はレベルやメジャーや直尺や水糸や廃材などのDIY的結束によって他のさまざまな物と関係づけられている。その関係は職人たちの頭に入っているか、赤鉛筆などで物に転写されているため、大きな齟齬が突如表面化することは稀だ。

とはいえ実際に物と物を突きあわせて関係づけるとき、物のきわめて個別的な特性――クセ――が前景化し、深刻な齟齬をもたらす場合がある。

沓脱石側の板石のフロアに戻ろう。このフロアは再度の測定の結果、ほぼ精確に据えられていることが確かめられたのだった。しかしながら、沓脱石付近からの見た目では、古川が指摘した奥の辺の左隅はいまだに落ちて見える。

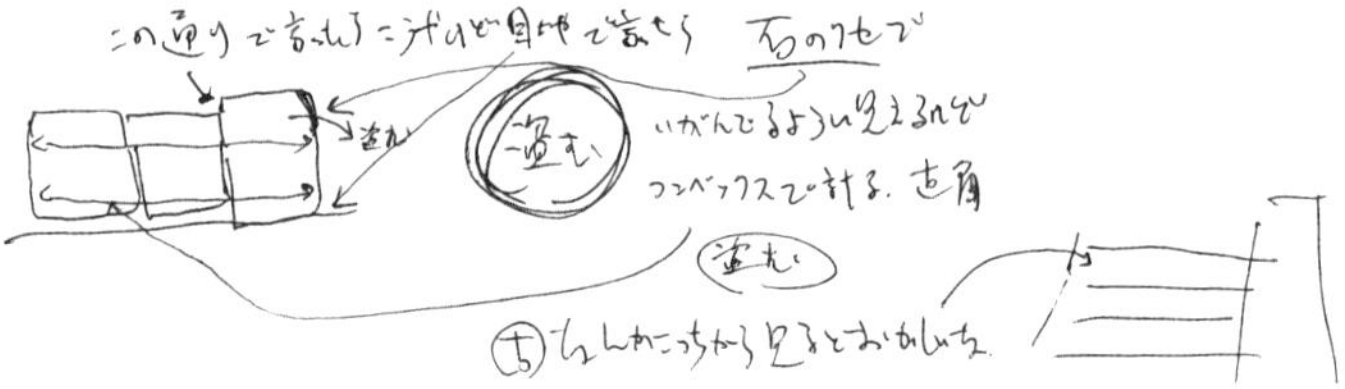

図4-15｜左側のスケッチは建物側を下にして板石のフロアを上から見たもの。右上の辺がやや曲がっており、「石のクセ」という走り書きがある。この図からわかるのは、右端（奥）の板石は辺が曲がっているだけではなく、他の二枚に比してやや大ぶりで、延石との目地や庭側の小端の線が揃わないという問題も抱えているようだ。右側のスケッチは沓脱石周辺から見たもの。「なんかおかしいな」という古川の台詞が書かれている。ここに三度も現れる「盗む」こそが本節のテーマである

辺が落ち込んだこの見た目を打ち消すために考えられる解決策は、現状の精確な状態を崩すことだ。つまり板石の左側あるいは左奥端をやや高めに据えるか、板石の左側をわずかに奥に開くか。

事実上の直線、直角、水平よりも、いくつかの主要なパースペクティブから見たときにその物が真っ直ぐに、あるいは直角に、あるいは水平に見えることをある程度優先しなければならない。[図4-15]

しかしこうした変更は作業者からの見た目の精確さを崩壊させてしまう。沓脱石から見て、辺の落ち込みが気にならなくなる程度に板石の左側を高くすると隣の板石とのあいだに傾きのずれが出てしまうし、板石の左奥隅を上げるともちろん右手前隅が落ち込んでしまう。かといって板石の左側を奥に開くと延石と板石の直角が狂ってフロアの形が変形してしまうし、隣りあう石とのあいだの目地もおかしくなってしまう。

ようするに、隣りあう複数の物との関係に拘束されているこの板石は、各々のパースペクティブからの要求を満たすことができない。

沓脱石付近から見た奥の辺の傾き——古川からの見た目——を解決しようとすると、隣の板石とのずれやフロアの変形——作業者からの見た目——が目立ってしまう。かといって処置しなければ古川からの見た目

は明らかにおかしい。
この矛盾をどう処理するべきなのだろうか？

「ぬすみましょうか」

ぬすむ――一人の職人が不意に口にしたこの動詞は、おそらくぼくたちが普段口にする「人の物を奪う」という意味での「盗む」ではないだろう。この言葉は、むしろ庭師たちが小さな嘘をつく合言葉として機能する。

そう。いびつな物と物がせめぎあうこうした局面では、複数のパースペクティブからの見た目の要求をすべて実現させることはできない。いま庭師たちがおこなわなければならないのは、測定によって石を精確に据えることではなく、折りあいのつかない二つ以上の見た目をギリギリ満たす均衡、より率直に言えば、ギリギリ満たさない均衡をつくりだし、折衝することだ。これこそがいましがた口にされた「ぬすむ」という言葉の意味である。

関係する諸要素が、どれも正しい位置をとることはできないが、しかしそれぞれがそれなりに見えること。

嘘というのは言い過ぎかもしれない。そう言ったのは、「ぬすむ」ことは、ある意味ではどうやっても解決できない難所をごまかすことにも近いからだ。しかし折衝されていく物を見ていると、「ぬすむ」ことはたんなる嘘やごまかしではないことがわかる。少なくともそれだけのことではない。作庭現場で響くこの言葉にはもっと積極的な含みがある。

というのも、すべてを精確に調整するというよりは、すべてを微妙に狂わせるような調整こそが、結果として、矛盾しあったままの整合を可能にするからだ。

確たる根拠を欠いた現場にＤＩＹ的結束による関係の網を巡らせ、鳶職のように自らの寄って立つ足場を仮設しながら準安定的な構造をつくりあげていくとき、当然そこにはいくつものずれが生まれる。

たったひとつの物のクセが深刻なずれを引き起こす場合もあるし、ずれの堆積が特定の場所で集約的に表面化し、ゆがみや軋轢を前景化させることもあるだろう。

ともあれ、このずれは具体的には、物と物のあいだの矛盾、物のおさまらなさとして現れる。

この局面を調整する庭師の知恵こそが「ぬすむ」ことだ。

職人たちの口を介して伝えられてきたこの言葉に、どういった文字があてられるのかはわからない。たしかに一般的な意味での「他人のものをひそかに奪いとる」あるいは「他人の芸や作品、また考えや行いなどをひそかにまねて学ぶ」という意味での「盗」とは違っている。しかし「ぬすむ」のなかにも「人目を忍んでひそかに物事を行う」あるいは「やりくりして利用する」という意味があり、この場合の用法はこちらに近い[◆1]。

「盗」との違いを截然《せつぜん》と切り分けることはできないが、これはかつて「偸」という文字に託されていたと思われる意味であり、ここではこの庭師の知恵を仮に「偸《ぬす》む」と表記しておきたい。[2]

偸む——それは人目を忍んで、密かにやりくりされるなにごとかである。この職人たちの秘密の技芸《ぎげい》をあえて言葉にするならば、少なくとも二つ以上の事物の間で互いに両立不可能な関係が生じたとき、関連するものがそれぞれ理想的でない位置をとることによって全体をおさめることだ。これは基準もないまま相互参照的に編み上げられていく結束のなかに、どうしようもなく現れるゆがみ、矛盾、摩擦といったものを調整する技法の別名である。

しかしとりわけ興味深いのは、先ほど指摘したとおり、物と物の関係の折衝は者と者のパースペクティブ間の折衝として現れるということだ。フロアの板石のゆがみも、作業者の位置によって気になる箇所が変わっていたのだった。争点となっていた板石の左隅の落ち込みは、作業を進めていた職人たちから見ると真っ直ぐに見えていた。しかしながら同時に、古川のいた沓脱石側から見ると曲がって見えていた。

もちろん庭師たちは現在の作業のなかでどういった点に問題が生じやすいかを知っている。石を据えるあいだ、作業する場所は変わり続けるし、むしろ能動的に視点を変えながら判断をするよう注意を払ってもいるだろう。

◆1 「ぬすむ」の語義については次の辞典を参照した。北原保雄他編『日本国語大辞典第二版　第十巻』小学館、二〇〇一年、六〇九頁。

◆2 同書で「ぬすむ」にあたる五つの文字が紹介されているが、本論で検討した意味を持つのは「偸」に限られる。同前、六〇九頁。

図4-16｜杭打ち作業はパースペクティブの交換を示すわかりやすい例だ。掛矢《かけや》──木製の大きなハンマー──で杭を打つ者は当人から見て左右のゆがみには敏感だが前後の傾きを見落としやすい。それゆえ、二人目の作業者がほぼ直角の位置から杭を見ることで、互いの見た目を交換しあう。他にも竹を積み重ねて柵《しがらみ》と呼ばれる土留めをつくる作業では、離れた位置に立って水平を見るためだけの第三者を配置する場合がある。作業に没頭する二人を包摂するより大きなパースペクティブを設定し、竹の柵が水平になっているか、風景にうまく馴染んでいるかをチェックする

この意味で、熟練した職人とは他の職人より多くのパースペクティヴを一人で担保し、調整できる者ということになるが、それでもなお、作業のある段階でどこかの視点に固着してしまい、あるパースペクティヴを見落としてしまうということはままあることだ。

それゆえ、現場ではさまざまな場面で「二人でやりいよ」あるいは「三人でやった方がええで」という古川の声を聞くことになる。

「二人でやらなあかんで。その方がむしろ早いからね」

庭では一人でできそうな作業でも複数人でおこなう場合がある。それはたんに重量のある物体を一人で動かし、体に不要な負担をかけないようにするためだけのことではない。そうではなく、古川は互いのパースペクティヴを交換せよと言っているのだ。［図4−16］

物の折衝は、作業に参加する者それぞれにとっての見た目をまたいで形成される。寄り集まって口に出される各々の意図はこの個々にとっての見た目を基準にして語られる。しかしたんに誰かにとっての見た目にあわせるなら、別の誰かにとっての見た目は崩壊してしまう。こうして物と物の関係の矛盾は作業者のパースペクティヴ間の矛盾として表明され、極端な場合にはいがみあうことになってしまう。

偸むとは、これら異質な視点が束ねられている物体をめぐって、各々にとっての見た目上の要求を完全に満たさないまでも、決定的に間違っているわけでもない位置を探ることだ。

互いに異なるものを見ているがゆえに、しかしそれらがひとつの物体の構成に結びつけられているがゆえに、庭師たちは物体間の関係を偸むことでパースペクティヴ間の関係をも偸む。個々のパースペクティヴを担保する職人たちは、物の折衝を経た上で、このずれをずれのまま飲み込むしかない。

ここまで「結束」「折衝」等々の語彙で見てきた複数の物体を結びつける庭師たちの仕事は、偸むというこの技法に支えられてかろうじて成立している。たしかに庭師たちは、物と物の関係を折衝する言葉として「偸む」と言っている。しかし実際には、物と物の関係の折衝をとおして、職人のパースペクティヴ間の対立を、親方と職人たちのあいだの矛盾を、庭師たちと施主との軋轢を折衝してもいるだろう。

このとき重要なのは、偸むことは二項以上による係争状態を、この係争状態とはかかわりのない高次の基準——形式の水準——をもとに調停し、終わらせることではないということだ。

というのも、まず、偸むときには物相互の軋轢は物相互の配置によって均衡づけられ、この行為の媒体となる作業者たちのパースペクティヴもまた同じ平面上で物の係争状態に結びつけられているからだ。次に、偸む行為は係争状態を終わりにするというよりは、むしろ係争状態を継続させるからだ。言い換えるなら偸むとは、物／者のあいだに係争状態それ自体の均衡をつくりあげる関係の技法である。

しかし、これをたんなる関係の技法と言ってしまっていいのだろうか？

図4-17｜最終的な板石の状態。棒が渡してあるので見えにくいが、奥の辺の左隅は幾分ましになったとはいえ、まだ落ち込んで見える。偸むことによる係争状態それ自体の均衡

偶然的に隣りあい、相互に矛盾や軋轢を抱える複数の物《も》／者《の》を係争状態のまま並置していくとき、この構成をギリギリ成立させているのは関係であるとともに、必要以上に相互を関係づけないこと、ようするに、部分的な非関係を継続することでもある。

偸むとはおそらく、ディスコミュニケーションを確保することによって最低限の物／者の共同性を縫い上げる非関係の技法でもある。［図4-17］

捨てる

さて、三枚目の板石を据えるのに苦労する作業員たちを見て、古川が言葉をかける。

「この石相当クセあるよ。ちょっと傾斜（水勾配）とって、（延石との）直角だけ見といて。昔の石だから（規格化されていないので）そうしっかりはしてないよ」

庭の各所に生じるゆがみは偸むという庭師の知恵によっ

図4-18｜チェーンブロックで降ろされた割石。手前部分は高く、レベルが指し示す黒ずんだ一帯はくぼんでいる。しかし右上部分はコブのように膨らみ、最も高くなっている

ていびつに縫い上げられていく。とはいえ、すべてのゆがみがこの係争状態のなかに縫合されうるわけではない。古川が言うように、事物の強烈な特性はときにクセとして捨てられる。

しかしこの現場における「捨てる」とは、捨てる対象を本当に無用のゴミとして処分することではない。むしろ捨てること、つまりは非関係によってこそ可能になる共存があり、この意味で捨てるのだ。

最後に、そのひとつの例として、山門側の四枚の板石に続けて据えられた大きな割石《わりいし》をめぐるやりとりを紹介しよう。

先ほど触れたように、延段の山門側には石畳と連続性のある板石が四枚敷かれた。その続きに選択されたのが観音寺境内の片隅に何枚か置かれていた大きな割石だ。沓脱石用ではないかと思われる、水平な天端が特徴的な厚みのある石がチェーンブロックで降ろされる。

しかし割石の天端は、おおむね水平だとはいえ、よく見ると強い起伏がある。ある程度平滑な板石に続けて据えてみると、板石に隣接する部分は高く、反対側はくぼんでいる。しかも悪いことに、くぼんでいる側の隅にコブのような極端な膨らみがあるのだ。［図4−18］

作業員たちはこのぐにゃぐにゃした面を、どのように延段らしい「水平らしきもの」として組織すればいいか混乱する。

ゆがんだ面にとっての水平とはなにか？

それは起伏の平均値であるかのように思える。しかし起伏の平均値とはなにか？

段差ができてしまうので板石との接続面の高さを変えることはできない。だとすれば板石と接していない側の高さをどう調整するかが問題になる。職人たちは、まずはコブが目立たなくなるよう板石側の高い部分とコブの二箇所を結ぶラインがおおむね水平に近づくよう据えてみる。すると石の半分を占めるくぼみ部分がさらに落ち込むため、割石全体が斜めに落ちているように見えてしまう。では、コブを無視して板石側とくぼみとを水平にするとどうだろう。すると高くなったコブがやけに目立ってしまうし、割石全体が登り坂のようにも見えてくる。コブのある隅だけをやや下げるなら横方向の水平が狂い、板石との接続面もおかしくなってしまう。

試行錯誤のなかでいたずらに時間が過ぎていく。様子をうかがっていた古川が痺れを切らしてやってくる。

図4-19｜レベルの奥に見える盛り上がりがここでコブと呼んでいる場所、つまり今回捨てられることになったクセだ。このコブを捨て、しかし天端の複雑な起伏を落ち着けながら「水平らしきもの」が探られる

古川　「そこ（コブ）は捨てなしゃあないで！　そこだけ見てもあかんのや、全体を見な！」
枚岡　「それが石のクセか……」
鷲田　「そしたらちょっとぬすむくらいにしておきましょうか？」［図4-19］

さまざまなゆがみが結びつけられていく庭の作業のなかでも、すべての特性がうまく縫いあわされるわけではない。この割石のコブのように過剰なクセはあっさりと捨てられる。しかしクセは切断されて本当に庭の外部へと打ち捨てられるわけではない。このクセは、延段をかたちづくる比較的整った加工石が構成する平面から捨てられるだけだ。

なんとしてもクセを加工石の平面に包摂しようとするのではなく、加工石の平面ではあえて度外視することで、割石が板石に馴染む。クセの過剰さを無理に関係づけようとすることが、つねによいわけではない。捨てること

図4-20｜板石の奥に据えられた割石。コブのある右側はその奥の自然石による石組と響きあい、平滑な左側は手前の板石から左奥へと続くことになる加工石や建築と響きあう。板石と割石の接触面から、コブのある右側をわずかに偸んで低くしていることがわかる

でこそ、非関係的なものにしてしまうことでこそ、クセはこの割石の特異性として残ることが可能になり、加工石の平面とは無縁のままに隣りあい共存する。

割石という局所的な物の配置の試行錯誤から目を離し、庭全体に視点を移してみよう。延段は大聖院の建物と庭の石組のあいだを縫うように走っている。狭間に打たれた割石は、配置の時点で建物や板石の側に平面的な部分を、石組側にコブを向けて据えられていた。

偶然的にではあれ、この石のクセは当初から建物や板石という加工された領域から遠ざけられ、石組が立体的に乱立する自然石の領域に寄せられていたことになる。

庭全体の配置のなかでは、クセはたんに捨てられたのではなく、同時に拾われてもいたということだ。この割石が加工石の領域から自然石の領域への橋渡しの位置にあると見るなら、この起伏の過剰さはまったく捨てられてなどいない。［図4-20］

「全体を見な！」――古川の言葉は、古川の直接の意図とは関係なく二重の意味を持って響くことになる。つまり第一に、割石の全体を見て細部の起伏に囚われることなくこの石を据えなければならない。しかし第二に、庭全体を見て、この石の特性を庭の配置全体のなかにどう位置づけるかを見なければならない。

この割石はコブをほぼ度外視して据えられた。しかし鷲田が述べたとおり、わずかにコブ側が低くなるよう偸むことになる。

この意味で「捨てる」とは、言葉の強い響きとは裏腹に、非関係にもとづく共存の技法であることがわかる。クセを潰すことなくクセのままに際立たせること、クセの過剰さが一元的な包摂のなかで窒息してしまわないように、過剰な特性は捨てられる。しかしそのなかでもなお、なけなしの共同性をかたちづくるために、クセは偸まれる。

揺らぐ事物のあいだに仮設的な関係をつくり、相互に矛盾しあう物体間の関係を偸み、強烈なクセを捨てることで共存させる。複数の物体間や複数のパースペクティブ間のおさまらなさを形式の水準から一様に均して関係づけてしまうのではなく、ある意味ではバラバラでガタガタな非関係にもとづく物体とパースペクティブの係争状態それ自体の均衡をつくりあげる。

庭づくりの実践とは、この物騒な共存――庭園とはときに平穏な楽園として語られてきたにもかかわらず――をそれなりに折衝し続けることであり、それを可能にするものこそ、庭師の知恵である。

庭師たちがまた庭の奥から三叉をかつぎ出してくる。もう何度目になるだろう。庭を横切っていく三叉はゆらゆらと揺れている。作業者たちも三叉もそれぞれの進路に特有の障害物をかわしながら揺さぶられている。しかしいまにも倒れそうなほど傾くとしても、この揺らぐ構成はなかなか倒れることはない。[図4-21]

三叉の運搬は結束された複合的な物《もの》／者に拘束されたコミュニケーションである。しかしここには同時に、苛烈なディスコミュニケーションもまたあるだろう。

左の職人が手前にあるサツキをかわすため右にずれたことでバランスは大きく右に崩れようとしている。奥の職人は二人を見るのではなく、バランスの核心である第四の行為者、つまり三叉の頂点とチェーンブロックを見ている。手前の職人は後ろの二人を見ることができない。しかし手に伝わる動きから危険な状態を察知して足を止めて踏ん張っている。左の職人は崩れたバランスを戻すため、三叉の足を左に開きたいのだがサツキが邪魔で開くことができない。とすると、左の職人はいま、三叉を担いでいるというよりは左下に引き下げている。残りの二人には左の職人が押し下げた分の過剰な重量がかかっている。

ああ、なんという関係と非関係！

しかも悪いことに左の職人はなおも右に移動しなければサツキをかわせそうにない！

おそらく職人たちは、倒れようとする三叉の不安定さと重量に、思い通りに動かすことのできないこの相互拘束的状況に、苛立っている。しかしこの構成は拘束されるすべての行為者にさらなる行為を要求し続けるだろう。

　ああ、なんと非関係的な、しかし緊密に結束されたＤＩＹ的共同性だろう！

　この構造体は不安定に揺らぎながらも作業者たちの行為を理不尽にも結びつけ、最小限の物《も》／者《の》の共同性をかたちづくりながら、何度でも庭をよぎっていくのだ。

図4-21｜三叉を担ぎ出す職人たち

3　物と踊る技術

　三叉を運搬する作業者たちは、第四の行為者に振り回される。三叉が倒れそうになれば作業者たちは力の入れる方向や自らの位置を変えるしかなく、三人の意図や行為は三叉――DIY的に結束された物の折衝――を媒体に折衝されるほかない。

　理不尽にもともに行為を強いられる庭師たちは、苛立ち、思い通りにならないながらも、緊密に結束された共同性をかたちづくってしまう。

　庭師たちは物を、ひいては庭を媒体として最小限の共同性をつくりだす。「偸《ぬす》む」あるいは「捨てる」とは、この共同性の底に横たわる解決できない矛盾や軋轢をやり過ごしながらも共存させる庭師の知恵だ。

　その手と眼で物と格闘する職人たちは、しかし、者と物との接触面をどのようにまたぎ越すのだろうか？　者が物を、物が者を折衝する変換の結び目はどうなっているのか？

　さあ、引き続き延段の敷設作業を見ていこう。もっと物の近くで！

有情物と無情物

「古川さん、ご住職がギンバイソウは大事や言うてましたよ、これ」

竹島が庭に生えるギンバイソウを指差しながら古川に訊ねる。どこかに移さなければ作業に巻き込まれて潰れてしまう。この草花はかつて住職の母が庭の隅に植えたところ、庭一面にひろがったものだ。

「そしたら別の場所に置いてやってよ」

ギンバイソウは別の場所に「置いておく」のではなく「置いてやる」。この言い回しは2章で分析した「てみる」と同じく、この現場でよく耳にすることになる特徴的な話法だ。［図4-22］

「てやる」あるいは「てあげる」——これは「動作の受け手にとってその出来事が恩恵的」であることを示している。◆1

そのままの場所にあると工事に巻き込まれて潰れてしまうギンバイソウにとって、庭師が移植してくれるとすればたしかにその行為は恩恵的かもしれない。とはいえ、それは植物を恩恵の「受益者」と見立てうるなら、つまりは植物を

◆1 日本語記述文法研究会編『現代日本語文法2——第3部 格と構文・第4部 ヴォイス』くろしお出版、二〇〇九年、一二六頁。ここで「てやる」は「てあげる」に比して「恩恵の受け手を低く待遇する」ものとして説明される。すぐに現れる「受益者」という語彙もこの書籍にしたがった。

◆2 「有情物」「無情物」という語彙と区別は上記書籍の「所在構文」での説明を参照した（同書、一七二-一七五頁）。ただし、「てやる」の例文の受益者には人だけが想定されており、有情、無情の区別はなされていない。

図4-22｜別の場所に移植されることになったギンバイソウ

主体性ある存在とみなすことができるとすれば、の話である。

一足飛びに植物を受益者と見立てるのはおかしいと思われるかもしれない。しかしながら他に受益者たりうる存在は古川と竹島しかいない。この場合、竹島は使役される側なので可能性があるのは古川だが、だとすれば「別の場所に置いてくれない？」という呼びかけになるだろう。この場合の「てやる」の受益者はギンバイソウ以外にありえない。

ぼくたちは普段、この構文を人間や動物以外の存在には使わない。この峻別の根底には、対象の存在を「〜がいる」と指定する「有情物」と、「〜がある」と指定する「無情物」とに分割する無意識的な判断がある◆2。

通常の用法では、「てやる」構文は恩恵の受益者を有情物として想定する。ギンバイソウと似た場面を想定するなら、ご飯を食べながら椅子で寝てしまった子どもを見て「そしたら布団に寝かせてやってよ」という用法が正しい。

重要なのは行為が恩恵的であること、行為の対象が有情物であることだ。

もちろん植物は無情物に振り分けられるとはいえ生きているので、「朝顔に水をやってあげて」と半有情的に扱われることはある。

ところが古川は「サツキを適当に透かしてやって」と、一見行為が恩恵的には思えない場合もこの話法を使用する。それどころか、古川は石や道具にまで、つまりは受益者になりえないがゆえに恩恵的になりえない無情物にまで、ためらうことなくこの構文を適用する——「道具はな、うまいこと使ってやらんといかんのや」。

つまり庭では、構文の縛りを超えて庭師が扱うものの隅々にまで「てやる」の範囲がひろがっている。文法上はたんに誤った拡大運用だろう。しかし、少なくとも古川の日常的用法のなかではそうなっている。この事実から出発したい。

これを「てやる話法」と呼ぶとして、「てやる話法」が指し示している庭師たちの行為とはどういうものか？　その対象とはどういう性質のものか？

まずは対象について見てみよう。

先ほど、対象を日本語文法にしたがって有情物と無情物にわけた。しかし古川は無情物にすぎない石や道具をも、ときに有情的な存在として語る。

庭師たちは、あらゆる事物を有情的に見ているのだろうか？

そうではないだろう。たしかに古川は、ときに石や道具を有情的に見ている。だからといってつねにそう振る舞うわけではなく、ときには同じ対象を無情的にも見ている。石や道具に「てやる話法」を使ったかと思えば、次の瞬間には同じ対象を無情物としても描写するのだ。

1章の3では石についてこう語っていた。「それでもうひとつ置いて重心をつくって。あっちのは石の性質が違うでしょ。だからあっちに置いて、それでこっちにも置くかな」。あるいは半有情的な植物にたいしてもこう語る。「サルスベリは抜いてどこかに持っていこうかと思ってるんです。[…]コウヤマキは枝を抜いてね。[…]左のツバキは頭が高いでしょ。一段くらい下げたらいいんじゃないかと思って」。

このとき、古川にとっても石や植物は無情物になっている。

三叉も担いでいる限りでは職人たちを折衝する第四の行為者として働くが、地面に置いてしまえばたんなる物に戻ってしまう。古川にとって、あるいは庭師たちにとって、植物や石や道具は、有情的でも無情的でもありうる。それらは情——行為主体性——を持っていたり持っていなかったりする気まぐれな存在として現れる。

言い換えるなら、庭のあらゆる対象は情を偶有する存在——偶有情物——なのだ。

ここで注意しておきたいのは、古川が対象を記述する文脈だ。対象を無情的に記述した先の言葉は、「てやる話法」が発せられた状況とは異なる。

対象を無情物として叙述する言葉は、観察者に過ぎないぼくにたいして、あるいは休憩中に庭を眺めているだけの職人たちにたいして投げかけられる。それにたいして対象を有情化する「てやる話法」

は、物や道具と一緒になって作業している、あるいはこれから作業するはずの職人たちに向けて放たれる。

対象をたんに見ているときには現れず、職人たちが対象に触れることで、あるいは触れようとすることで現れる偶有的な情。「てやる話法」が指し示す対象の有情性は、対象と職人たちの行為をまたいで現れるなにごとかであり、対象に帰すことのできる性質ではない。有情性とは、庭師たちの働きかけによって、物と者をまたいで現れる。

先ほど「「てやる話法」が指し示している庭師たちの行為とはどういうものか？　そしてその対象とはどういう性質のものか？」と言ったが、後者の答えは前者のなかにある。

とはいえ、すべての庭師たちがそのように喋るわけではない。石を据えるに際して古川が「もうちょっとまわしてやってよ」と言っても、作業者は「右にまわすんですか？」と聞き返すからだ。しかし古川のグループに二五年在籍する竹島は、とりわけその扱いに精通している植物について「てやる」――竹島の場合は「てあげる」――構文を使うことが多い。これは古川と長くいたことで、たんに喋りかたがうつってしまったのだとも考えられる。しかし言葉がうつるということは職人世界において本質的な事態だろう。それは古川の物の見かたや物との関係のつくりかたがうつったということを示しているからだ。

石工事よりも植栽管理に特化した竹島は、石にたいして「てやる話法」を使うことはほとんどなかった。だとすれば「てやる話法」とはたんに物に働きかけると現れるものでもなく、日常的に物と接し、物を介して語ることを繰り返すなかで、技術とともに獲得される話法だということだ。

では、いまだ熟練していない作業者たちは対象に有情性を認める喋りかたをしないのだろうか？実は、物の扱いに習熟した庭師たちに「てやる話法」があるとすれば、物の扱いにまだ習熟していない庭師たちにも特徴的な話法がある。彼らは物に「こき使われ」「振り回される」。

休憩中、こんなありふれた現場を観察して、いったいなにを書くつもりなのかと問いかけてきた枚岡と、ここではじめての登場となる職人、上田健二との会話を引こう。

――いや、まだ決まったわけじゃないんですが、庭師の方々の道具の使いかたとか体の使いかたって面白いじゃないですか。普通は人が物を動かしたり道具を使ったりするわけですよね。なのにここでは物や道具がぼくたちと対等であるかのように話すことがあるじゃないですか？　それも観念的にではなく、具体的に。

枚岡　「ああ、わかるわかる（笑）。道具にこき使われてしまうもん。石に振り回されて一日終わったりするもん。ああ、そしたら『庭の美』みたいなん書くんと違うんや」

上田　「ぼくの前の親方は庭師は難しい技術じゃなくて、普段の生活がきちんとできてたら六、七割はできるって言ってましたね。仕事できんやつは普段の生活もあんまよくないというか、物を大事にしてへんとか、体の動かしかたが悪いとか」

物に「こき使われ」、「振り回され」る——職人たちは、行為の失敗によってもまた、物に行為主体性を認めている。「てやる話法」にたいして、これを「受動態話法」と呼ぶことができるだろう。

もちろんこれはいまだ物の抵抗に直面しているだけのことなのだが、それでも彼らは庭師になった瞬間から、物にこき使われ、振り回されることによって、物の有情性を体で理解しはじめている。これまで以上に「物を大事に」扱ったり、「体の動かしかた」を変えることで、「普段の生活」の延長にあるはずの技術を手に入れようとしている。「てやる」的働きかけを、つまりは対象を恩恵の受益者のごとく扱う技術を。

では、「てやる話法」が象徴的に指し示すような、庭師の技術とはどういうものだろうか？

歩かせる

「歩かせえよ！　力なんかいらんのや。石に歩かせるんやで！」

大ぶりの板石を苦労して運んでいる一人の作業者に古川が声を荒げる。石を集積している庭の北隅から延段を敷設する沓脱石付近まで運ぶのだ。

作業者はいまにも倒れそうな重い板石を腰に当てたり膝《ひざ》で支えたりしながら必死に前に進めようとしているが、明らかに石の重量に振り回されている。膝を押し当てて片側をなんとか前に進めると、石を持ち直し、再び力を振り絞って反対側をずるずると前に進める。

たしかに、石が歩いているように見えなくもない。

気を抜くと石は一気に倒れてしまう。ひとたびバランスを欠くと並の力ではもはや持ち直せない重さなのだ。この不安定な石の板を倒さないよう、作業者は全神経を集中させて石を体に寄せている。それゆえ石は歩いているというよりは、作業者の膝や手や腰に寄りかかりながら片方ずつ押されているようにしか見えない。［図4-23］

こんな力業《ちからわざ》を「石に歩かせる」というのだろうか？

いや、しかしその前に、石に歩かせるとはなんと意味不明な指示だろう！

石が歩いてくれるなら誰も苦労しない。具体的になにをどうすればうまくいくというのではなく、ただ、石に歩かせる。現代人なら耳を疑うほかない言葉だ。

古川は確信に満ちた態度で細かく指示を出す。


「もうちょっと向こう側に倒さなあかんで！」

「石の重さで運ぶんですよね？」

「本当に倒したらだめやで」


全身で支えていないといまにも倒れそうな不安定な石を、むしろ体から離して向こう側に倒す。これは石の不安定さや重さ、倒れたときの被害を想像すればなかなかできることではない。

おそらく古川にはこう見えている。うまくやれば石は自力で歩くことができるのに、抱えたり、支えたりしているからいつまでたっても歩けるようにならないのだと。

いまにも独りで歩き出しそうな幼児を、危ないからとすぐに抱っこしてしまう祖父母に苛立つ親、いや、むしろ被介助者の能動性を引き出すことができていないリハビリの改善点を見抜く百戦錬磨の理学療法士のようだ。

とはいえ「てやる話法」と同じで、この比喩が成立するのもまた、対象に行為主体性が宿るなら、の話である。

石は重い。これは日々肉体労働に従事している屈強な作業者たちにとってもそうだ。とりわけ大聖院庭園で使用している古材の板石の多くは、現在の板石に比してひとまわりもふたまわりも大きい。◆3 このときの板石もおそらく一五〇キロを遥かに上回る。

敷設作業が進展するごとに板石の運搬作業は発生する。それだけに、自ら動いてはくれないこの無情

◆3 花崗岩の比重を中央値二・六五トン／立方メートルと想定し、板石のサイズを〇・九メートル×〇・四五メートル×〇・一五メートルの直方体だと仮定すると約一六一キロとなる。左の写真の石はそれよりもひとまわりもふたまわりも大きい。

図4-23｜巨大な石の重量に振り回される職人。左手だけでなく左膝も使って押し進める。表情と腰の位置、右脚の屈曲などから全身の力が振り絞られていることがわかる

物をどのように効率良く運ぶかはきわめて重要な問題であるはずだ。

　基本的に二人や三人での作業を推奨する古川の現場からすれば、これほど重い石を一人で運ばせるのはイレギュラーに思われる。だが裏を返せば、この程度の石は歩かせることさえできるなら、一人で運ぶのが当たり前だという判断があるということだ。

　そう。古川にとって石は、必ずしも無情物ではない。

　たしかに作業者にとっても物や道具は彼らを振り回し、こき使うという意味では有情的だが、それはいまだ物の抵抗に直面しているだけのことだった。いま問題になっているのは、石に行為主体性をあたえて歩かせることだ。

　次の作業者がまた、よろよろと石の重量に振り回されながら板石を運んでくる。それを見た古川はもはや言葉で示唆するだけでは済まなかった。若い職人から石をとりあげる。

　途端――石が歩きだす！

　いまこの老庭師の手のなかで、板石に生命が吹き込まれたかのようだ。若い職人たちをその重さで振り回していた板石が、いまや規則正しく左右に揺れながら、とすんとすんとリズムを刻んで小気味よく進んでいく。力業でずるずると押していくのではない。まるで板石の生きたリズムが、あるいは板石と八〇歳近い庭師のダンスが進んでいくかのようなのだ！［図4-24］

「な、簡単やろ?」古川が板石を手渡す。職人は驚きの笑みをたたえている。ただただ驚愕するほかない。石を歩かせるとはどういうことなのか？

図4-24｜石が歩き出す！　先ほどの職人にくらべて古川の体から不自然な力みは感じられない。石も軽やかに見える。右側の職人が驚きとともに見つめる

「まあちょっと力いるんですけど、まあちょっとね。こう横から介助してやるんですわ」

介助し「てやる」――このとき板石は、まさしく有情物になっている。

板石はいったいどうやって歩いたのか？

「歩かせる」というくらいなのだから、立てた板石の上の両端を肩、下の両端を脚と呼んでみてもいいだろう。

まず板石を立ててその両肩に手を添える。どれだけ重い石も、直立している限りほとんどの重量は地面が支えているのだから手は添えるだけでよい。石が重くのしかかるとすれば、たんに作業者がこのバランスを逸したに過ぎない。

次に石の片脚を軸にして外側に傾ける。力を要するのはこの初動だけだ。このとき浮いた脚と同じ側の肩を押すことで、板石はくるりと最初の一歩を進めるだろう。ほとんどの重量は回転軸となる石の片脚にかかっているので重くはない。

この動きを殺してはならない。アンバランスな傾きを回復しながら着地した板石の重量はほとんど着地した脚に集中し、むしろ反対側に倒れようとする力さえかかっている。この瞬間、着地した脚とは反対側の石の肩を軽く押しあげる。それだけで石は反対側にふわりと傾き、少し前に押すだけで再び軸足を中心にくるりと回転する……。

「ああやったらモアイも動くんやから。ほんとやで（笑）。モアイも自分で歩いたんだからね。あの原理だよね」◆4

結果、板石はとすんとすんと左右に揺れながら、脚が浮いた瞬間にすっすっと歩を進めるように前進する。板石の動きは作業者の動きと連動しており、板石の右半分が前に出るとき作業者の右半身も前に、板石の左半分が進むとき作業者の左半身も前に出る。この複合的な運動体は、力士のすり足のように前進していく。

石は自らの重みをつねに自らの脚で支えている。だから石の肩に手を添えてちょっと「介助してやる」だけで、石は自らの脚で進んでいく。奇妙な四足獣のように、石と人はひとつの動きをつくりだす。

このとき、板石と作業者は、物と者をまたいだひとつの運動体になっている。作業者の目は自分の足もとよりも石の脚元を見ている。接地の衝撃音を聴き、

◆4 古川が言及しているのは、おそらく以下の論文と動画に端を発するニュースだろう。Carl P. Lipo, et al. "The 'walking' megalithic statues (*moai*) of Easter Island" in *Journal of Archaeological Science*, Vol. 40, Issue 6, June 2013, pp. 2859–2866; Nature Newsteam, "Easter Island moai 'walked'" (https://www.youtube.com/watch?v=yvES47OdmY［二〇二三年二月二〇日最終閲覧］)

地面の状態を手のひらで、石のバランスを体幹で感じとっている。三叉のように作業者と板石を結びつけるステンレスワイヤはないが、作業者の身体の延長のようになった石と、石の感覚器官のようになった作業者は結束され、不安定なバランスと動きの均衡のなかに拘束される。

板石と身体をまたいだ運動体への変容。その様子は、物を扱うというよりも、人や動物とともに仕事をしているかのようだ。

有情性とは対象の性質ではなく、むしろ職人たちの働きかけによって、職人と物をまたいで現れるなにごとかだと言った。この変容の技術こそが対象の有情性の、あるいはこれまで見てきた物／者の折衝の核心部にあるだろう。

物が媒体となって者を、者が媒体となって物を折衝する庭師の知恵の核心には、物／者をまたいだ行為形成の技術がある。

板石に振り回されていた二人の作業者は数年前まで別の造園会社に勤めていた。古川のグループに入ってまだ数年の彼らは古川の作庭現場の経験が少ない。最初は機械をほとんど使わずに庭をつくっていくこの前近代的な現場に戸惑ったという。

造園業もいまでは近代化が進んでさまざまな機械が導入されており、古川の現場も例外ではない。しかしながら、そもそも多くの庭の現場には重機が入る余地がない。重機を入れたら入れたで将来植栽をするはずの地面は踏み固められ、既存植物は潰れ、それ以前に仕事が雑になってしまうという。

それゆえ古川は可能な限り重機を避けてきた。作業初日、重い自然石を運ぶ職人たちを見かねた住職が古川にこう声をかけていたのだった。

「明日も石材業者が来るしユニックでやったら？」

「いや、三叉とチェーンブロックがあれば大丈夫ですわ。機械があると機械に使われてしまうんですわ。融通もききませんし。ちょっと違うけどもういいか、ということになるんです」

「ユンボはどうです？　小さいの運ばせましょうか？」

この現場に見られる二つの重機のうち、ひとつは住職のこの言葉で導入された寺のユンボであり、もうひとつは石材業者が石の運搬に使ったカニクレーン——蟹のように見えるミニクローラークレーン——であり、二つとも古川が準備したものではない。

重機をほとんど使わないということは、当たり前だが機械でなければ動かないものを人の体が動かすということであり、この現場の庭師たちは一般的な人よりも遥かに効率的に物を動かす体の使いかたを知っているということだ。

たしかにこの現場では、体をねじりそうな場面で体をねじらないとか、腕の力が試されそうな場面で腕の力を使わないとか、しっかり握らないと離してしまうような場面で握り込まないといった、体の使いかたにたいして解像度の高い、しかし現代人の動作習慣に反した指示が出る。

そういえば1章の3では、なぜ職人たちは古川に怒られているのかと訊ねた住職にたいして、竹島は「古川さんが怒ってはるのは体の使いかたなんです」と答えていたのだった。その竹島が土を次々と放り投げていく様子を見て、一緒にスコップをふるっていた枚岡が驚く。

「すごいなあ、スコップ早いなあ。筋力が違うんかなあ。筋肉の繊維の質とか」

「いや、力やなくて運動の推進力でやってるんです」

石は横から介助して歩かせ、土はスコップを突き刺す推進力を使ってそのまま投げる。どちらも相当な力業に見えるが、古川も竹島も口を揃えて力ではないと言う。まるで石やスコップが仕事をしてくれるとでも言うかのようだ。

いや、対象を有情化し、物と踊る技術がこの現場には保存されているのだと言うべきかもしれない。この老庭師は重機を避け、「てやる話法」で語ることをとおして、職人たちの身体に有情化の技術を保存しようとしているのではないだろうか？

いま理解すべきは、古川が職人たちの身体に刻印しようとしているこの有情化の技術である。

遊ばせる

「ここ板石と干渉するからね。ちょっとコヤスケでいってくれる?」

コヤスケとは面状の刃がつけられた金槌のような石道具だ。刃を石に当て、石頭《せっとう》で打ちつけることで石材を割ったり、石のゆがみや小端を落としたりする。[図4-25]

石と石を組みあわせていく延段の敷設作業では、石相互の噛みあわせを調整する石の加工が多くなる。そのため強固で重い石に対応する複数の石道具の使いかた、ひいては道具を扱う体の使いかたが作業の焦点になる。

いま、延段の起点となる板石のフロアに板状の大きな自然石をあわせてフロアを拡大しようとしている。しかし板状の大きな石の下側の張り出しが板石とぶつかって両者を近づけることができない。板状の大きな石の下側を落とし、つまづかないように石同士を接近させなければならない。

声をかけられた職人が板石と干渉する部分を割り落としていく。その仕事を見ていた古川が一歩近づき声をかける。

「膝を引っ込めて。一番いい格好があるんや。もっと(柄の)手前を持って思い切っていくんや。そうそうそう。もうちょっとね、こうと違ってこうやらなあかん(石頭をまっすぐ振り下ろすのではな

く、斜め右上からゆるやかに曲がる軌道で振り下ろす身振り）。そうせんと腕の力が入らんのや」［図4－26］

古川がおもに指導しているのは「体の使いかた」だと竹島は言ったが、すべての仕事には「いい格好」という言葉で指示される体の使いかたがある。

普通に体を動かせば、誰でも体の構造にしたがった滑らかな動作になると思われるかもしれない。しかしながら人は、かたよった日常的動作の繰り返しや、こう動かしたほうがよいという思い込みによって、必ずしも合理的ではない動作の習慣を形成している。

古川によれば、この場面では立て膝を引くほうがよい。両腕の内側に膝があると視界を遮ることになり、左手の位置や右手の軌道に強く干渉してしまうからだ。次に打つ力を最大化させるために石頭の柄を長く持ち、体の構造にとって最も負荷の少ない軌道で振り下ろす。対象が強固であればあるほど、力を最大化させる道具と体の使いかたが重要になるからだ。［図4－27］

「自然にやったらそうなるんや」――しかしながら、いい格好とは自然な所作ではない。

もちろんここで扱われている格好そのものは「普段の生活」を核にしたものだ。つまり自生的という意味で習慣的身体は自然である。とはいえ、上田の元親方が言ったように「仕事できんやつは普段の生活もあんまよくない」のだとすれば、古川の言う「いい格好」という自然を獲得するには、習慣的身体の有機的連関をいったん分解して細かく再調整する必要がある。

つまり口出しされる当人にとっての自然な動作を解体し、不自然にも思える別の自然さを組み入れ

図4-25（上）｜石道具。左からコヤスケ、石頭、ノミ（あるいはタガネ）。上の板石のように石材加工を施すのに使われる。他にビシャンなどがある
図4-26（左下）｜左手の道具がコヤスケ、右手の道具が石頭。コヤスケで狙いを定め、石頭で打つ。静止画では石頭の軌道を見ることはできないが、石頭の持ち手と膝の位置に注意
図4-27（右下）｜コヤスケの手本を示す古川。石頭の持ち手と膝の位置に注意

ること。習慣的身体という自然な台木に、庭師たちが連綿と自らの身体に刻印してきた技術的身体という別の意味で自然な穂木を無理矢理接ぎ木して巻き込み、自然化させるほかたどりようのない身体操作の技術なのだ。

道具を最もうまく扱うことができ、体の力を無駄なく最大化することができる技術へ。一度身につけてしまえば、どこまでが習慣的身体でどこからが技術的身体なのか識別できないほどに癒合した非自然的「自然さ」へ。あとから振り返ってみれば「自然にやったらそうなる」のだと言うほかない接ぎ木的自然へ。

「普段の生活」をも変容させてしまうこの「自然さ」は、自然石を庭石に、植物を植栽に変えてしまう庭師たちの、あるいは土地に接ぎ木された庭という技術的空間を自然化する庭の非自然的自然さそのものではないだろうか？

「こっち（石頭）もね、遊ばせな。軽ーく持って、軽ーく」

道具の使いかたを指導する際、たびたび聞こえてくるのが「遊ばせる」という言葉だ。「こっちも」と言っているとおり、ようするに右手の石頭も左手のコヤスケも、両方ともに遊ばせなければならない。

「軽ーく」と言っていることからわかるとおり、遊ばせるとは道具を強く握り込むなという指示である。古川は脱力した手指をぶらぶら振ってみせる。

図4-28｜延段屈曲部の調整

慣れない石仕事を前にして考えすぎたり、緊張したり、焦ったりすることで習慣的身体はこわばり、力んでしまう。しかしそれ以前に重い石道具を叩きつけあうのだから、道具が飛んでいかないように、あるいは弾き飛ばされないように、どうしても手に力を込めてしまう。

しかしながら、軽く持って遊ばせる。

たとえば車では、ハンドルのわずかな動きがタイヤの向きに直結しないよう、ハンドルが自由に動く緩衝的な余地を持っており、この余地を「遊び」と呼ぶ。つまり古川の指示は、石頭もコヤスケも手首や指で固定し切ってしまうのではなく、「遊びをつくれ」あるいは「遊びを持たせろ」ということを意味している。

ではなぜ、あえて「遊ばせる」と言うのだろうか？

「歩かせる」と同じく、まるで扱う対象に主体性が宿るような言い回しではないか？

とはいえ実際、石が歩いたのだった。だとすれば、ここでもぼくたちは、道具が遊ぶという事態を真面目に受けとらな

図4-29｜ノミの手本を示す古川

ければならない。

沓脱石側と山門側の両端から進められてきた延段の敷設作業はゆっくりと、だがしかし確実に終盤へと近づいている。古川が「ふにゃっと」曲げると言った箇所が徐々に近づき、ついには長方形の板石を組みあわせるだけではかたちづくることのできない屈曲部の石の調整がはじまる。［図4-28］

職人たちは、この折れ曲がる箇所にはめ込む板石を台形型に割り、仮置きし、眺めて相談し、小端の面をノミで仕上げて調整し、また組みあわせる。

細かな石材加工が続くなか、古川は一人の職人にノミ仕事の手本を見せながら言う。

「上手になったらノミは上げないんや。力を抜いて安定させるだけでね。こっちも軽く持たなあかん。遊ばせてね。力は入れんでもいいんや」［図4-29］

ここでもまずは仕事の「格好」が指摘される。ノミは上げない、つまり対象となる石からノミを浮かさない。細かな指示によって習慣的身体を分析し、技術的身体を接ぎ木していく。次に、道具と体の使いかたを見せる。やはり石道具は力を入れずに軽く、ぶらぶらと遊ばせなければならない。

しかし遊びをつくるのでも、遊びを持たせるのでもなく、遊ばせる。道具を遊ばせると言うことで、この老庭師はなにを指し示そうとしているのだろうか？

古川は職人と交代して念を押す。

「力はそんなかけんとね。ノミを握り込んだらあかんのや。力を殺してしまうやろ。軽く持つんや」

「力を殺してしまう」――ノミを握りしめると、石頭の打撃を自らの手で止めることになってしまう！

だから握り込まずに遊ばせる。コヤスケも同じことだったのだ。石頭にしても手首や指を固めて振っても決して強い力で打つことはできない。道具の力を殺してしまう。ぶらぶらさせているからこそ石頭の重さを使って鞭のように打ちつけることができる。

硬い石を前にして、あるいは強い力を出そうとして、人は道具を固く握りしめてしまう。これが習慣的身体の「自然さ」だろう。しかしなんという皮肉。ふり絞った力が道具の力を殺してしまうことになろうとは！

古川が言っているのは、君の体の使いかたが物の力を、物の自由さを奪っているということだ。物はもっと自由に遊ぶことができる。

物を有情化して語る古川の言葉、つまり「遊ばせる」や「歩かせる」は、そのままの意味で理解するべきなのだ。「君が扱う物の力を解放させよ！」と。

「そそ、そこを上から。もうちょい横。そう」

「うおお！　とれたあ！（笑）」


途端——道具が遊びはじめる！

古川の言葉は職人の習慣的身体を分解し、少しずつ非自然的「自然さ」を接ぎ木していく。職人の体は新しい自然を巻き込みながら少しずつ「いい格好」へと癒合し、道具を「遊ばせる」技術、ようするに有情化の技術を身につけていく。

おそらく職人は、次に石を前にしてもやはり習慣的身体にとりつかれ、再びこわばってしまうだろう。けれどもいまや職人は、石が自らの力で立つのをそっと支えるように、石道具が遊ぶのをちょっとだけ介助してやる感覚を、少なくとも一度はつかんだのだ。

「歩かせる」あるいは「遊ばせる」——そこには身体と石、あるいは身体と道具をまたいで形成されるひとつの運動がある。こうして古川の現場では、日々のやりとりをとおして職人たちの体に有情化の技術が、しかし有情という言葉とは裏腹の非自然的「自然さ」にもとづく物《もの》／者をまたいだ行為形成の技法が刻印されていく。［図4－30］

図4-30｜屈曲部分の仕上がり

有情化の技術の形成をより詳細に見れば、この技術が道具の使いかたや体の使いかたへの指示だけで成立しているのではないことがわかる。習慣的身体への介入は、道具と物と身体の複合体の状態を診断し続ける聴覚や触覚への気づきをうながす言葉によってもなされるからだ。

「音でわかるからね」――石を加工する職人に古川が注意をうながす。石と道具の複合的状態を耳が感知する。音に耳を澄ませながら石の加工を続ける職人の手元を見ると、コヤスケでひとしきり石を叩いたあとで、ほぼ必ず加工箇所に手を滑らせている。石の屑やほこりを落としているのだが、このとき職人は、加工箇所の微妙なゆがみを見るだけでなく、手のひらで触覚的に診《み》てもいる。［図4-31］

五感横断的作業――たしかに前節では庭師たちの石仕事を、とりわけ「見た目」や「パースペクティブ」にもとづく視覚的作業として記述した。もちろん造形的判断を繰り返す庭仕事において視覚はきわめて重要になる。しかしながら、そこでも職人たちは板石の高さを調整するたびに二つの石の天

図4-31｜板石の状態を手のひらで撫でる。撫でることで診る

端に手を滑らせ、高さの微妙な違いをまずは手のひらで感知していたのだ。どちらの石がどれほど高く、そこにどんなゆがみが発生しているのか、それを知るのはまずは手のひらである。

ここまで見てきたとおり、古川が職人たちの注意を向けるのもまた、たんに見ることではなかった。この老庭師が指摘するのは視覚的なこと以上に、むしろ膝を引っ込めたり、力を抜いたり、道具の軌道を変えたり、音を聴いたり、バランスを感じるといった、複数の感官にまたがる全身体的なことだ。

習慣的身体に接ぎ木されるこの五感横断的な技術的身体とは、習慣的な所作を分解し、視覚に限定されないきわめて多様で微細な分析的単位を少しずつ変形することで接ぎ木される。

これは、また別の習慣的身体の形成でもあるだろう。癒合してしまえば台木と穂木はほとんどひとつの植物になってしまうように、はじめは不自然に思えた体の使いかたも接ぎ木的自然として自然化され、自然に感じていた「普段の生活」もまた変形されてしまう。

些細にも思えるこうしたひとつひとつの行為の再調整をとおして、職人たちの身体はやがて、物や道具と横断的に作動する複合的な行為体へと変容していく。

「てやる話法」は対象を見ているときには現れず、庭師たちが対象に触れると、あるいは触れようとすると現れるのだった。庭仕事の核心にあるのは、物や道具と体の接触面で発生するこの有情化の技術である。

物／者は踊る。五感横断的に物と道具と体の複合体を感知し続け、ともに作業し続けることで、いくつもの物／者をまたいだ複合的な行為体が庭のなかで作動しはじめる。あちらでは石－職人が歩きはじめ、こちらでは石－道具－職人が遊びはじめるのだ。


さて、ここまで2章、4章と延段の敷設作業をめぐる庭師たちの奮闘を追いかけてきたが、物と道具と職人が絡みあう「庭師の知恵」の物語はこれで終わりとなる。残るは、石組がこれからどのように変貌し、庭づくりが終わりを迎えるのかだ。

「庭園の詩学」最終章となる5章へ移ろう！

完成の近づいてきた延段の屈曲部分を思案する古川

第5章

庭をかたちづくるもの

〈庭園の詩学③〉

1　造形的達成はどこからやってくる?

再び庭の造形的側面に目を向けよう。第二期石組前半の分析をおこなった3章は四月一六日の十九手目までで終わっていた。中央石組が組み替えられて獅子石が屹立し、石と石のあいだに複雑な類縁関係や反復やリズムが生まれ、この庭の構造線をつくる第一の流れにたいして斜めに交わる斜交《はすか》いの流れが発生した。

庭は造形的関係の密度を高めつつある。しかし古川は裏の山から庭を抜け、麓《ふもと》の平野を越えて向こうの山へと連なる巨大な地形的構造の現れとしてこの庭の石組を語ったのだった。

庭とは住職がそう願うように、この庭に局限された閉じた造形的作品、つまりは「ありてあるもの」なのだろうか? それとも庭とは古川がそう願うように、庭の外部に根拠を持つ、「あってないもの」なのだろうか?

ここでは植栽や地形といった石以外のさまざまな要素にも注意を払いながら、庭の内部と外部の果てしない折りたたみ作業をたどりたい。

透かし

大聖院庭園は、沓脱石周辺から見て正面にあたる東側と左手にあたる北側に低い土塀が展開しており、この二辺の土塀に沿って、庭をとり囲むように数多くの樹木が植栽されていたのだった。

植栽帯を細かく見ていくと、左手にあたる北側のタラヨウやモミジといった高木類はかなり大きく成長しており、重なりあう木立となって背後の景色を隠している。それにたいして正面にあたる東側では、コウヤマキ、八重のツバキが二本、ゴヨウマツ、やや低いサルスベリやアセビなどが点々と間隔をあけて立っており、等間隔に立ち並ぶ木々のあいだから背後の山の斜面やモミジを主体とした植物群落、本堂へと続く階段などが見えている。［図5－1］

庭をとり囲む植栽は、一人の職人が呟いたとおり「額縁みたい」な機能を果たしている。初期状態の植栽と土塀はこの

図5-1｜石が運び込まれた最初期の庭の様子。正面に庭をとり囲む額縁としての東側植栽が見える。写真では背後の山との区別が困難だが、土塀に沿って植栽が並んでいる。手前には低くサツキツツジの大刈り込みがあり、奥には数種の樹木が点々と並ぶ

庭の内外を明確に区切り、この庭をひとつの閉じた作品として提示しようとするかのようだ。

「庭園の詩学」と題する1章と3章では、庭に据えられる石組の造形的な関係に注目して作庭作業を記述してきたが、植栽もまた、この庭を土塀で区切られた閉じた作品——ありてある庭——として提示しようとしているかのようだ。

では、この額縁のような植栽を古川はどう変えようとするのだろうか？　時間をさかのぼり、着工当初、四月九日の構想を聞こう。

——植物はどうしていくつもりなんですか？　ツバキとかちょっと間延びしてますしサツキも目立ちますね？

「サルスベリは抜いてどこかに持っていこうかと思ってるんです。奥の本堂と山が見渡せるようになるでしょう？　コウヤマキは枝を抜いてね。すーっと奥に視線が抜ける。左のツバキは頭が高いでしょ。一段くらい下げたらいいいんじゃないかと思って。サツキはもうちょっと切ろうかと思ってます」

植栽について語られたこの言葉からは、古川が植栽の扱いをとおして、植物そのもの以上に背後の斜面や山をはじめとする庭の外部に働きかけようとしていることがわかる。3章末尾で古川が語ったとおり、この庭の石組は裏山から平野を越えて向こうの山までつながる地形的文脈に結びつけられていたのだったが、ここでもまた、庭の外部が庭のありようを深く規定する。

古川の言葉は、このことをあらためて教えてくれる。

正面のサルスベリを移動させ、コウヤマキの枝を抜き、ツバキの頭を飛ばし、サツキを切る。これらの行為が意味することは、第一に庭内部の額縁のような植栽の存在感を和らげるということであり、第二に背後の本堂と山を「見渡せるように」、つまりは奥へと「視線が抜ける」ようにすることだ。

これまでの作庭プロセスは、なにかを足していくことで敷地内に閉じられた造形的構成をつくりあげる側面に重心があった。しかしここでは、むしろなにかを減らすことで可能になること、庭そのものの彫琢《ちょうたく》というよりは、むしろ外に目が向かうことで可能になることが語られている。


「あのツバキ、ちょっと透かしてもらえますか?」

石組作業と並行して、門に近い右手側のツバキの枝抜き作業がはじまる。一人の職人がするすると木に登り、天端《てんば》から順に枝を抜いていく。この樹木の剪定作業を、職人たちは「透かす」という動詞をそのまま名詞化して「透かし」と呼んでいる◆1。

透かしは日曜日に家の庭木を切る人々がよくするように、たんに伸びた枝先を

◆1 「すかす」という動詞の用法は、『作庭記』に次いで古い室町時代の作庭書『山水并野形図』にすでに現れている(上原敬二編『解説 山水並に野形図・作庭記』加島書店、一九七四年、三二－三三頁)。

切り詰めることではない。ときに市井の庭師たちもそのような剪定をしているのだが、切り詰めるだけなら「透かし」よりは「刈り込み」に近い。その方法では伸びた部分を切ることができたとしても懐の枝は増える一方だし、月日が経つにつれ木は鬱蒼《うっそう》としてくるだろう。

そうではなく、伸びた枝先を含むより大きな枝を懐から抜くことで、枝数も含めて枝葉《しよう》の密度を減らしながらひとまわり小さくまとめ、それでいて残る枝先にはほとんど手を入れないのがこの技法の要点だ。

透かされた植物は鬱蒼とした枝葉のかたまりのような状態から、技法の名が示すとおり軽やかな半透明のボリュームになる。枝葉をとおして向こう側を見透かせるようになるのだ。［図5－2］［図5－3］

「剪定されるとね、すーっと背後の山とか本堂とかが見えてきてね。後ろとつながっていくんですよ」

この言葉のとおり、剪定されたツバキはその枝葉をとおして背後の植物を覗かせる半透明のボリュームになり、これまで視線を遮る量塊《りょうかい》でしかなかった植栽が、途端に背後の山に溶け込んでいく。視線は植物に遮られることなく奥へと抜け、「後ろとつながっていく」。

こうして視線が抜けることで、緻密な造形的構成として閉じた庭が、外部へとほどけていく。古川の庭園観にとって、この外部へ抜けていく、あるいは外部が内へと織り込まれる作用は庭を成り立た

図5-2（上）｜山門のすぐ左手にあるツバキ最上段と中段以下の一部が透かされた時点の状態。まだ手の入っていない左側のツバキや、初期状態の図5-1と見比べると「透かし」がなにをしているかがよくわかる

図5-3（左）｜透かしが終わったツバキ。同じく庭園内の植栽である背後のコウヤマキや左下のサツキツツジと比べると透かしがなにをしようとしているかがわかる。その状態はむしろ背後の山で管理されることなく自由に枝葉を展開している右奥のモミジに近い。密度が落ちた半透明の枝葉をとおして背後を透かし見ることができる。ひとまわり小さくなっているが柔らかな枝先はほとんど切り詰めていない。盛りの花は剪定後すぐに枯れていくため透かしのタイミングで摘み、蕾を残す。ちなみにこのツバキは植え替え準備のため極端に強く透かされているが、透かしのイメージはつかむことができる

せる根拠とでも言うべき重い意味を持つ。

「いや、これがあるから成立するというか」――庭の背景となる植物や地形に触れながら古川はそう言った。

庭は、あるいは少なくとも古川にとっての庭は、庭内部の造形的要素の構成だけで成立するものではない。庭はその「奥」や「後ろ」に強く結びついている。後ろとつながっていくこと、見透せること。この調整をすることが透かしや庭づくりそのものの重要な課題なのだ。

庭を支える奥や後ろとは、透かし剪定にとっては、背後に見える山やそこに展開する植物群落のことだ。3章末尾で古川が語ったところによれば、石組にとっては、それは地形や岩盤、観音寺を抱く堂山や平野を越えた向こうの山のことだった。奥の山やその植物だけでなく、広域的な地形的文脈もまたこの庭の奥や後ろにあたる。

この想定は後景を絵画的に切りとったり、古建築などの点景を引き込む伝統的な借景《しゃっけい》とはまったく異なっている。

あってないような庭の条件

3章で詳細に検討したとおり、作業七日目となる四月一六日、十九手目までの段階で石組の骨格はほぼできあがった。石は各所で複雑な類似関係や反復によって相互に関係づけられ、中央主石の交替を境に南南西‐北北東の軸上に連鎖する石の流れ――第一の流れ――にたいして、南東‐北西の軸上に展開する石の流れ――斜交いの流れ――が発生し、同時に奥からジグザグとせり出してくる動勢の萌芽がかたちづくられていった。

こうした一連の分析は、基本的に石の形態や配置といった庭内部の造形的特性に注目している。そこで暗黙のうちに想定されていたのは、庭とはひとつの閉じた造形的空間だということだ。

しかしながら古川は、第一の流れの南西側は「本堂（大聖院）を越えて〔…〕裏の山まで」つながっており、北東側は「土塀を越えてずーっと下につながって」いるような構想を示した。「下手したら向こうの山までつながって」いるこの石の流れは、「山の岩盤の一部」が露呈したものとして想定されている。

仮に層状に積層する岩盤がさまざまな侵食作用に耐えて偶然この庭のあちらこちらに突出しているとすれば、それらは直線的な流れの上に分布することもありうるし、大聖院の建物や土塀や寺域という人為的境界を越えて大地を貫いていてもおかしくはない。

この地形的構造を、「あってないような庭」という禅の公案のような古川の理想とあわせて理解するならどうなるだろうか？

3章の3で「あってない」のひとつの形象として示したあの句碑を思い起こそう。古川は本堂のそばに屹立するはずだった記念碑的な巨石を、紫陽花園参道の階段脇に「三分の二ほど地面に入れ」てしまったのだった。

そもそも石を据えるとき、庭師たちがおこなうのはほとんどの場合、石の下部を土に埋めてしまうような操作である。石は庭の表面にたんに置かれるのではなく、地表にその一部を晒しているかのように埋められる。

石はその見た目の体積に比してあまりに重いのだから、せっかく庭に運び入れた石はできるだけ大きく見せたいというのが職人たちの本音だろう。もし大きく見せないのであれば、つまりはほとんど埋めてしまうのであれば、よほどの理由がない限りひとまわり小さい石を運んできた方が楽なのだから。だとすれば、土に埋める部分をできるだけ少なくすることでこそ、可能な限り大きく見せることでこそ、職人たちの狙いは成就されるように思われる。

しかしながら実際の庭では必ずしもそうはなっていない。むしろ石を据えるときにおこなわれるのは、石の下部を多いときは三分の一から二分の一程度まで土中に隠してしまうような操作だ。

輪郭の幅が狭まっていく下部を見せないことで石を安定したものとして見せるとともに、末ひろがりな輪郭がそのまま地下に延長されているかのように――つまりは巨大な岩の露頭であるかのように――見せる。［図5-4］

石の支持体とは地形であり、石とは露出した岩盤である。

ようするに、ぼくたちは石を見るとき、目に見える地上の造形的達成だけではなく、見ることのできない地下をも同時に見ているということだ。

庭の造形的達成は部分的に地下からやってくる！

これまで、いくつかの会話のなかで古川や職人たちは立っている石よりむしろ寝ている、あるいは埋まっている石を好むように見えた。名のある庭では石が立っていると住職が述べたとき、古川はそれを「変なこと」だと言ったが、その理由の一端はこの不可視の地下にあるだろう。

たしかに「あってないような庭」という古川の理想に照らせば、庭に立っている石や巨大な石を乱立させることは、それだけで「変なこと」であるかのようにも思える。しかし注意すべきなのは、その言葉に続けて、直後に石の「後ろ」についても語っていたことだ。

「地形が大事で、後ろが崖だったり立体的になっているといいんですけどね」

――不可視の地下についての理解が深まった現時点であらためてこの言葉を聞くと、古川は決して立つ石は変で伏す石はよい、あるいは大きい石は変で小さい石はよい、などという安直な判断を表明しているわけではないということがわかる。

そう。不可視の地下という「後ろ」が石を支えているように、立体的な地形が、つまりは崖や斜面という「後ろ」が石を支えているなら、その石が巨大であっても屹立していても構わないということだ。

立っている石と寝ている石のあいだに対立があったわけではない。記念碑のよ

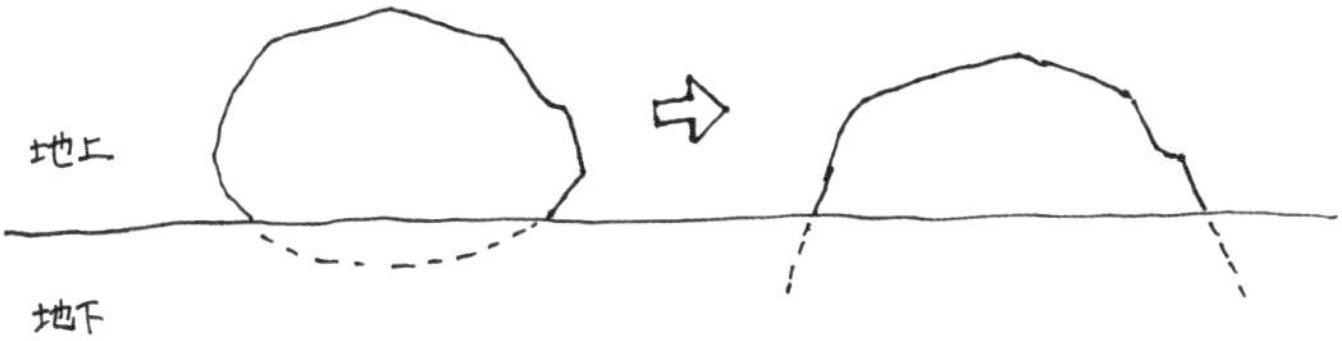

図5-4｜輪郭が狭まっていく石の下部を見せると、地上部は大きくなるにもかかわらず小さく見える。下部を埋める――石を据える――と、地上部は小さくなるにもかかわらず、大きく見える

うに石が立ち「変なこと」になっている「ありてある庭」と、石の奥や後ろに地形や岩盤といった不可視の地下があり、それゆえ、石が立っていることも寝ていることも可能な「あってないような庭」とのあいだにこそ分割線がある。

古川が対立させているのは、可視的な地上の石の姿ではなく不可視の地下の石の姿だ！

あると同時にない――あの句碑があるようでないのも、つまりは偶然露出した岩にあとから句を刻んだかのように見えるのも、一般的に平地に屹立し、ときに階段状の台座や境界を設けてまで地上にその存在を誇示する句碑や記念碑とは異なり、地下に、つまりは斜面や背後の山という地形的構造に支えられているからだ。

あとから人為的に施した石を、閉じた庭という単位を超えた奥や後ろに結びつけること。この操作は先に見たツバキの透かし剪定とほとんど同じことをしている。

古川がたびたびおこなうこの操作を3章の3では「自然化」と呼んでおいた。これまでたんに造形的な軸や線として理解してきた第一の流れもまた、この自然化の操作のなかで理解する必要がある。古川は第一の流れの奥や後ろに、「山の岩盤の一部がここに見えている」という事態を想定しているからだ。

古川が示していたのは、庭という閉じた造形的構造体が、石や植物をとおして所与《しょよ》の地形や山へと拡張される可能性だ。地下に眠る巨大な岩盤の露出として石を組む以上、石組の姿や配置が可能になる地形的必然性がなければならない。判断の参照項としてつねに地形を暗示する古川の言葉の綾《あや》から想定できるのはこうした事態だろう。

石組の支持体は地形であり、石組とは露出した岩盤である――この観点からすれば、周囲に切り立つ崖のような地形的支えがあるならば、石が高く垂直に乱立することもまたありうる。たとえ無数の石が激しく奇妙な見た目をつくりだしているとしても、その状況が成立しうる地形的構造があるのなら、その庭は「あってないような庭」でありうる。

ここ観音寺であれば、南から北へと落ちる堂山の斜面と、東側の土塀の背後で一度谷に落ち再び立ち上がっている斜面がその文脈をかたちづくる。透かし剪定によって庭の外部が見透せるようになることが重要だったように、石組にとってもその背後に山や地形や岩盤といった庭の外部が見透せることが不可欠なのだ。大聖院庭園の石組が土塀を越えて裏の山や向こうの山につながっているという構想はこの地形的構造から来る。

古川にとって、庭とはまさに「これがあるから成立する」。

痕跡としての石組

石組は造形的な意図だけで配置されるのではないということだ。古川の言葉を借りるなら、石の造形的特性は地形という広域的な造形的特性の名残りとして現れてくる。

「おおもとの地形のラインが感じられるとスケールが大きく見えるということだよね。つまり山脈とか岩盤とかがまずあって、それが陥没したり隆起したりして石がこうやって現れてくるわけでしょう？　だから、そのもとの状態がどこかに痕跡として残る。そういうのを意識すると石組が統一されるってことだよね」

石はもともとひとつの山や岩だった。その「地形のライン」を暗示することができれば、石組はたんに庭の表面に並べ置かれた造形的配置を超えた「スケール」を獲得する。石は地下が想定されることで大きく見えるのだったが、石組も地形が想定されることで大きく見える。

大聖院庭園の石はたしかに互いに呼応し、類縁関係を持ち、反復しあっていた。しかし石組はむしろ、庭の内外にひろがる地形的構造を反復する結果として相互に呼応し、類縁関係を持ち、反復しあっているのでなければならない。こうして「もとの状態」の「痕跡」として組まれた石組は、統一される。

地形という広域的構造が、石組という庭内部の局所的構造を統一する。

続きを引こう。

「実際、石は地下でつながっているわけだから。たとえば異質な変成岩がせり上がってきて、そこだけ侵食されずに残ったりすると、滝になったりするわけじゃない？　そうすると石のリズムが当然生まれてくる。統一される」

石はバラバラだが「地下でつながっている」。石組は地形的構造の痕跡であるがゆえに、必然的に類縁関係や反復といったリズムを持ち、地下でつながっているがゆえに、あるいはかつてつながっていたがゆえに統一されている。だとすれば、これまで分析してきたような類縁関係や反復やリズムもまた、奥や後ろといった不可視の地下からやってくる。

このとき、石組はもはや人為的な造形物を超えて周囲の山々や地下の岩盤の一部であるかのような連続性を纏《まと》うことになるだろう。

古川は、庭につくられることの多い景と排水を兼ねた「流れ」について語るときも、川の造形作用を念頭に「水が曲がるのには理由があって、それは大きな石に突き当たるからだ」と言う◆2。水は石を置くから曲がるのではない。水が土を削り、土中の石を掘り出して突き当たった結果、曲がるのだ。

とはいえ、当たり前のことだが、庭の石組は岩盤ではない。このこともまた確かなことだろう。だとすれば、古川の説明には倒錯がないだろうか？

◆2　ここでの「流れ」は大聖院庭園に見られるような直線的に連なった石の配置のことではなく、水が流れることを想定した山間の細流のような配石のこと。遣《やり》水《みず》と異なり必ずしも水は流れていない。非公開だが大聖院の中庭は東側約三分の二が古川の作庭であり、そこにはこの意味での流れがある。庭に流れをつくる際、職人たちは河川の岩や岩盤の配置を参照する。河川の広域的な軌道は土地の高低差が決定しているとしても、局所的な軌道の変化は水流が岩盤に突き当たることで決定される。

庭の石組に見られる類縁関係や反復やリズムは、庭という造形的空間を成立させるために要請される秩序だ。それは石を使った石相互の関係の構築であり、三尊石や虎の子渡しといった図像的な解釈の手前で石の姿や配置を支えているはずだった。

しかしながら古川によれば、石組はそもそも地形や岩盤の痕跡であるがゆえに反復的な構造を持ち、この構造は造形的選択の外部である地形や岩盤のありさまに規定されているという。古川が石組のリズムと呼んだ、ひとつの力に貫かれながらも多様であるような構造、つまり石の一定の斉一性《せいいつせい》や重複なき反復は、侵食や風化にたいする岩盤の耐性が場所によって異なること、各部が同一の風化の影響を受けているわけではないことから生じるというのだ。

この地形の力学とでも言うべきものは、しかし、そうした造形作用のあとから庭に据えられる石組にとって無縁の力ではないだろうか？

古川が過去に観察してきた露頭や滝の成り立ちが念頭に置かれているとしても、庭の石と地下の岩盤とのあいだにつながりはない。地形や岩盤といった説明は石組の背後に仮構《かこう》される物語に過ぎない。眼前の石組は当然のことだが風化した岩盤ではないのだ。

石組は地形の力学とは無縁に、たんにこの庭の表面に散在しているだけではないのか？

石と地下とのつながりをことさら強調する古川にたいして、このあまりに文字通りの解釈を、あえてぶつけてみる。知りたいのはむしろ、古川の造形的選択だからだ。

――でも石組そのものは岩盤ほどは整然としておらず、たんに庭という空間に散らばっているわけですよね？

「自由だけど統一がある。その統一を出すというか、出せるかどうかだよね。意外と自然って統一されてるんだよ。自然はとりとめもなく茫洋としたものだと思われてるけど。だいたい地球で見てもゴンドワナ大陸が離れていって、地図で見たらちゃんとひっついてたことがわかるじゃない？　海岸線を見たら「ああ、なるほど」って、ちゃんと痕跡が残ってるわけだよね。日本が中国とかロシアのあたりから離れてきたとかびっくりするけど、地図を見たら、「ああ、そうか」って」

古川の返答は想定と違っていた。こちらの質問があまりにも婉曲的だったのだろう。問いの意図はこういうものだった――「あなたの想定に反して石組と岩盤は事実上無関係であり、石はこの庭の表面に散らばっているだけなのではないですか？」

この問いに頷《うなず》いてもらえたならこう続けるはずだった――「この庭の石の配置や形態はあなたの造形的選択の結果なのですから、その選択の基準や配置の規則を聞かせていただけませんか？」と。ようするにこちらの質問の意図は、まず地形の力学と石組が無関係であることを確認し、次に古川自身の造形的判断について聞こうとするものだった。

しかし古川は、控え目に過ぎたぼくの問いをこう補って解釈したかのように思える――「石組は岩盤に規定されているというほど整然としておらず、自在に散らばっているように見えますが、なぜ、あるいはなにが統一されているというのですか?」と。

だから統一の理由は「自然」による地形の力学にこそあり、石はすべてこの力学の「痕跡」だからだと答えた。しかしこの返答をそのまま受けとるなら、庭師の造形的作業は地形の力学と一致することになってしまう。

そんなことはありえない。いや、古川もそうは考えていないはずだ。

むしろ、この老庭師の言葉をもっと文字通りに受けとるべきなのだ。古川の返答が想定と違ったからといって、正面から問いに答えていないと勝手に解釈するべきではない。

そうではなく、まさしく文字通りに、古川がこちらの問いを真摯《しんし》に受け止めて答えていたとすればどうか?

ぼくはなにを聞こうとしていたか?——「石は自由に据えることのできる造形的関係であって、あなたが想定するような地形の力学からは切れている」と言っているように思われる。

それにたいして古川はなんと答えているか?——「自由だけど統一がある」。つまり、石組が自由な造形的関係だという君の指摘はわかっている。しかしその上で地形の力学に結びついた「統一を[…]出せるかどうか」が重要だ。そう答えたことになる。続けてこの地形の力学を「自然」という言葉にパラフレーズした。

地形の力学の痕跡として石組を組むこと——そう理解するとすれば、恥ずべきことに、ぼくだけが、石組は地形の力学の産物ではないという自明の前提を主張していたことになる。おそらくこの主張の根底には、庭を古川の造形的判断の集積に還元し、庭を閉じた作品として、「ありてあるもの」として理解しようとする欲望があった。

それにたいして古川は、つねに石組と地形を混ぜあわせることについて語っている。だからこそ「おおもとの地形のラインが感じられるとスケールが大きく見える」のであり「そういうのを意識すると石組が統一される」。

先にツバキの透かし剪定によって庭を奥や後ろと混ぜあわせることは、借景とはまったく異なることだと指摘した。この操作はたんに地上の視覚的な景を借りることではなく、石や植物をそのような姿で存在させる不可視の力を借りることだからだ。

石組のリズムについて語る古川の応答も、この解釈のもとで読まなければならない。

「もともとは山脈みたいなものだったわけだよね。かつてはひとつの大きな石のかたまりだったわけだから。同じものだったんだからリズムがある。同じ風化作用を受けてきているわけだから。でもみな同じかというと微妙に違っている。場所によってちょっとずつ違った作用を受けるんだからね」

古川は「山脈」や「ひとつの大きな石のかたまり」から石組という地上のリズムが生起したと言っ

ているのではない。そうではなく、大聖院庭園をとり囲む堂山の量塊やそれを削った小川や谷について、つまりはこの庭という場を支える地形や岩盤という地下のリズムの造形史について語っている。その上で、地下のリズムと地上のリズムを混ぜあわせようとするのだ。

　こうした操作を先に自然化と呼んだが、それは石や植物を自然――ここでは地下や後ろ――に戻すことではなく、あとから据えられた石、あとから植えられた植物によって地下や後ろを「見透す」ことだ。景石を据え、植栽を剪定することではじめて、それらを支える地下や後ろを遡行的に浮き上がらせ、景石や植栽をあってないようなものに変容させること。

　ここでも古川は接ぎ木的自然について語っている。3章の句碑や、前章の所作の自然化と同じことだ。違和感とともに接ぎ木された技術的身体が、習慣的身体を遡行的に浮き上がらせて変容させるように、あとから振り返れば、どこまでが自然で、どこからが技術的なものなのか識別できないほどに癒合した非自然的「自然さ」。

　古川自身の言葉に立ち戻ろう。

「もとの状態がどこかに痕跡として残る」――古川は石組を地形の力学の痕跡として説明した。石組とはなんらかの「もとの状態」の痕跡である。にもかかわらず、地形の力学と庭が切れているのであれば、「もとの状態」とはなにを意味するだろうか？

　これが意味しているのは倒錯の徹底だ。つまり、痕跡としての石が、その石を刻印した「もとの状態」を遡行的に現出させる。

石組の作業とは過去の無名の庭師たちの布石や、古川が過去に置いた石、あるいは既存植栽の形態や配置に触発され、そこに巻き込まれていくことだった。この意味では、そもそもこの場をかたちづくっている地形の力学もまた、当初から問題になっていた他性のひとつとしてこの庭の形態を拘束し、巻き込んでいる。

しかし同時に、古川の言葉から明らかになったのは、あとから据えられた石組が地形の力学を、あとから剪定された植栽が山の植物を、ようするに、あとからつくられた庭が「もとの状態」としての自然を現出させるという狂った事態である。

人が庭をとおして自然を見、庭がつねに自然という語とともに語られるとすれば、それはこの意味でではないだろうか？

2 石をかたづけるときに起こること

大きな石も残り少なくなってきた作業八日目の四月一七日、石組は唐突に終わりへと向かいはじめる。この日、第二期石組後半となる二〇手目から二八手目が打たれた。

なかでも注目したいのは、古川が残り少なくなってきた石の「処理」あるいは「かたづけ」と呼んだ作業のなかで立ち現れてきた布石だ。

二つの流れや中央石組によって石は満ちつつある。しかし庭の周囲の余白に小さな石が次々と配されていく。それらの石の多くは余っている石でしかないのだが、まるで見る者の視線を受け止めるように、沓脱石付近の視点に正対するように据えられている。

「半弧の布石」――見る者をとり囲むかのように配置されたこの布石の効果とはいったいなにか？

この布石の秘密に迫る前に、いま一度植栽と背後の山との関係について考えてみたい。

刈り込みと地形

大聖院庭園東側、沓脱石付近から見て正面の土塀沿いに展開するサツキツツジの列植について見てみよう。

ひとつひとつの株の丸みを残しながら刈り込まれたこの列植は、いまやひとまとまりの雲であるかのように庭を縁《ふち》どっており、その量塊は右手側の南に行くほど膨張して高く手前に迫りだし、左手側の北に行くほど収縮して低く奥に後退している。［図5－5］

サツキの刈り込みは庭づくりがはじまる前からこのかたちだったのだから、右上がりの形態が植栽当初に予定されていたものかどうかはわからない。しかしこれらのサツキはその下に展開する既存石組の脇に根元があることから、もともと石組の脇に低く小さく添えられた植栽——根締め——だったと想像される。

「刈り込み」は同じ植栽剪定手法の「透かし」とは異なり、

図5-5｜石組の奥に見える、白線で囲んだ右上がりの楕円状の植物の連なりがサツキツツジの刈り込み。この写真は一七日の仕事が終わった時点のもの

その年に新しく伸びて突出してきた枝葉を刈込鋏《かりこみばさみ》やヘッジトリマー——近年台頭してきた電動式あるいはエンジン式のバリカン——によって刈り戻すものだ。刈り込みは枝葉の密度調整や枝先の軽やかさには配慮せず、とにかく昨年刈り込んだ面まで枝葉を刈り戻す単純な行為である。

しかし昨年の基準面まで刈り戻すとはいえ、数十年、数百年単位で樹木の大きさを一定に保つことは難しい。樹木の生長によって基準面そのものが少しずつ押しひろげられていくからだ。初期の構想を示す指示や写真が残っているのでない限り、樹木は毎年刈り込まれるにもかかわらず、庭師たちでさえ気づかないほどの速度で大きくなっていく。

刈り込みをすれば、樹木はたしかに昨年とほとんど同じ大きさになっている。昨年も一昨年とほとんど同じ大きさになっていただろう。しかし数十年前と比べるなら、まして数百年前と比べるなら、おそらくは大きく違っている。職人たちはこの毎年積み重なる「ほとんど」を、つまりは異様な遅さを知覚することができない。

サツキは既存石組の根締めとして植えられ、知覚しえない遅さで膨張した——サツキの位置と膨張はこれで説明がつく。しかしそうだとしても、南北の極端なスケールの落差は説明できない。

では、サツキの形態を右手に向かうほど大きく、左手に向けて小さくなるようかたちづくった原因はなにか？

この右上がりの傾斜は古川が手がけたものではない。おそらく大聖院庭園が作庭された江戸時代以降数百年にわたる管理のなかで現れた。だとすれば、サツキの膨張と同じく意図せぬままに傾斜が蓄積したか、意図せぬままに蓄積した傾斜にある時点で気づき肯定的な判断をおこなったか、あるいはある時点で意図的に傾斜をかたちづくって維持してきたか、のどれかである。

しかしこの三択そのものは問題ではない。重要なのは、左右不均衡な形態が過去の無数の職人たちに違和感をあたえなかったということだ。

なぜだろう？

唯一の形態的な手がかりは、石と同じく、サツキの奥や後ろをかたちづくる山しか見当たらない。サツキの列植を背後の山とよく見比べてほしい。この左右不均衡な雲形の形態は、奇妙なことに――あまりにも自然にと言うべきかもしれない――背景となる山の斜面とほとんど同じかたちをしている！

この左右不均衡なサツキの形態は、句碑や石組と同じく、奥や後ろからやってきたのではないだろうか？

左右不均衡なサツキの刈り込みは、大聖院庭園そのものを包摂するより大きな文脈、つまりは堂山から平野部へと緩やかに下るこの巨大な地形的構造を反復している。周囲の地形の傾斜やそこに生い茂る高木群の頂部がつくりだす輪郭――林冠――が、サツキの傾きを飲み込んでいる。

この広域的な文脈があったからこそ、手前に発生した局所的なサツキの形態は肯定されえただろうし、ともすると庭師たちに気づかれることなくこの形態になりえた。つまり、あの階段脇の句碑と同じく「あってないようなもの」でありえた。

石組と地形の力学の関係について書いたとおり、句碑や石組と地形の力学は切れている。これはサツキの刈り込みと堂山の地形や林冠との関係も同じことだろう。それにもかかわらず、刈り込みと山の植物は形態的な類似による造形的短絡によってつながりを仮構してしまう。

とはいえ類似が先行したのではない。もともとサツキが根締めとして植えられたとき、サツキと山はおそらくなにも似ていなかった。しかし連綿たる管理のなかで堂山の形態がサツキの形態を引き寄せ、とり憑《つ》いた。あるいはサツキの形態の微細な変容が堂山の形態を引き寄せ、降ろしたのだ。

形態はあらかじめ類似していたのではなく、似てしまう。この変形こそが隣接する無縁なもの同士を引き寄せ、庭のスケールを転調させる。石組において「おおもとの地形のライン」が感じられるとスケールが大きく見える」ように、山がサツキの刈り込みにとり憑くことでサツキの列植は山裾になる。しかし石組が遡行的に「おおもとの地形のライン」あるいは「もとの状態」をつくりだすように、サツキの形態が巨大な山容を降ろすことで山はサツキの大刈り込みになる。

「左のツバキは頭が高いでしょ。一段くらい下げたらいいんじゃないかと思って」

古川もまた、右手のツバキよりも左手のツバキを一段低くすることで、この関係を反復してしまう。サツキの形態は古川が選択したものではない。だとすれば、この選択はそもそもこの場にあった山とサツキの形態に深く規定されているだろう。

透かしによって樹木の背後が見透せるようになることの効果も、石組が地形や岩盤を想定する理由もここにある。庭の植栽が山の木立になり、山の木立が庭の植栽になる。庭石が岩盤になり、岩盤が庭石になる。

ようするに、庭は山裾になり、山は庭の延長になる。

庭の内外は必ずしも現実的な因果関係をもっているわけではない。この意味で庭の内と外は切れている。しかしつながりは仮構される。このありふれた開かれと閉ざされの主題は、終盤に向かう作庭プロセスのなかで幾度も繰り返されていく。

作業八日目の石組——第二期石組後半——を見ながら詳しく追跡しよう。

半弧の布石

作業八日目となる四月一七日、庭づくりは突如終盤《しゅうばん》に入ったように思われた。

石組の骨格は前日の十九手目——斜交いの流れを北西方向に延長する四国石——まででほぼ組み上がっており、この日は骨格にかかわるいくつかの石と周縁部の調整的な石を据える作業、加えてすでに据えている石の決定、据え直し、微調整が進められる。

前日の四月一六日は南南西-北北東の第一の流れにたいして南東-北西の斜交いの流れが現れてきたのだったが、この日最初に据えられた二〇手目から二二手目はこの斜交いの流れの軸線をより強化するものだった。

まず敷地北西隅にそれほど大きくない二つの石が二〇手目、二一手目として据えられた。これら二石は十八、十九手目の延長として考えるなら軸線はややずれているものの、流れに呼応し、強化する布石として見ることができる。

「あの石（十六手目）を据えた関係でこの石（二〇、二一手目）を据えたのかな？」

休憩中の鷲田が呟く。隣にいた竹島が「うん、そうやね」と、それを追認する。

十六手目は斜交いの流れのきっかけになったが、その延長線上に石を持っていなかった。これら二石はその十六手目にたいする直接的な応答だと考えられる。［図5-6］

次に十三手目の獅子石から十九手目の四国石にいたる斜交いの流れの上、庭の右手奥の南東隅に二二手目――この石は住職によって鰐亀《わにがめ》と呼ばれる――が据えられる。こうして斜交いの流れは二重の流れとして存在感を増し、第一の流れにほぼ同等の力で拮抗することになる。

二〇手目から二二手目にかけての三つの石は、第一に二重になった斜交いの流れを強化しており、第二に南西角にあたる大聖院の玄関側――沓脱石右手側――から庭を見たとき、これまでなら北東隅へと収斂する第一の流れの単調な石の連続性だけが見えていたところに左右への布石のひろがりをあたえている。しかし興味深いのは第三に、中心的な視点である沓脱石から庭を見たとき、この三石が視点をとり囲むような配置をかたちづくりはじめているように思われることだ。

第一、第二の点は直感的に理解できる。ここからは二三手目以降の布石を見ながら第三の点、つまり視点をとり囲む布石について考えてみたい。

二三手目は鯨石ともともとひとつの岩だったかのように、鯨石の北東側、つまり左奥に隣接して置かれた。二四手目はその左やや手前寄り、二五手目はさらにやや左の手前側だ。この二三手目から二五手目までの三つの石はすべて鯨石と似た丸みのある柔らかな形態が選択され、一群として据えられていることがわかる。

次に斜交いの流れを補強する二六手目が据えられ、沓脱石からの視点でこの石と十六手目が重なったため十六手目をわずかに右に移動。次いで南端の暗色で飛び石状の一群と石質を揃えた二七手目が第一の流れを延長するように据えられる。［図5－7］

このうち二三手目は二七手目と対になっており、ともに第一の流れの軸を補強、延長するものだ。これは斜交いの流れが二〇手目から二二手目、そして二六手目によって強化されたことを受けて打たれた石だろう。

視点をとり囲む布石の点からは、とりわけ二四、二五手目に注目したい。これらの石は総じて沓脱石付近から見ておおむね横方向のひろがりを持ち、視線を受け止めるように置かれている。以前、職人たちは石をなるべく大きく見せようとする動機があると言ったが、これは特定の視点から石を最大限大きく見せようとすると必然的にとるかたちでもある。

この特徴的な二石に四手目子鯨石、斜交いの流れを強化した右奥二二手目の鰐亀石、第一の流れを補強した二三、二七手目を加えると奇妙な半弧状の分布が現れる。もちろん二二、二三、二七手目は二つの流れの軸を延長することが第一の効果だとしても、この日の一連の流れのなかで打たれた手で

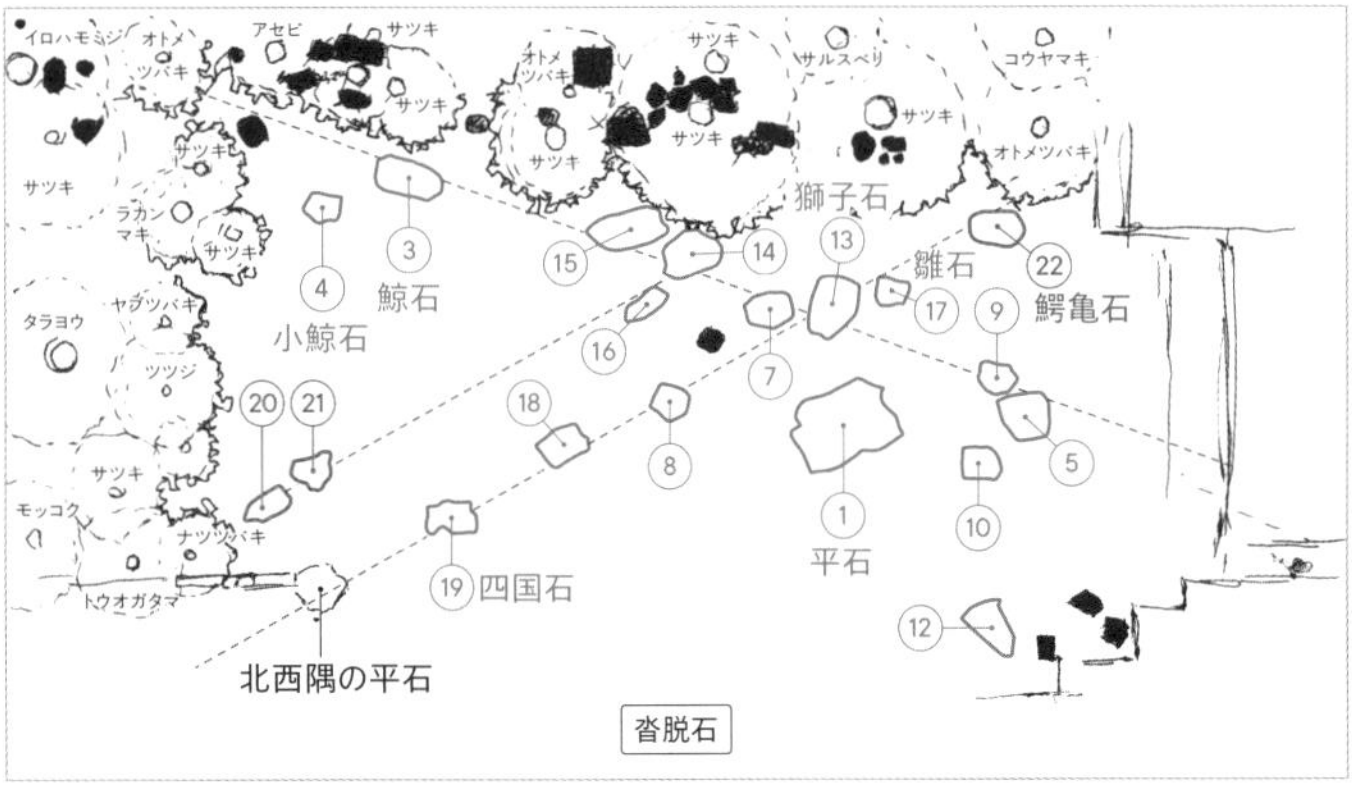

図5-6｜二二手目まで。十六手目の軸に呼応する二〇、二一手目。同じく十三手目から十九手目の軸上に二二手目の鰐亀

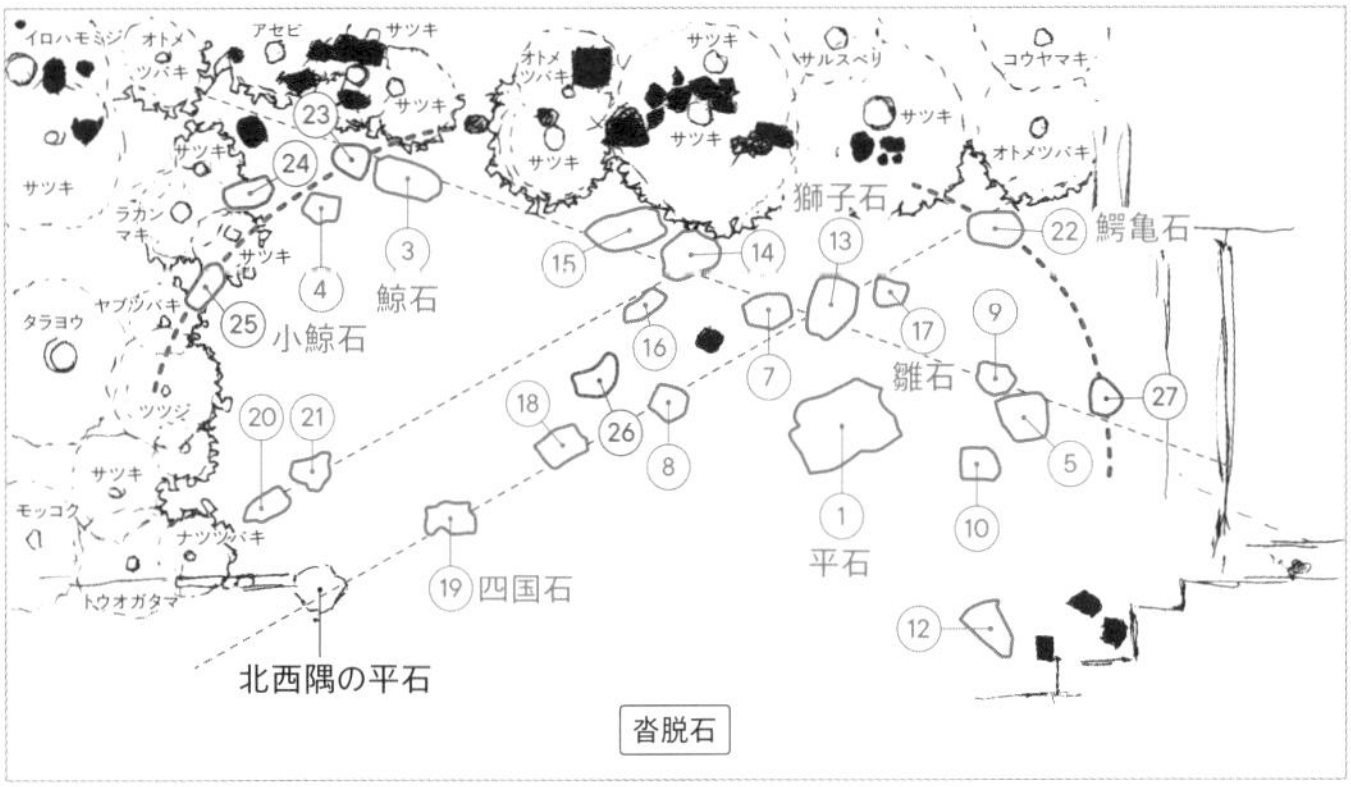

図5-7｜二七手目まで。新たに打たれた石が視点をとり囲む配置をとりつつある。実際現場での見た目では二三手目や二七手目は視線を受け止める印象はなく、たんに半弧状に分布しているだけであり、むしろ左上隅では四、二四、二五手目、右上隅では二二手目鰐亀石が強く作用している。また二〇、二一手目も半弧からズレてはいるが同心円状の布石として視線をとり囲む効果を持つ。ここでは平面図で説明しているものの、二つの流れや視点をとり囲む布石は現場のなかでとらえたものであり、古川も平面図で思考していない

ている。

あり、なかでも二二手目は二四、二五手目と同じく、中央視点を囲む形で置かれている。

奇妙にも視点を半弧状にとり囲む布石。これを「半弧の布石」と呼ぶとして、この配置はいったいなにを意味するのだろうか?

この配置は庭の世界で伝統的に受け継がれている常套句的な配置ではない。しかしながら石組の造形分析のなかでこの半弧に類した布石を想定した例はある。ともに龍安寺石庭の配石を分析した大山平四郎の「扇形状配石」と木戸敏郎の「楕円」だ。

大山は龍安寺石庭の「配石を平面図に表して見ると、五群の庭石が方丈の中央を要として扇形線上に配置されていることがわかる」と言い、扇の要を「視点」と言い換えている。それにたいして木戸は、「広縁を移動する範囲の二点を焦点とする楕円」の効果によって、この二点のあいだにいる限りで「自分が石組の中心にいる安らぎを覚える」と言う。◆1

面白いのは、両者は龍安寺石庭に同じ円弧状の布石を想定しながらも、扇の要《かなめ》から能動的に石を見ることと楕円の焦点で受動的に石に包まれること、あるいは平面図的な扇形配置の理解と身体的な楕円型配置への埋没において解釈が分かれていることだ。

◆1 大山平四郎『龍安寺石庭——七つの謎を解く』淡交社、一九九五年、三五頁。木戸敏郎『若き古代——日本文化再発見試論』春秋社、二〇〇六年、一三五頁。

ここでは龍安寺石庭の解釈には立ち入らない。しかし彼らの議論を受けて提案したいのは、これら類似しつつ相反する二つの解釈の根底に、解釈以前の労力の節約と身体の制約があるのではないか、という仮説である。

この節約と制約から、必然的に視点あるいは身体を中心とした半弧の同心円に沿って、視線を受け止め、あるいは身体を包み込む「半弧の布石」が立ち現れてくるのではないだろうか？

この半弧の布石こそが扇形状配石と楕円という二つの解釈の前提になっているのではないだろうか？

古川は石組作業に指示を出すとき、ほぼ必ずいくつかの特定の場所に戻る。施主や来園者は庭のなかを自由に歩き回るのだから視点を固定してしまうのはおかしいと思われるかもしれない。それでもなお特権的な視点が設定されるのは、施主や来園者が落ち着いて庭を眺めるだろう位置――庭に面する部屋や縁側の沓脱石付近、順路上最初と最後に庭に面する場所――はあらかじめ想定することができるし、庭師たちもまたそうした地点を先回りして設定しておくからだ。

この想定の背後には労力の節約が働いている。そもそも、全方位からの視点に対応するように移動しながら石の姿形に指示を出すのは、石の見た目が変わり続ける以上困難であり、判断も極端に複雑になる。これは物体の裏面をつねに見落としてしまう庭師の認知的限界としてすでに指摘したものだが、それ以前に、多視点に対応するために石組作業中に移動し続けるのは単純に面倒であり疲れる。

判断や移動にかんするこの身も蓋もない労力の節約は施主も来園者もある程度共有する——どこかに落ち着いて庭を眺めようとする——のだから、特定の視点が設定されるほうがむしろ好ましい。視点移動への対応はそれゆえ、複数の視点を事後的に結びつけることで達成されるだろう。

この労力の節約が庭にいくつかの特権的視点を設定する。

ひとたび庭のなかに特権的視点が設定されると、次は身体の制約が布石を拘束する。特定の視点から投げかけられる視線の動きは、眼球、頭部、腰の旋回、あるいは立ち位置を中心とする体の旋回に制約されるのだから、必然的に布石にかたよりが生じる。

この身体の制約が石を円弧状に配置する。

加えて、庭師たちは特別な理由がなければ石のボリュームを最大化しようとする。これも労力の節約だが、最小の労力で石をなるべく大きく見せようとするのだから、石は視点にたいして面積が最大化するように据えられる。それゆえ石は視線を受け止める方向で、かつ円弧に沿って現れてしまう。

［図5‐8］［図5‐9］

「石の質が違うでしょう？　だからある意味では処理やね」——半弧上に現れた二四、二五手目の意図について訊ねたとき、古川はこう答えている。また、斜交いの流れを強化する二六手目を据えたときにも「これでだいたい大きいのはかたづいたね」と述べている。

つまり、この日に打った石の多くはこれまでの石とは異なり、造形的意図が薄れた仕舞いに向かう石だと言うことだ。

図5-8｜沓脱石周辺から撮影した半弧の布石の一部。左端中段のツツジの右が二四手目、その右が四手目小鯨石、その右奥が三手目鯨石とひとつの石であるかのように据えられた二三手目。ここでは二四手目が半弧の布石にあたるが、以前据えられていた四手目小鯨石も同様の機能を果たしていることがわかる。二五手目は一輪車に隠れて見えない

図5-9｜同じく沓脱石周辺から撮影。中央奥が鰐亀と呼ばれる二二手目であり、視線を受け止める半弧の布石としての役割を果たしていることがわかる

交差する二つの流れをかたちづくってきたここまでの配置のなかで半弧の布石は現れていなかった。しかし古川が石組を「処理」や「かたづけ」として認識しはじめたこの日、半弧状の配置が突如として現れてきたことに注意しておきたい。つまり半弧の布石はその配置自体を狙うのでない限り、意図が半ば緩むことで現れる。

節約と制約に規定され、なかば意識の外側で進行する半弧の布石は、見る者に差し迫ってくることも造形的な違和感をあたえることもなく、穏やかで、ある意味では凡庸でもあるような配置ではある。それゆえ構想が主導する場面では顕在《けんざい》化《か》しづらく、意識的に構想された石組の外側に、その間隙《かんげき》を埋めるようにして現れるということだ。

平面図上で上空から配置を思考する設計的手法をとるのではなく、場に飲まれながら、自らのパースペクティブに身を投じて即興的に作業する庭師たちにとって、この布石は労力の節約と身体の制約から必然的に現れてしまう無意識的布石なのだ。◆2

大聖院庭園においては、半弧の布石は余った石が処理される過程で現れた副産物のひとつにすぎない。だからこそ、これらの石は庭の外部にひろがる地形や岩

◆2 半弧の布石はさまざまな庭に見られるだけでなく、筆者が庭の初学者を対象に実施してきた石組ワークショップのなかでも繰り返し形成される配置でもある。

盤との関係を想定するこれまでの布石とは、やや性質が異なっている。

しかし来園者が庭を見るとき、この布石はきわめて重要な効果を発揮する。これらの石は庭の内部に定位する身体をとり囲むことで、見る者の視線を受け止めて庭園内に滞留させ、視線が庭の外へと容易に抜け出てしまうことを防ぐからだ。

半弧の布石は庭を無限定な外部とのつながりから切り離し、限定された造形空間として切り出す効果を持つ。

庭の内と外はつながり、かつ、切れている。庭石とは岩盤の延長であり、ツバキやサツキは背後の山に連なる。しかしこれらは同時に、ただ庭園内に散らばっている石や植栽でしかなく、ようするに庭でしかありえない。

庭の内外を結びつけ、かつ切り離す、この作庭プロセスのなかで、半弧の布石は特異な位置を占めている。それは境界を示す土塀のように外的要因によって庭を区切る額縁ではない。半弧の布石は庭の造形的構造そのものによって庭の内外を分かち、視線を内部に滞留させ、庭を庭として、ひとつの造形的まとまりとして切り出すのだ。

折りたたむ

すでにかなりの石が据えられた。溢れんばかりに運び込まれた自然石や板石はいつの間にか残り少なくなっている。いまや庭の表面には、すでに据えられた石と、まだ行き場の決まっていない小さな石がいくつか転がっているだけだ。

庭づくりが終わりを迎えようとしている。

終盤に入り、半弧の布石によって閉じられはじめた石組は、とはいえ、まだまとめられてしまうわけではなく、内外を折りたたみ続けていくだろう。むしろ石組の構想がある程度かたちになったことで、庭と外部の折りあいを調整する作業が前景化してきたかのようだ。

一七日最後に打たれた二八手目は南西隅十二手目の北隣になる。今回の作庭以前に古川たちが据えた二連石や、十二手目に据えた石が立つ区画だ。［図5－10］

住職と古川のやりとりからすれば、半弧をかたちづくった石と同じく、この石もまた強い意味を持たない。庭に転がっていた余った石――二八手目になる石――を指差しながら住職が言う。

「あれはいらんの違います ?」

「ええ。あれは出してもいいんですけどね、ここ（十二手目の隣）にひとつあってもいいんですわ」

使わずに庭から出してしまってもいいが、「あってもいい」。この石は第一の流れや斜交いの流れからも外れており、半弧状の布石とも無縁だろう。どちらかというと既存の二連石にたいして新たな二連をずらしつつ反復させたようにも見える。［図5-11］

しかし実のところこれら四つの石は庭の内外を折り畳む庭づくりのなかで非常に重要な意味を持つ。先回りすることになるが、庭づくりが終わりを迎えた数日後の四月二三日、十二手目の石について住職が竹島に語った内容は驚くべきものだった。

「古川さんがあの三角の石（十二手目）は裏の庭に続いてるんや言うてね」

「古川さんがよくやる手法ですね。道挟んで石据えるとか」

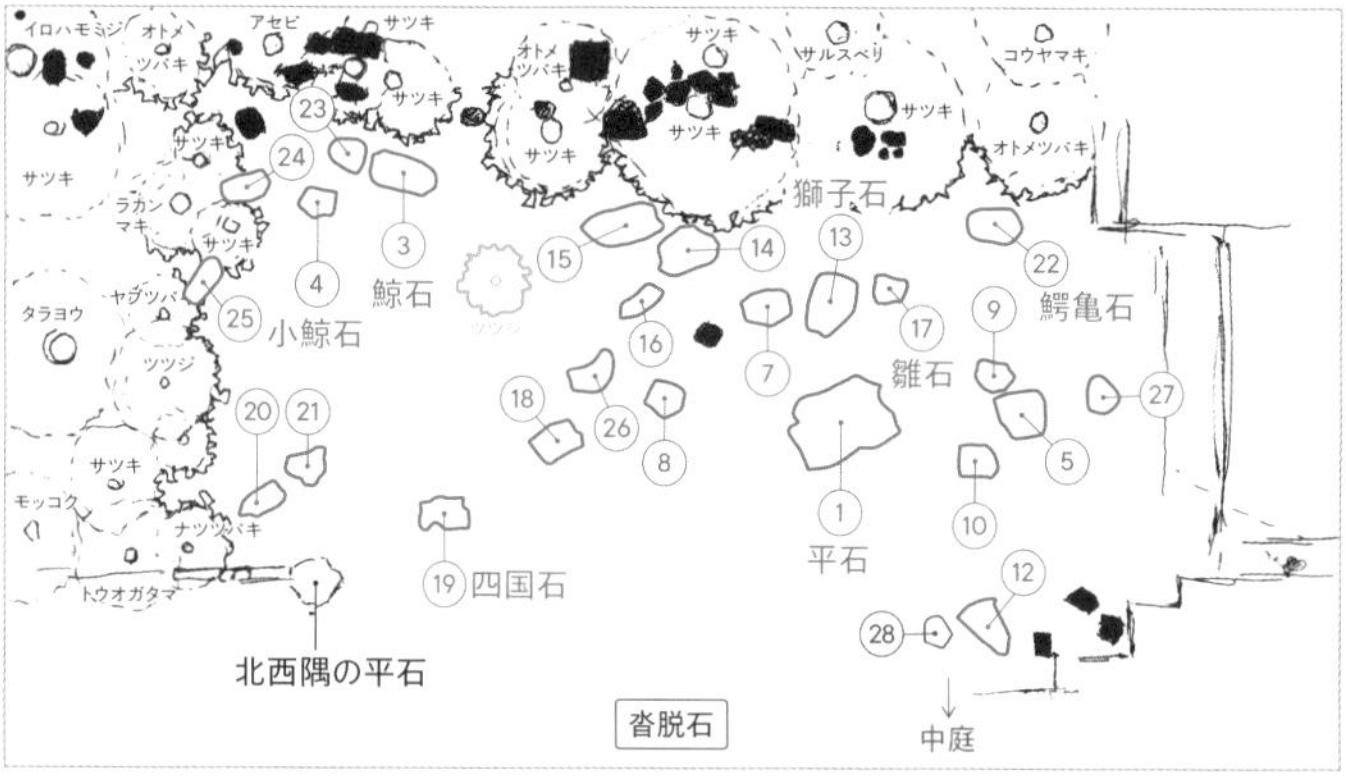

図5-10｜二八手目。布石がほぼ完成した。第二期石組の終わり。この二八手目の下方（西）、建物を越えた場所に中庭の流れの上流がある。また後に出てくるツツジも緑色で図示しておく。十九手目四国石の左下、北西隅の平石は立体的な景石ではなく、平らに据えられた園路の一部であるため触れていないが、斜交いの流れの延長として考えられる重要な石だ。またこの図に延段は描いていないが、実際は北西隅の平石から沓脱石をとおって十手目と十二手目のあいだを抜けて山門前の石畳まで園路ができつつある

十二手目は裏の庭につながっている！

衝撃である。建物によって完全に分断された中庭へと石がつながっているとは！

しかしながら竹島の反応からするとこれは古川の常套句的な手法のようだ。それを聞いていた枚岡と鷲田もこの手法について語る。

「つながるもんね。ちょっとするだけでパッとひろがんねん。じゃああの三角の石は（中庭への）矢印なん？」

「区切らないんですよね。四国（でつくった庭）でもやってましたねえ」

「そう。一個置くだけで変わんねん」

十二手目や二八手目を含む南西隅の四つの石が延段をまたいで中央石組との連続性を示していることを見てとるのはたやすい。しかしこれらの石は大聖院の建

図5-11｜沓脱石方向から撮影。中央のスコップの上に見える突き出た石が二八手目。右奥に隣接する黒っぽい天端が平らな横長の石が十二手目。既存の二連はその奥のアジサイの影に見え隠れしている。左側では同時に延段の作業が進んでおり、山門の手前には第一の流れを補強した二七手目が見える

物をも越えて、この庭からは見ることのできない中庭の石組に連なっているというのだ。

古川はかつて大聖院中庭の東側三分の二ほどの作庭を手がけている。中庭はちょうど南西隅の四つの石から建物を挟んで西側に位置しており、そこには大小の石を組んだ西へ向かう小さな流れ――この「流れ」は排水のための小川のような石組――がある。大聖院庭園南西隅の十二手目、あるいは二八手目を含む周辺の三つの石は、この中庭の流れに連なっている。［図5－12］

古川はかつて第一の流れが庭を越えて堂山や裾野へと続く構想を語ったが、ここでもまったく同じことが語られている。「そういうの（地形や岩盤）が建物より先にあったということだよね」――それゆえ古川は、庭を物理的に切り離す土塀や建物、園路となる石畳や延段によって石組を「区切らない」のだ。

中庭に連なる十二手目を据えたとき、古川は庭を区切っている大聖院玄関前の石畳の向こう側を眺めながらこうも述べていたのだった。

「石が余ったら向こう側もしようかと思ってるんですわ。まだわかんないけどね。それでバランスがとれますね」

「処理」や「かたづけ」のために打たれた半弧の布石は、庭を外部から切り離し、造形的構造の内部に視線を滞留させるのだった。しかし同じく「あってもいい」という何気なさで打たれた石であるにもかかわらず、二八手目を含む四つの石は庭を再び外部に結びつける。

中庭へのつながりを示唆する二八手目を終えたこのタイミングで古川は石組から離れ、職人たちに新たな指示を出す。職人たちは庭の北側に密集する額縁のような寄せ植えからツツジを掘り起こし、古川の指示のもと、庭の敷地中央やや北東寄りに植える。［図5-10参照］

小ぶりなツツジにはそれほど大きな視覚的効果はない。しかしこの移植が、額縁のように庭を外部から切り離していた植栽と、植栽を寄せつけない造形的領域のようだった石組とを混ぜあわせる。［図5-13］

「ツツジ入れたら和尚さんもそれっぽくなったって安心してられるようでした」――鷲田が言う。「あれ（移植したツツジ）がつながりを出してるから」。竹島が答え、鷲田もうなずく。この一手が石の群れと植物の密植の、つまりは造形作品と額縁の関係を解くかのように。

余った石の処理を終えたこの四月一七日の夕刻、ついに第二期石組後半がひと区切りついたと考えていいだろう。第二期石組は四月一五日の中央石組の入れ替

図5-12（上）｜大聖院中庭（非公開）の流れ。大聖院庭園南西隅の二つの二連の石はこの流れとの連続性を意図している
図5-13（下）｜唐突に石組から離れた古川は、三手目鯨石の右手前にツツジを植えるよう指示した。奥のサツキの大刈り込みと響きあって額縁の印象を薄める。山にたいするサツキの大刈り込みと同じ関係を反復しているようにも見える

えにはじまったのだから、ちょうど三日連続で集中的におこなわれたことになる。重い石を扱い続けて疲労が溜まっているだろう職人たちには嬉しいことに、翌一八日は休みとなった。

ついに石組は完成したのだろうか？

そうなのかもしれない。実際、古川は石を離れて植栽に手を入れはじめている。とはいえ、もちろん作庭工事の全体が終わってしまったわけではない。いまだ延段の敷設作業は続いているし、板石を加工する鑿《のみ》と石頭《せっとう》がぶつかりあう金属音は響き続けている。


庭づくりがほとんど終わりを迎えつつあるいま、あらためて庭を眺めてみよう。たしかに石は整理され、延段はほとんど完成し、あとは綺麗にかたづければ終わりのようにも見える。

しかし、サツキの大刈り込みの下には過去の石組がそのまま残っている。庭の内部と外部を果てしなく折りたたみ続ける作庭作業のなかで、いまだ充分に折りたたまれていない外部とは、地形でも山でも、庭を見る者の身体でもなく、この庭の底を流れる異質な時間ではないだろうか？

たしかに石組のきっかけとなったへそ石や、第一の流れを方向づけた北東の隅石は過去の石だった。しかしこの庭がいまとはまた別の庭だった過去の時間、その痕跡としての石組のほとんどは、現在の庭に結びつけられることもなく見過ごされている。

現在の庭づくりに注目するあまり忘れてしまっていたが、庭は、そもそもの最初から、すでにここにあったのだ。［図5-14］

図5-14｜第二期石組を終えた四月一七日夕刻の大聖院庭園。手前では延段の作業が進んでいることがわかる。既存石組はサツキの刈り込みの下にあるのだが、見ることさえできない

3　質的飛躍と作庭の終わり

四月一五日から一七日まで集中しておこなわれた第二期石組が二八手目をもって終わり、その日の夕方にはツツジの移植もおこなわれた。一八日の休みを挟んで翌一九日、庭師たちは重機が踏み固めてしまった土を耕し直し、植栽の準備をおこなう。石から植物へと作業内容が移ろうとしているいま、もう大きな変化は訪れないように思われた。

ところが翌二〇日午後、大聖院庭園を訪れたぼくは息を呑むことになる。中央石組の印象が再び一変している！

ここでは二九手目から三四手目までの布石を見ていきたい。第三期石組と言うには数も少なく補足的な石ばかりだが、この最終局面の布石が明らかにするのは、ずっとこの庭の底を流れていた異質な時間、おそらくはこの庭がつくられた当初の、江戸期の石組の存在である。

過去という外部へと庭の底が抜ける。江戸の亡霊がこの庭にとり憑くのだ。

回帰する亡霊

作業十日目となる四月二〇日午後、現場に到着すると石組の印象は一変していた。中央石組の奥に見たことのない石が現れ、これまでとは異なる流れと律動が庭に生まれているように思われた。

大事な午前の作業を見逃してしまったのは、京都市西京区の苗木屋で植物の買いつけを取材していたからだ。山門脇に植栽予定のラカンマキがトラックに積載される様子を撮影していたちょうどその頃、福知山の現場では造形的な衝撃が走っていたというわけだ。[◆1]

二つの流れの交点付近、中央石組部分に奇妙な奥行きが現れている。これまで庭の基調となっていた三層のレイヤー構造――現在は手前から延段帯、石組帯、植栽帯――の奥二層が部分的に解体され、つなぎ直されているように見える。

質的な飛躍が起こった――そう感じざるをえない変化だった。植物を取材しているあいだにいったいなにが起こったのか？

よく見ると中央奥、十五手目の石のさらに奥、サツキとサツキに挟まれた陰に、見たことのない、しかし存在感のある苔むした石――その形態から立石と呼びた

◆1
初期の構想では、庭で使用される石の来歴や植物の流通、あるいはそれらの生産過程を徹底的に追う章を構想していた。石は大江山の石切り場や中古市場、輸入材は中国の産地まで、植物も苗木屋から生産者までたどろうという計画だった。ともあれ、決定的場面を嗅ぎとる嗅覚が鈍かったと言うほかない。

い――が鎮座している。[図5-15]

三日前の一七日夕刻、古川は中央石組と鯨石のあいだにツツジを移植したのだった。ツツジは、他を寄せつけない造形的領域となっていた石組帯と、額縁のように機能していた植栽帯のレイヤーを部分的に解体し、混ぜあわせる効果を持っていた。今回は逆に植栽帯のなかに新たな景石を打ったということだろうか？

この立石はそれほど大きなものではない。植栽の陰にあるので決して目立つ石でもない。しかしこれまで据えられてきた他の石とくらべて異質な垂直性と正面性を持っており、かつ、庭の中央奥に位置している。その形態と配置によって、この石の重要性はすでに十三手目獅子石に比肩しうるものになっている。

この立石は新たな主石として据えられたものなのだろうか？

現場に着いたぼくは、この地味ながら強烈な変化について住職と意見を交わしつつ古川のもとに向かった。沓脱石付近

図5-15｜二〇日の中央石組。板きれが乗せられている十五手目の奥、サツキの陰に立石が見える（矢印部分）。これまで横にひろがる印象のあった中央石組に奥行きが生まれ、石が奥から手前にせり出してくるような印象をあたえる

で庭師たちに指示を出していた古川は珍しく自らこの変化に触れ、住職にこう切り出した。

「あそこよう（良く）なりましたね」

「いや、ちょうど言うてたんです。つながりが出てきたって」

「いやあ、昔からの石組に見えてきますね。室町時代の石組みたいで」

「あってないような庭」を理想とし、つねに作品化を逃れようとしてきた古川が進んで自らの石組に肯定的評価を下し、「室町時代の石組みたい」と歴史的石組になぞらえるのは異例なことだ。しかしながら、これまで徹底して意図を否認してきた古川が、この期に及んで室町時代の石組を模倣するということもまた考えにくい。

それにしても「あそこようなりましたね」とは、まるでひとごとのようだ。続く「昔からの石組に見えてきますね」という言い回しにも、図らずもこのような石組が向こうからやってきたのだ、という意識が表れている。まるで立石の出現という出来事に居合わせてしまったという驚きに、同意を求める終助詞の「ね」を付加したかのように。

立石は古川が意図的に据えたのでもなければ、3章の句碑のように「自然化」した石でさえなく、またしても偶然現れたというのだろうか？

そんなことはありえない、とは思うのだが、古川は住職にこう返している。

「あれ（立石）は気づきませんでしたけどねえ」――これは3章の2で、二手目大石の人為的に切断されたかのような裏面を住職に指摘された際に言った「わたしまだ見てません」とは少しだけ違っている。あのときは自ら据えながらも認知的限界のなかで石の裏面を見ていなかった。この立石もまた、のちに古川が「意識してなかった」とも述べたように、認知的限界から見落としていたというのは同じだろう。しかし違っているのは、この石は古川が自ら据えたものではないということだ。

驚くべきことに、立石は十五手目奥に茂っていたセンリョウを職人に整理させたときに、偶然奥から現れてきたというのだ。

――じゃあセンリョウをどけてみたら出てきたってことですか？

「そう。悪くない石組だったしね」

なんということだろう！　これほど決定的な石が新たに据えたものではなく、たんに過去の石組が露出したものだとは！

透かし剪定によって庭を支える外部としての地形や植物が奥や後ろとして見透されたように、この立石もまた、植栽整理のなかで庭とのつながりを見いだされた奥や後ろなのだ。

「気づきませんでした」あるいは「意識してなかった」――この言葉はにわかには信じがたい。しかしながら、これまでこの庭で何枚ものスケッチを描き、写真を撮り続けてきたぼくも、実のところこの石の存在を意識できていなかった。表から見たとき、この石はほとんど見えていなかったのだ［図5-14参照］。

もちろんサツキの下に古い石組があることは知っていたし、それらの石の配置を記録するためにサツキの裏側に回り、樹木の下に潜ったりもしていた。それにもかかわらず、それらの石は表に戻った途端に意識から落ちてしまっていた。

古い石のほとんどがサツキの枝葉や下草や苔に覆われているということもある。しかしそれ以上に、庭は裏にまわるだけで――ということはもちろん表にまわるだけでも――まったく違ったものになる。つねに裏面を抱える庭は一望することができないのだ。［図5-16］

立石はまさに物体の裏面として、偶然的に現れた。

「あそこようなりましたね」という古川のひとごとのような評言も、まさしく自らの意図とはかかわりなく、たまたま物体の裏面から、あるいはこの庭の過去からいまここへとやってきたこの石を評したものだったというわけだ。

石組は古川の意図とは無縁に、ほとんど勝手によくなって

図5-16｜中央石組奥を裏側から記録したもの。灯籠が乗せられた石の奥に、いま話題の立石が見える。右側の石垣は崩れた石塔の墓壇

しまった……!

ただし、もちろんほとんど、である。というのも立石の出現を受けて、古川は即座に立石と手前の十五手目をつなぐ二九手目——この石は立石のやや右側の既存石組から引き抜いてきた——を打っているからだ。[図5-17][図5-18]

立石がたとえ偶然的な物体の裏面だとしても、その偶然を受け入れ、即興的に反応し、自らの石組と結びつける。古川は偶然的要素を即興的に「補強」することで自らの石組と架橋し、意図と非意図を横断しながら部分的に我有化するのだ。◆2

この柔軟な態度こそが、「あってないような庭」を理想とする古川の庭づくりの根幹にあるものだろう。他性による触発に、あるいは石の「求めるところにしたがう」古川の庭づくりとは、こうした態度に支えられている。

では、この立石と二九手目は中央石組の見立てをどのように変えたのだろう?

具体的に見てみよう。

図5-17 | 奥の立石の左下の低い石が二九手目。立石と手前の十五手目とを滑らかな曲線で結びつけている

立石は垂直性と正面性を持ち、中央奥に位置することで強い中心性をも持っている。これだけでも立石は十三手目獅子石の主石の地位に迫っている。しかしこの石がとりわけ強く作用したのは、ジグザグにせり出す中央石組の動きにたいしてだろう。

3章の3で指摘したとおり、斜交いの流れがかたちづくられた十九手目時点ではジグザグ状の動勢は生まれつつはあったものの、いまだ明確ではなかった。あの時点では第一の流れにたいして斜交いの流れが強く干渉することで、視線が二つの流れに引き裂かれ、結果的に左右に乱れた視線運動を誘発していただけだった。

立石はこのジグザグ状にせり出すこの動きの起点として奥に控えているかのように見える。十九手目時点では、この動きの起点は事実上存在せず、仮に中央石組の全体と三手目鯨石を指定しておいたが、いまはむしろこのせり出す動きこそが立石を流れの源泉として感知させる。

この左右に律動するジグザグ状の動きを決定づけ、立石をこの動きの源泉とみなすよう「補強」した石こそ、即興的に打たれた二九手目だ。

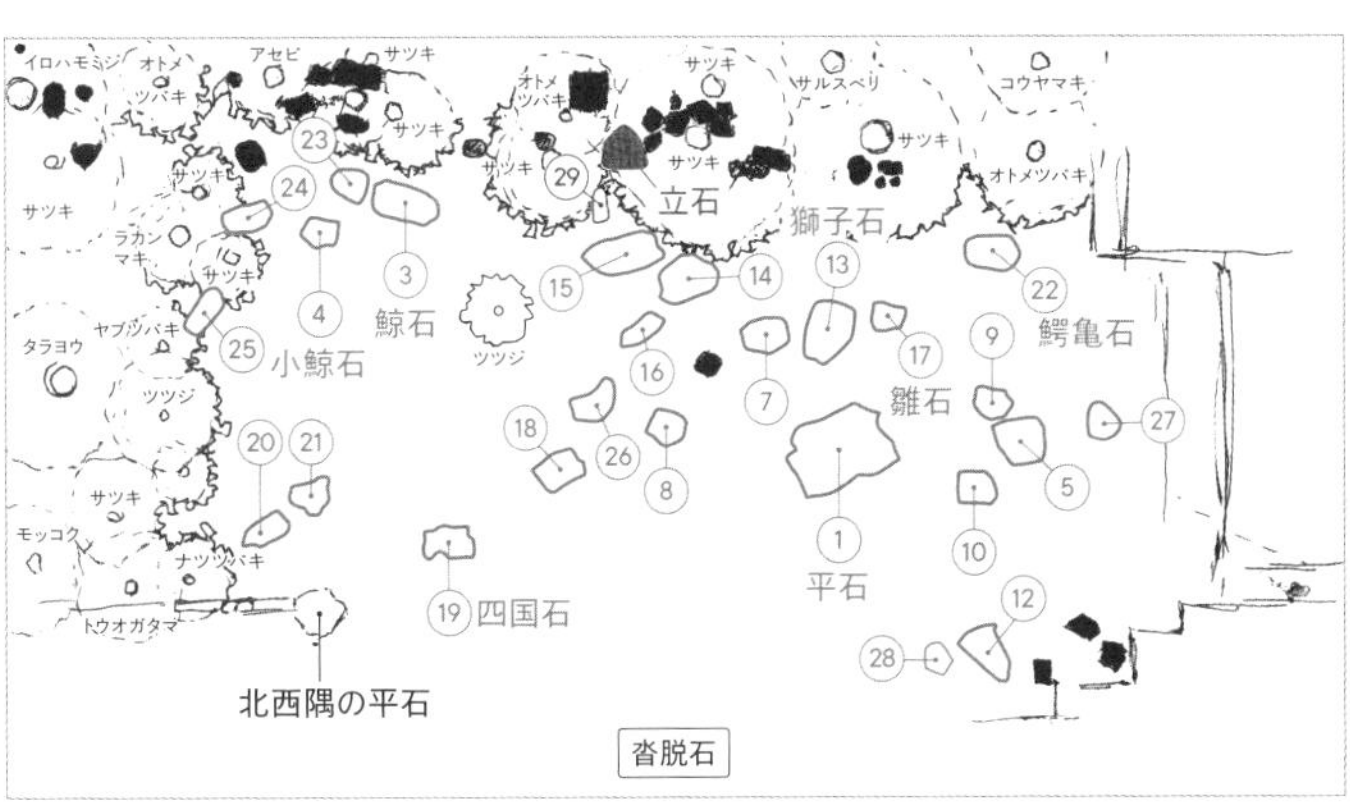

図5-18｜立石と二九手目

立石の左手前に打たれたこの小さな石は、中央奥に位置する立石から降りてくる視線を左下で受けとめつつ、その曲線のような形態によって視線を右手前へと受け流す。この流れは右下へと落ちる十五手目の稜線に引き継がれ、十四手目の折り返すような稜線あるいは左斜めに突き上げるような姿を通じて左へ切り返し、かつてひとつの巨石として作用していた十四－十六――十六手目はやや右に据え直された――の左下へと滑り落ちる稜線あるいは左斜め前を指向する面に延長される。［図5－19］

十六手目を通過した視線の動きには複数の経路がありうる。

十六手目からそのまま斜交いの流れに沿って、あるいは石質や面が揃えられているがゆえにひとつの岩盤として感知される二六手目――この石もやや左にずらして据え直された――を通る経路。この経路では二六手目の延長線上に行き場がないため視線は右手前の十八手目に飛び移って屈折し、再び斜交いの流れに押されて十九手目四国石へと抜ける。［図5－20］［図5－21］

あるいは同じく十六手目から第一の流れと横向きに据えられた七手目の方向性に押し流されてそのまま右方向へと抜けてしまう経路。または右に抜け切らず、左斜め前を指向する十三手目に遮られて再び斜交いの流れへと折り返し、八手目を抜けて十八、十九手目と抜ける経路。そうした複数の経路がありうる。

◆2　「補強」は池田剛介のリヒター論の重要な註から借りた（池田剛介「分割と接合――ゲルハルト・リヒター《リラ》」『ユリイカ』二〇二二年六月号、一九三頁、註一二）。リヒターは《リラ》の制作過程でキャンバスを反転させて意識的に知覚の攪乱を引き起こし、偶然的な物体の裏面を「補強」することで部分的に我有化したということになる。

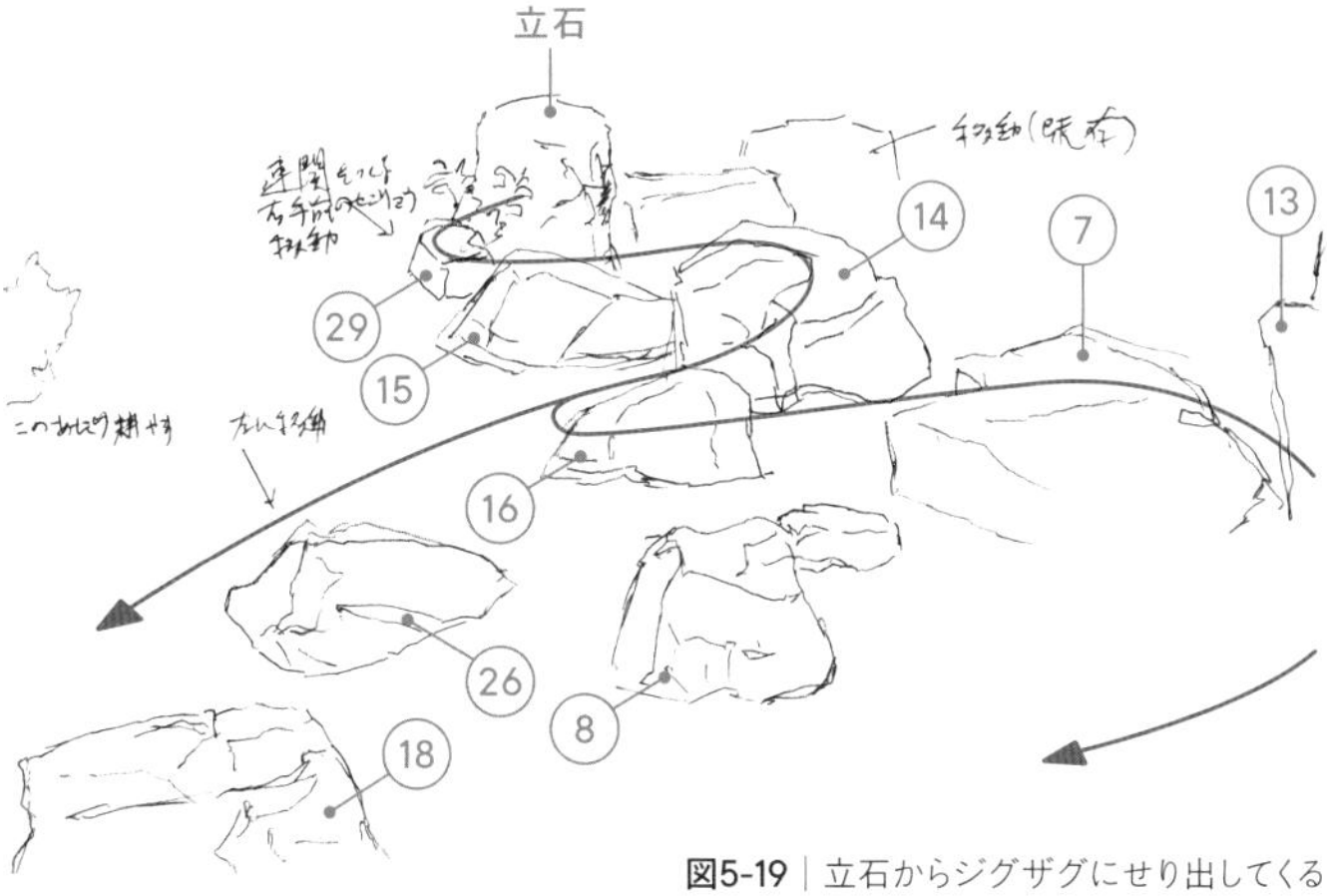

図5-19｜立石からジグザグにせり出してくる石のスケッチとその流れ

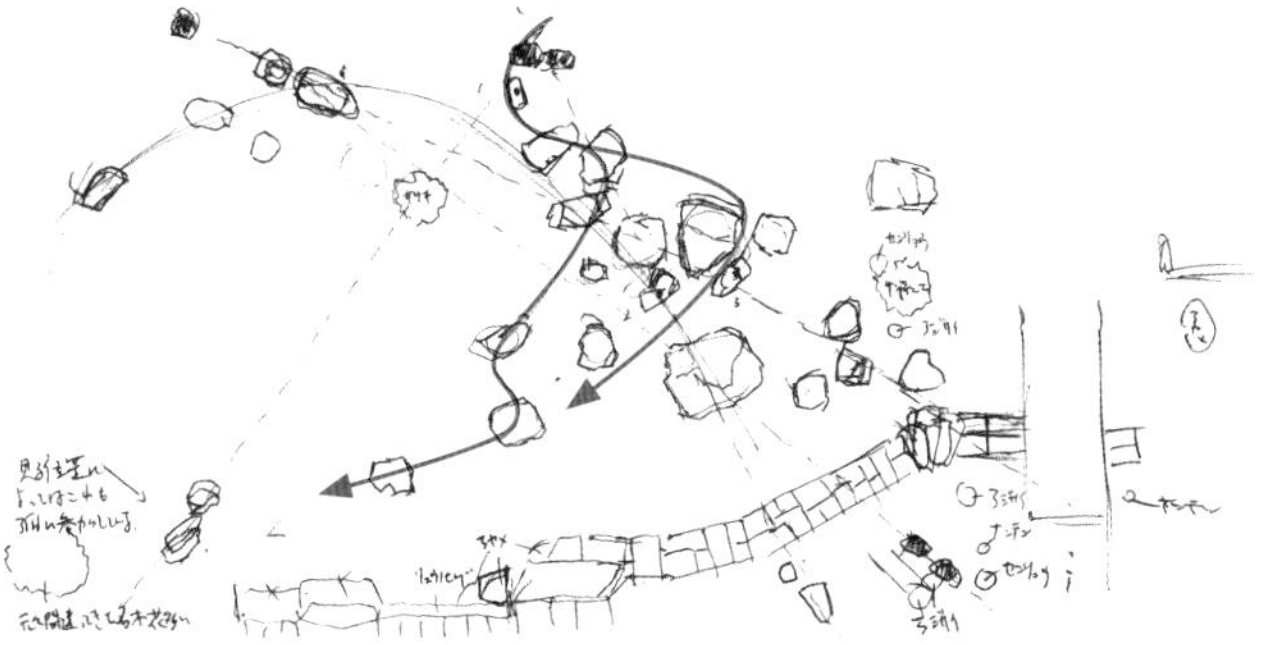

図5-20（上）｜さまざまな配置関係が分析されているが、ここでは上部中央の黒く塗りつぶした石（左側が立石）から黒い点が打ってある二九手目を経てぐねぐねうねる波線で示された経路に注目
図5-21（右）｜北西側売店前付近から見た石組。立石から北西方向へとせり出すぐねぐねうねる波線

ともあれ、奥から手前へと振り幅をひろげながらジグザグにせり出すこの流れの印象は、これまで庭を支配してきた交差する二つの流れ——第一の流れと斜交いの流れ——を変形させつつ異なるパターンへと圧縮し、この庭に新たな動勢をかたちづくる。

こうして立石は、この庭の布石の印象を決定的に変えてしまった。非意図的な物体の裏面が、古川の庭づくりのなかで再び本質的な役割を果たしたことになる。しかし立石は、ただ偶然的に現れ、庭に造形的な衝撃をもたらしただけではない。この石はこれまでほとんど顧みられることがなかったこの庭の過去の亡霊として、布石を導く他性として、現在の石組の核心部にとり憑いたものでもある。

古川は江戸期の庭師が据えたであろうこの亡霊を当然のことであるかのように受け入れ、そこにたったひとつの石を添えてみせる。ただそれだけのことで、この老庭師は庭の底を流れる異質な時間を自らの庭へと引き込み、この庭の石組に質的飛躍をあたえたのだ。

渦の形象

植栽整理の過程で作業員がセンリョウを移植する。センリョウの茂みの奥から古い立石が現れる。立石と手前の石とのあいだを二九手目が補強することで新しいジグザグ状の流れがかたちづくられる。庭が、山の地形や背後の植物のみならず、庭の過去という外部へと開かれる。

布石の印象に大きな変容をもたらしたこの変化が、古川にとっても住職にとっても肯定的なものだったことは二人の発言からも明らかだろう。そもそもこの庭の石組は、あらかじめそこにあった過去の石――「きっかけ」としてのへそ石――に触発され、石の「求めるところにしたがう」ことではじめられたのだ。

しかしここにきて、石組の中心的な位置を占める立石までもが、意図の外部からやってきてしまう。偶然現れた立石によって石組と布石の流れはこれまで積み上げられてきた造形的要素を異なるパターンへと変形しながら圧縮し、作品化させようとする意図なしに作品化したかのようだ。

立石は、偶然的なものを評価し、意図的造形をも自然化しようとする古川の制作観――あってないような庭――と、造形的達成とともに作品を残すことを本懐とする住職の制作観――ありてある庭――とを同時に満たしつつ、これら両極的な発想を調停してしまったかのように見える。

事の次第をつぶさに見てきたぼくにとっても、これはあまりにできすぎた話のように思える。偶然的な造形的達成――このフィールドワークは、そんな作り話のような大団円を迎えるのだろうか？

その矢先に古川が動く。主石の座を奪われつつあった十三手目獅子石周辺に石を据える。二九手目によって密度が上がった立石付近にたいして、相対的に疎に見えはじめていた獅子石付近を強化する。二九手目と同じく立石右側のサツキの根元の既存石組からもうひとつ石を掘り起こし、獅子石左手前に三〇手目を据える。次いで獅子石の右側、十七手目雛石の手前に、獅子石の懐を支えるもうひとつの脇石として三一手目が加えられる。獅子石の舳先方向を延長するかのような三〇手目にたいして

三一手目はやや右に開いている。〔図5-22〕〔図5-23〕
三〇手目と獅子石を見比べて、竹島は「完全に親子や」と評する。似た石質、右奥へと跳ね上がる形態、切り立つ右手前の面、斜交いの流れを指示する方向性が両者を縁戚関係のように結びつける。しかしこの石は同時に、やや離れた初手の平石の天端奥側の形態と右手前に落ち込む傾きを反復することで、獅子石と初手の平石を結びつける中間的な石にもなっている。
三一手目もまた、形態的にも石質的にも獅子石や十七手目雛《ひな》石に似たものが選択されている。雛石はかつて、周囲の石との結びつきを失いつつあった獅子石の切り立った側面を補助するために据えられたのだったが、三一手目もまたこの補助的な役割を引き継いでいる。しかし同時に、この石が加えられることで獅子石、雛石、三一手目が、巨大なひとつの岩盤から、つまりは「もとの状態」から析出してきたかのように見えはじめる。
こうして三〇、三一手目は形態的、石質的に周囲の石と結

図5-22｜中央奥の三叉の脚が重なっている十三手目獅子石の左下、七手目手前の低い位置に三〇手目。右下、十七手目雛石の手前の低い位置にいま据えられようとしているのが三一手目。三〇手目は獅子石の舳先方向、つまり斜交いの流れを延長し、三一手目はやや開く。手前の平たい石は初手の平石

びつきながら、立石周辺の布石の密度に拮抗しようとする。実際、庭全体を見たときに獅子石周辺にも目が滞留するようになった。これまでも獅子石は、その屹立する形態や大きさ、あるいは第一の流れから斜交いの流れへの屈曲点として目を引いていたのだが、これら二つの小さな石が加わったことで、獅子石周辺により強く視線をとらえ、巻き込む力が発生したように思われる。

なにが変わったのだろうか?

獅子石周辺の石を見ると、獅子石を中心として七手目は左上方向、雛石は右方向、三一手目は手前方向、三〇手目は左下方向に開き、獅子石を中心に石が発散あるいは収束するような配置になっている。とりわけ雛石、三一手目、獅子石の、徐々に旋回するような動きは三〇手目の左上方向へとねじれた屈曲も加わることで、獅子石周辺に渦の形象をつくりだしている。[図5-24]

発散あるいは収束する線をねじり上げたような渦状のとぐろは、獅子石を中心に周囲の石を巻き込み、あるいは周囲の

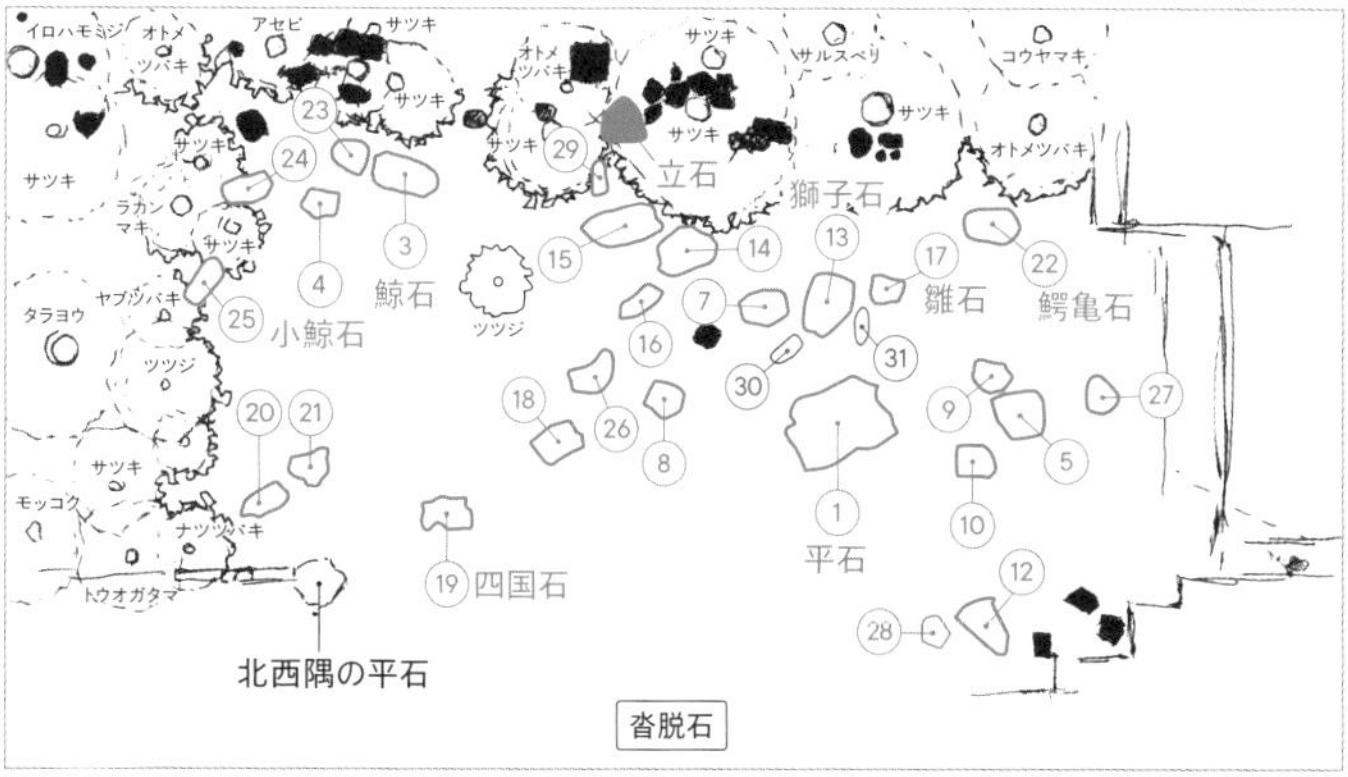

図5-23｜三一手目まで

石の流れを変形する配置によって、布石を束ね、それゆえ、目をとらえる。渦は獅子石の配置特性を引き継ぐがゆえに交差する二つの流れの交点に位置し、立石からジグザグにせり出してくる流れの支流を受け止め、変形し、再び斜交いの流れへと巻き込む特異点となっている。唐突に生まれたこの布石の乱流は、こうして周囲の石と目を渦の中心へと引きずり込み、かつ、渦を中心に変形して発散させる。

この庭の布石は二つの大きな流れを中心として、「求めるところにしたがう」石から石へと連続するリズムが重視されていた。しかし古川はその都度、この流れやリズムを部分的に変調させる変形三尊石や獅子石といった特異点を拮抗させてきた。

渦もまた強力な特異点である。三〇、三一手目は獅子石周辺の密度を上げながら渦の形象を編成する。とぐろ状の配置のなかに見る者の視線を引き込み、周辺の石を巻き込みながら、獅子石を庭全体の流れを束ねる中心へと押し上げる。

古川の庭づくりは、それゆえ穏やかに連続する石の流れや偶然的な物体の裏面だけに委ねられるものではない。そこには、

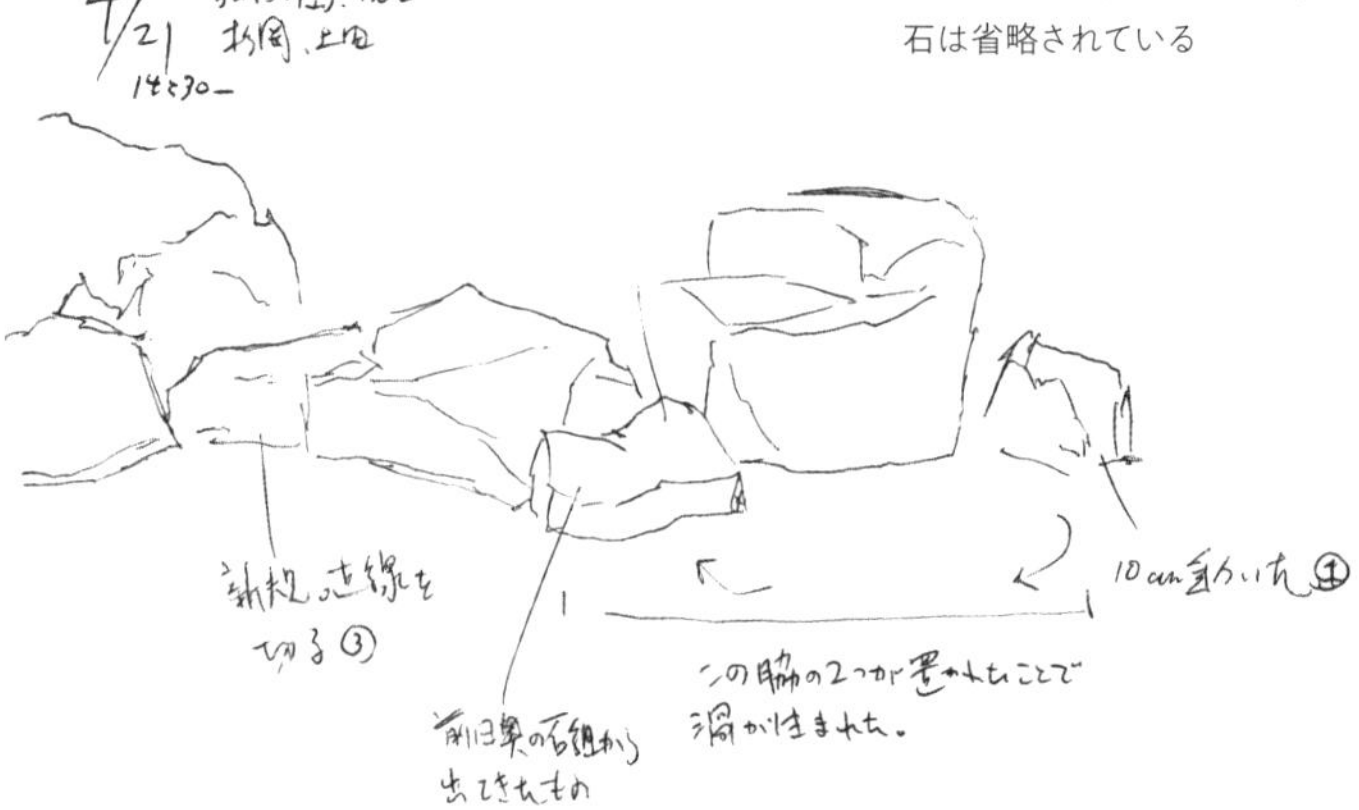

図5-24｜獅子石と三〇、三一手目がつくる渦のスケッチ。雑石は省略されている

特異点と流れ、意図的なものと非意図的なものといった相反するものの拮抗がある。一方で古川は、背後へと溶け出すような透かし剪定をおこない、地形や地下を見透し、土塀や建物をも越えた石組の構想によって庭を奥や後ろへと開こうとする。かと思えば他方では、変形三尊石や半弧の布石、あるいは渦の形象をかたちづくることで庭に造形的閉鎖性をあたえ、見る者の視線を庭の内部に絡めとるだろう。

閉じながら穴を穿ち、開きながら巻き込む。庭は閉ざされと開かれといった理念を直接操作しているのではない。だからもっと具体的に、どこをどの程度開放し、どこをどの程度閉鎖するか、なにを見透し、なにに巻き込むかという局所的で複合的な調整がおこなわれていく。◆3 古川の言う「あってないような庭」とはまさしくこうした拮抗の調整のなかでかたちづくられていく。

この日の作業の大半がこれらたった二つの石に費やされた。とはいえ、現場での作業はつねにあちらこちらで並行して展開している。いつになっても終わる気配のなかった延段も屈曲部の細かい石の調整が終わってついに完成した。庭の北側では一帯がユンボで耕され、植栽準備が整えられつつある。他のさまざまな作業もまた終わりに向けて最後の調整に入っている。

◆3 5章の1で言及した山門脇のツバキも透かすだけでなく移植予定だという。――「右のツバキは根切りもしたようですが移植予定ですか?」古川「ええ。あっちはちょっと門もあってせせこましいんですわ。あれがなくなったらスッキリするね。こっち(左のツバキ)はもうあるから仕方ない」。

山門脇のツバキの透かし剪定が終わり、サツキの大刈り込みの背後にあったサルスベリの枝も払われ、背後の山へと視線が抜ける部分的な開放性があたえられる。しかし同時に山門南隣にある心休庵の前で大きくなりすぎていたサンシュユが五手目と二七手目のあいだ、つまりは半弧の布石上に移植され、庭に視線を滞留させる部分的な閉鎖性があたえられもする。［図5-25］

石組や延段といった構造をつくる段階をほとんど終えた作庭現場は、ついに植栽や整地、開放性と閉鎖性の最終調整に入っている。

オーソドックスな庭

翌四月二一日、十二手目の隣に打たれていた二八手目がはずされ、二連石の西側の石に交換される。これを三二手目としよう。この手にはそれほど強い意味はない。たんに二八手目の白っぽく丸みを帯びた石質を住職が嫌っただけだ。

次いで斜交いの流れをつくる二六手目の左側に小さな三三手目が添えられ、中央石組の混みあった箇所――七、十四、十六手目の真ん中――に既存石組から引き抜いてきた三四手目が組み込まれる。

三三、三四手目の二つの石は、古川がずっと気にしていた斜交いの流れ上に並ぶ十四、十六、二六手目――組十四-十六-二六と呼んでもいいかもしれない――の直線的な単調さに介入するものだ。それ以前にも十六手目を右に、二六手目を左にずらすことでこの線の単調さを消そうとしていたの

図5-25｜ついに完成した延段。山門の手前に半弧の布石上に移植され、庭に視線を滞留させるサンシュユ（とのちに出てくるラカンマキの垣根）が見える

だが充分ではなく、三三手目を加えて線の幅をひろげ、三四手目を打って直線的な石の流れそのものに直角に割り込む。［図5-26］［図5-27］

ようやく納得した古川が喋りかけてくる。

「どう？　いい感じになったでしょ？」

――「あの石は（三四手目はどういう意図ですか）？」

「（組十四-十六-二六が）ちょっと一直線になってしまったんですわ。それでね」

ひとつの岩盤を想定して据えられただろう組十四-十六-二六は「ちょっと一直線になってしまった」。それゆえこの組の単調さを切断する三四手目が十四、十六手目のあいだに直角に差し込まれる。しかしこの石は同時に、密度が高まった立石周辺と獅子石周辺のあいだにできた空白を結び直し、いまいちど中央石組という群れの単位をつくり直す手でもあるだろう。

図5-26｜三四手目まで進んだ石組。二六手目左に三三手目、ほとんど目立たないが七手目、十四手目、十六手目の中央に三四手目がある。わずかな変化だが、三四手目が十四手目と十六手目のあいだに割って入る

この小さな三四手目が組十四－十六－二六に介入できるのは、三四手目と右隣の七手目の石が組七－三四というひとつの巨石として作用するからだ。二つの石は石質が揃えられ、平面図上は前後にずれているにもかかわらず、沓脱石付近からの視点ではひとつの巨石から析出した二つの石であるかのように、架空の稜線が二つの石をなだらかに結びつけている。[図5－28]

石質や稜線の共有、あるいは面の斉一性を持った組十四－十六－二六や組七－三四が整理されていくなか、あらためて庭を見るなら、同じく石質と稜線あるいは面を共有する、複数かつひとつの石がいたるところに現れていることがわかる。

二六手目と三三手目もまた色彩や石質が揃えられており、北西方向から見ると組二六－三三として、中央がひとつの力で削り取られたか、強い力で割れて前後にズレたような形態をしているし、三手目鯨石は二三手目とともに組三－二三としてやはり架空の稜線を共有し、かつ二三手目は奥の北東の隅石とのあいだに明確な形態の反復を持ってもいる。

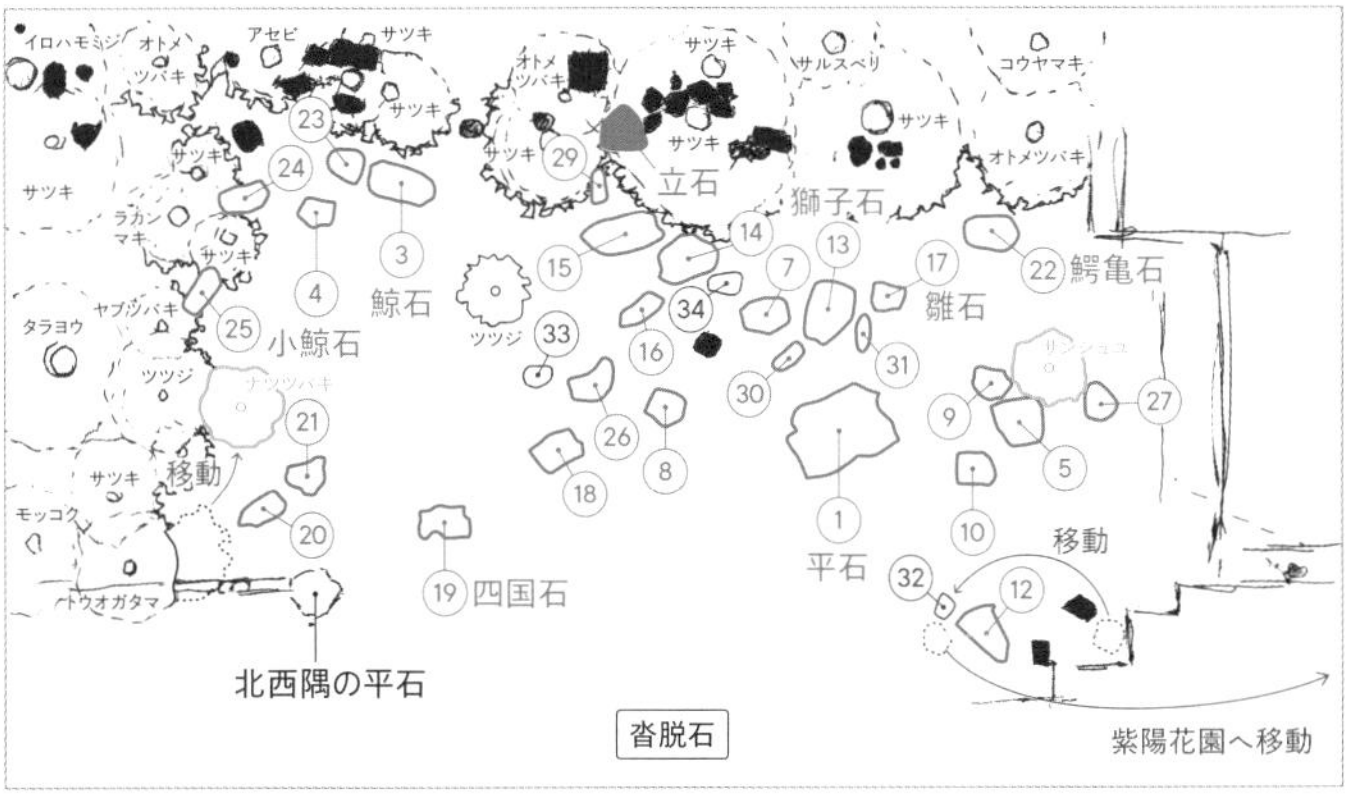

図5-27｜三四手目まで。サンシュユと、のちに触れるナツツバキの移植位置も示しておいた。両株とも半弧の布石に沿っている。本文では触れていないが、三二手目と交換された二八手目は石畳をまたいで紫陽花園のふもとに移動された。庭を「区切らない」古川の手法

［図5-29］［図5-30］

同じ石質と水平な天端と類似する形態を持った十三手目獅子石、二七手目雛石、三一手目、あるいは南側の飛び石状の五、九、十、二七手目もそうだ。石組開始時点から古川は形態的、色彩的カテゴリーにしたがって石を群れとして配置してきたが、石相互の調整と整理が終わりつつあるこの最終局面で、この複数かつひとつの石の効果が明らかになりはじめている。

庭には数多くの石が据えられている。しかしそこには、わずかな巨石や岩盤だけがある。

古川にとってすべての石は「もとの状態」の痕跡なのだった。こうした複数かつひとつひとつの石が示しているのは、それぞれの石の、もとの状態である。「もとの状態がどこかに痕跡として残る」——ひとつひとつはそれほど大きくない石が群れとして組みあわせられることで、群れ全体がもとの状態のスケールを暗示する。もちろん、もとの状態は庭をつくる以前にあったわけではない。もとの状態はむしろ、石を据えることではじめて、遡行的に現れる。

翌四月二二日から二三日にかけて、庭の表面に化粧として真砂土《まさつち》が運び込まれる◆4。石を組むたびに何度も掘り返され、石や粘土のかたまりが転がり、でこぼこ

◆4 真砂土は山砂とも呼ばれ、西日本で多く産出される花崗岩が風化した土。庭や園芸に用いられるが、日常的には運動場や造成地でよく目にする。

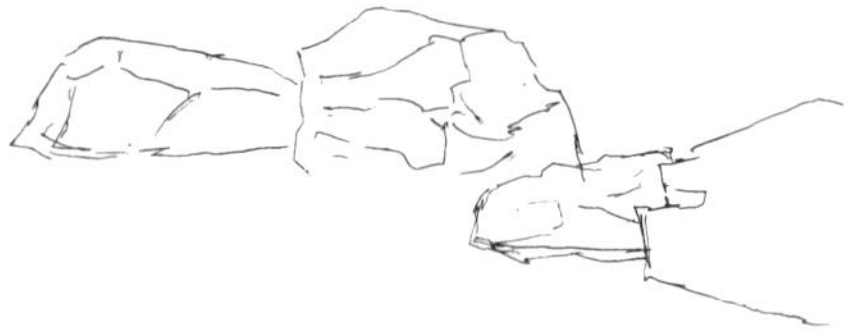

図5-28｜中央奥の石組のスケッチ。一番右側の七手目とその左隣の三四手目は石質が揃えられており、架空の稜線が二つの石を結びつけ、ひとつの巨石のように感知させる

に荒れていた地面が単色で均質な赤い土壌に覆われ、整地されていく。ただそれだけのことだが、いかにも工事中の雑然とした庭の印象は一気に整理される。石組は真砂土の地《じ》を背景として浮き上がる。同時に土の厚みが加わって石が沈み込み、石組がより安定して見えはじめる。

作業を見にきた住職が感嘆の声をあげ、古川に話しかける。


「真砂を置いたら変わりますな」

「いや、地面ができたらすーごい変わりますよ。足もとができたら石が大きく見えてくるんですよ。裾野ができてくると」


ここで意識されているのもまた、石が遡行的に表現する「もとの状態」だろう。古川によれば整地された庭は、それだけで「二割がた違う」。真砂土に覆われて整地され、「足もと」や「裾野」ができた石は深く沈み込み、地形の力学や地下の岩盤をいっそう強く示唆するようになる。視覚的には石は埋もれて小さくなるにもかかわらず「大きく見えてくる」。

古川の庭は、決して特定の物語や図像のような深みを表しているわけではなかった。ここまで詳細に観察してきたように、むしろ現場では石や地形や植物とい

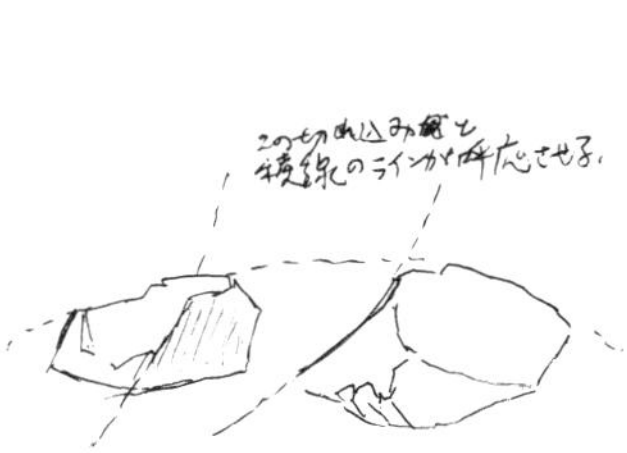

図5-29｜二六手目と三三手目を北西隅から見る。やはり石質が揃えられ、内側の切れ込みのラインと稜線が呼応している

図5-30｜三手目鯨石と二三手目を結びつける架空の稜線。二三手目は奥の北東の隅石と形態的に反復している

った要素の形態や色彩や大きさが他の要素と結びつき、複合的に関係しあう浅みにおいてつくられていく。

しかし、だからといって庭は、見たままの造形的構成の浅みに還元し尽くされるわけでもない。古川の石は据えられた瞬間から、なんらかの「もとの状態」の痕跡である。痕跡としての石が、その造形的構成の浅みとともに見せているのは、石が据えられることで遡行的に表現される地形の力学や地下の岩盤、つまりは、もとの状態としての自然という深みでもあるのだ。

もとの状態としての自然——この言葉を古川が念頭に置いている『作庭記』に探るなら、「生得の山水」と呼ぶことができるかもしれない。

たしかに『作庭記』では生得の山水を特権的な範例として、「あそこはこうであった、ここはどうであった」と庭づくりをせよと示している。◆5 もちろん古川にとっても生得の山水はそのようにも機能する。しかし、この庭師の作庭実践は、すでにある生得の山水をあとから模倣してつくるというだけのことではない。古川が言葉によって示し、石組によって見せているのは、痕跡としての庭をつくることで、あとから生得の山水を生起させるという倒錯的な事態なのだ。

庭は、台木《だいぎ》に穂木《ほぎ》を癒合させる接ぎ木のように、基本的には自然物の上に自然

◆5 「地形により池の恰好に従って、よって生ずる所々に趣向をめぐらして、自然風景を思い出して、あそこはこうであった、ここはどうであったなどと、思い合わせて立てるべきである（地形により池のすかたにしたかひてよれくる所々に風情をめぐらして生得の山水をおもはへてその所々はここそありしかと思ひよせ〱たつへきなり）」（森蘊『「作庭記」の世界——平安朝の庭園美』日本放送出版協会、一九八六年、四三頁）。森は「生得の山水」を「自然風景」としているが、古川の庭づくりにおいては風景をも現出させる「自然の造形作用」が強く意識されている。

物を重ねて癒合させる技術的空間である。古川はこの庭を句碑のように自然化しようとするのだったが、その背景には、この非自然的な接ぎ木的自然を痕跡として組むことで、生得の山水を遡行的につくりだすという操作がある。

庭をつくることで古川は、事後的に生得の山水を現出させようとする。これが古川の作庭原理ではないだろうか？

真砂土がたっぷりと運び込まれるなか、山門脇にはラカンマキの苗木が数株植栽される。この苗木は門から入ってきたとき、庭を部分的に隠して一望できないようにする垣根となるものだ。続いて北側の植栽スペースの隅に埋もれていたナツツバキが引き出され、二〇、二一手目の奥側、前日のサンシュユ同様、半弧の布石の上に移植される。

ナツツバキとサンシュユは、やや手前に単独で立つことで背景とのあいだに距離の落差を儲けて奥行きをつくりだし、サンシュユとラカンマキは山門を隠して構造物の印象を柔らげる。そしてこの三つの植栽は同時に、庭を見る者の視線を受け止め、園内に滞留させる効果があるだろう。

これら植栽に並行して、作業中に移動させていた無数のアジサイのほか、ギンバイソウ、アヤメ、ナンテン、マンリョウ、リュウノヒゲといった下草の類いが庭全体に、あるいは景石や延段の脇に戻されていく。

「ずいぶんアジサイが入りましたね？」変わりゆく庭を見つめる住職に訊ねる。

「アジサイの石庭がここの特徴ですからねえ」

これまで最も時間をかけて複雑な造形的絡みあいを積みあげてきた石組が、部分的にではあれ、無数のアジサイと下草の印象のなかに薄れていく。アジサイはいずれ必ず大きくなる。江戸期の石組がサツキに埋もれていたように、古川がつくりだした石組もまたアジサイの陰に消えてしまうだろう。

［図5-31］

これまで分析してきたような石の造形的構成を、もう二度と純粋な状態で見ることはできないのだ。いや、というよりも、庭は造形的構成の浅みに純化しきってしまうことができない。

どういう構想のもとでアジサイを植えていっているのだろう？　古川に訊ねる。

「（アジサイは）バランスを見ながらまくばって（適当な間隔を空けて配置して）ね。石組が見えなくならないように。ここはアジサイのほうが大事やからね。普通はこんなことしないけどね」

観音寺は堂山の斜面を覆い尽くすほどのアジサイとともに、紫陽花寺として名を馳せている。アジサイが見頃となる六月には、おもに近畿圏からの観光客が押し寄せ、それが地方に立地するこの寺の大きな収入源ともなっている。住職が強調するように、寺がどれほど時代時代の文化的達成を抱えているとしても、廃れてしまい、収蔵展示機能が失われてしまえば意味がないのだ。

「わたしどもは寺を護持していかんといかん。せやから経営手腕も必要になるんです」

近年、この寺があらためて知られるようになったきっかけもまた、寺の庭でのアジサイと鶏――小国鶏と龍神地鶏――のとりあわせがＳＮＳで拡散されたからだった。そういえば、庭づくりがはじま

図5-31｜二三日夕刻の庭。多くのアジサイが植栽され、真砂土で整地された庭を北西角から斜めに見る。庭のアジサイが中段右奥に見える紫陽花園につながっていることがわかる

る前日に古川に電話した折にも、伊藤若冲の絵の話が出ていた。

「また鶏を放すんですか？」住職に訊ねる。

「そうですね。鶏はそもそもMKタクシーの広報の方がたまたまSNSで発信しまして、数百万アクセスあったようですわ。それで観光課にも問い合わせがいくつもあったみたいで」

「たのしいね」「きれいだね」「おいしいね」──そう。この庭づくりの物語のはじめに触れたように、ぼくたちはまず、そんな風にして庭に出会うのだった。

あれほど徹底した造形的構想のもとで、職人たちが毎日のように物や道具と格闘しながらつくりあげてきた庭がいま、「アジサイと鶏の石庭」という、誰でも気楽に訪れることができ、思い思いに眺めることのできる、柔らかな庭へと様変わりしていく。

ありてある庭からあってないような庭へ──閉じた造形的構成としての庭は幾度も閉ざされと開かれのあいだを揺らぎながら、ついには植物と鶏の背後に隠れ、そこにありながらも同時にないような雑多な庭へと変わっていく。

古川が住職に言葉をかける。

「あれ（三四手目）が最後の石でしたわ。黒い石三つ（十四、十六、二六手目）が並びすぎてまして、いい石が裏にあったんでいけるなと思って」

最後の石はこうして突然訪れる。これから庭がどういう最後を迎えるのか、気になっていた。しかし、そこに特別な布石のドラマが待ち受けているわけではなかった。いや、もう充分に山場は繰り返されたのだ。

作業日程では一三日目となる四月二三日、四月七日からおよそ半月にわたって続けられてきた庭づくりは、あまりに唐突に、あまりにあっけなく終わった。その日の夕刻、植栽も整地もひと区切りして、職人たちが道具を綺麗にかたづけ、トラックに積載したあと、大聖院玄関から庭を眺めていた住職が古川に言葉をかける。［図5-32］

「ここ（玄関）から見るとバーッとひろがりが見えますねえ。逆（売店前）から見るとこう閉じて。あっちが下流でこっちが上流いうかね」

「やっぱり庭は横から見るとええんです」

第一の流れと斜交いの流れは庭の中央より玄関に近いやや南側で交差して北側へとひろがっていく。この石組の粗密とひろがりを上流、下流と読み替え、この堂山の地形に結びつけながら、住職はこの庭の造形的な意図を最後まで明確にしようとしている。

それにたいして古川は、「横から見ると」と、あくまでその見立てが自らの意図の外部にあるのだと、つまりは非意図的で偶然的な物体の裏面の効果なのだと

図5-32｜この写真は玄関前での会話のシーンではないが、四月二三日夕刻、住職が古川と職人たちをねぎらう

身をかわす。

「ありてある庭」を希求した住職と、「あってないような庭」を求めた古川は、それでも互いの理想を混ぜあわせながら、職人や物や道具が行き交い、絡みあう現場のなかで、こうしてひとつの庭をつくりだした。

「古川さんの庭でこれと似たところあります？」

「いやあ」

別れ際、これが最後とばかりに住職が古川に訊ねる。老庭師は、はにかみながら住職の言葉をまたひらりとかわしてみせるだろう。とはいえ、そこで演じられるのはもはや深刻な対立ではありえない。むしろ旧知の友人が戯れながらも、しかし、互いの信念を賭けてのぞむ即興的な掛けあいだ。

「そしたらオリジナルな庭ですか？」

「いやあ、むしろオーソドックスな庭です（笑）」

最後に沓脱石付近から庭を眺めやる古川。
新しい真砂土が敷かれ、下草が植栽され、
石の埃を落とすため水が撒かれた

おわりに
――フィールドワークは終わらない

二〇二〇年四月七日から二三日にかけておこなわれた庭づくりがひと区切りとなっておよそ一ヵ月となる五月一二日、モミジの新緑がまばゆく展開するこの季節に、ぼくはふたたび観音寺を訪れていた。

その頃、ぼくはフィールドワークで大量にため込んだ写真やスケッチを整理しながら、石組の手順を確認し、書き起こしたメモを話題ごとに整理し、この書籍のもとになる草稿を書きはじめていた。すでにおおまかな章立てが見えはじめていて、これ以上素材を増やしたくなかったし、取材するよりも集中して書いていたいタイミングだった。

それにもかかわらず、事前連絡によれば庭師たちがふたたび観音寺に集まり、一泊二日の泊まりがけで庭の状態を確認し、調整すべき点を調整し、やりかえるべき点をやりかえ、ちょうどひと月後に訪れる紫陽花の季節に、つまりは大聖院庭園の最初の晴れ舞台に備えるという。

庭のかたちが変わるかもしれない。

しかし、明日からとはまたあまりに唐突だ。とりあえず古川に電話をかけて作業内容を聞いてみる。話を聞きながら、この庭を記録に残す以上、最後まで見届けなければならないという思いと、また片道二時間かけて福知山に通うのかという思いがない交ぜになっていた。

「君のぶんのお弁当もつくってるから。明日は筍《たけのこ》のすき焼きやで（笑）」

スマホ越しに古川が笑う。変化を見届けなければという思いが強かったのか、筍のすき焼きに誘惑されたのかわからない。ともかく愚かなぼくは、四月六日の夜と同じようにこう口走っていた。

「では明日からまた、よろしくお願いします」

庭を切り裂く

大聖院庭園に着くと、八羽の色鮮やかな鶏たちが庭に放たれていた。庭の植物や石を背景に、赤や白や茶や黒の色斑となって動き回る鶏たちは、たしかに写真映えしそうな点景となっている。立石の左奥には、もともと石塔跡の基壇《きだん》が隠れていたのだが、いまその基壇には、住職が引きとってきたという小さな社《やしろ》が設置されている。古川の意図とはほとんど関係ないところで、庭は変わりはじめていた。［図6-1］
この日、庭師たちは延段脇に竹の結界——立ち入りを拒むための柵——を組んでいた。まれに植栽

図6-1（**上**）｜この写真は翌二〇二一年七月のものだが、この庭では鶏たちが我が物顔で庭を駆け回っている。三手目鯨石が左奥に見える
図6-2（**下**）｜すでに砂利も敷かれた翌日の写真。普通はひと続きにつくるはずの竹の柵が左右に飛んでいる。右奥には「鶏の止まり木」（図6-1参照）と称された実際は不要な柵の一部が見える

を踏み潰して奥に入っていく人がいるので、紫陽花シーズンの前に整備しておくようだ。二本の木杭を打ち込み、竹を乗せて釘でとめる。古川は「柵はないほうがいい」と言う。しかしおびただしい観光客の動きと植物の保護を折衝する必要がある。

柵が目立たないよう控え目に組むかと思いきや、高さを変えたり前後にずらしたりとあえて目立たせ、「鶏のとまり木」と称して柵が不要な庭の奥にも配置する。◆1 どうせやるなら過剰なまでに徹底する。それが古川の構えだ。［図6-2］

同時に、前回の庭づくりが終わってから住職がずっと気にしていたという獅子石左手前の三〇手目——天端が白っぽく新しく見えるのを嫌った——の石を奥の立石左手前の二九手目と交換する。◆2 三五手目、三六手目である。［図6-3］

三五手目は天端をほぼ水平に据えたこともあり、以前ここにあった三〇手目よりも獅子石を中心とする群れの形態に近づく。三〇手目の左奥にねじれた屈曲が薄れたために、獅子石周辺では渦よりも斜交いの流れの印象が強くなる。［図6-4］

三六手目は以前の二九手目よりも左側に、横方向に据えられた。

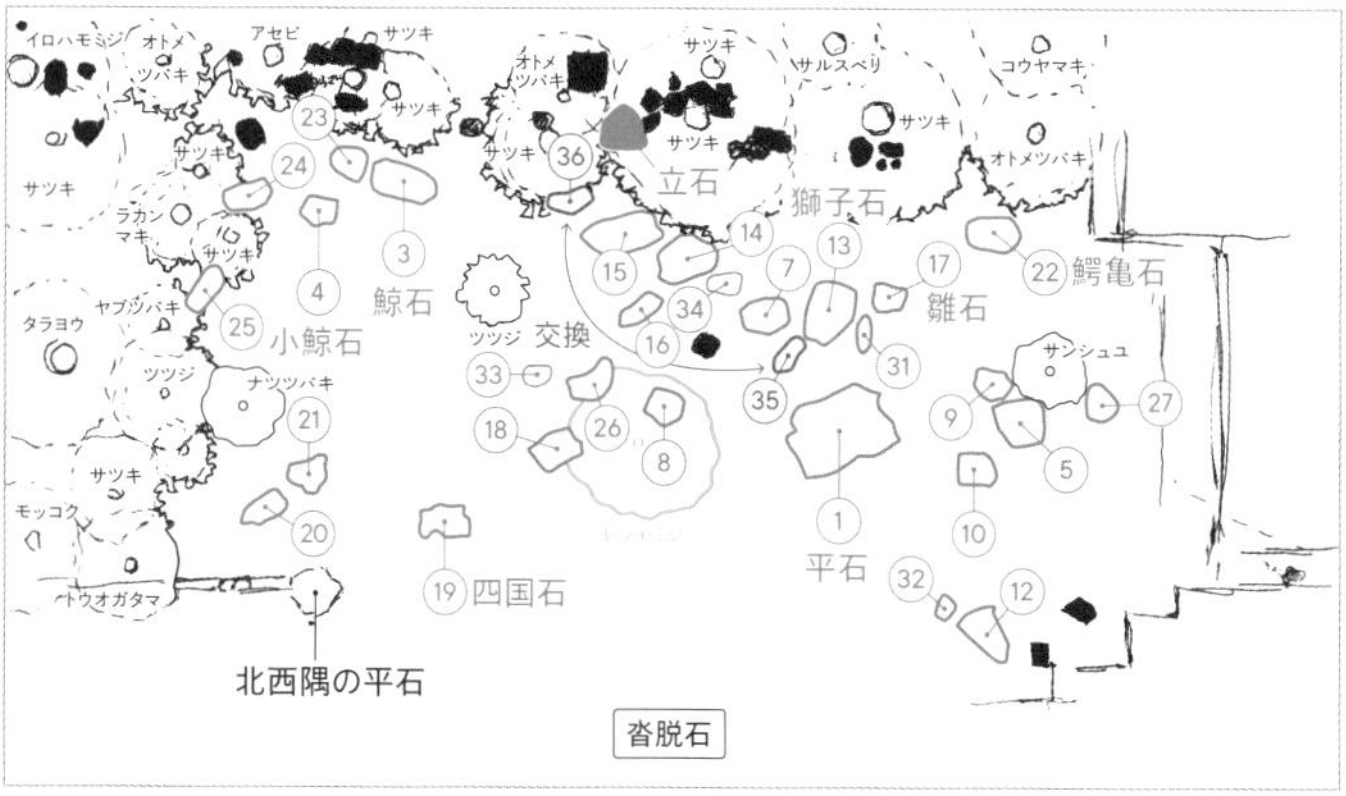

図6-3｜三六手目まで。二九手目が三五手目として、三一手目が三六手目として交換された。この日植えられたヤマモミジも記す

立石から十五手目へと手前にせり出す流れを補強していた二九手目よりも、三手目鯨石からの流れを汲んだ第一の流れ、あるいは視点をとり囲む半弧の布石の作用が強くなる。三六手目は立石や十五手目よりも大きく左側に出ることで中央石組のバランスを安定させつつ、大きく左右に振った石の配置によってジグザグにせり出す流れを別様に印象づける。◆3［図6-5］

ひと月寝かせたことで、古川の目も新鮮になり、住職の望みも整理されたのだろう。各所の調整がスムーズに進んでいく。しかし、この日もっとも衝撃的だったのは、庭の中央手前寄りに植栽されたヤマモミジである。沓脱石付近から見ると、ちょうど目の前に障害物を置いたような強烈な配置。モミジが庭を真っ二つに切り裂いている。［図6-6］

住職も驚きを隠せない。縁側に腰掛け、モミジを見つめながら古川に言う。

「えらいとこに植えましたな。こんなとこに植えられたんですか?」

「ええ、これで陰ができますしね。景色も邪魔しませんのでね」

「えらいとこ」「こんなとこ」という言い回しに住職の本音が表れている。古川は「景色も邪魔しません」と言うけれど、よりによって中央手前側に植栽された

◆1 古川「(竹の結界は)あんまりきっちりやなくていいよ。かえって乱れさせたいんでね」鷲田&竹島「乱れさせたい?(笑)」古川「中に二、三本行こうかと思って。鶏小屋というか」竹島「小屋?」古川「小屋というか、小屋じゃないんだけど。象徴的に(小屋になってるような)ね。(鶏の)とまり木というか」鷲田「アトランダムに(配置するということ)?」枚岡「とまり木……デザイン的に(必要ということ)?」古川「とまり木やないけど、(必要ない結界も庭の)中に二、三本(配置しようと思って)ね。江戸時代みたいになるね」竹島「なんで?」古川「江戸時代はごちゃごちゃしてるでしょう? 余計なものがたくさんついててね(笑)」。

◆2 古川「代えたい石というのはどれですかね?」住職「あの大きな石(十三手目獅子石)の左下

この木は、沓脱石付近から庭を眺める視線を阻害し、庭を意味なく左右に等分している。考えられるのは、このヤマモミジを媒介にして、背後の山に生えるモミジ林を庭に引き込むということだ。

「モミジの位置はなぜここになったんですか?」古川に訊ねてみる。

「まずは日陰がほしいからだよね。そうして遠近感を強調してね」

——「背景の山のモミジと関係づけることも考えておられますか?」

「そうそう」


平滑で大きな植物が少ないこの庭にはたしかに日陰がない。この日、庭にオオスギゴケを植栽したことを考えれば多少の日陰は必要になるし、夏の陽射しを思えば来園者のためにも必要かもしれない。そして遠近感。巨大な平石を手前に配置したように、あるいはサンシュユやナツツバキを庭の左右手前側に引き入れたように、手前と奥のギャップをつくることで奥行きをつくろうというのだ。

しかし、そうだとしても、たとえば左奥の鯨石の手前あたりに植栽すれば、山に生えるモミジとの関係づけ、部分的な日陰、遠近感もつくることができたようにも思われる。竹の結界が完成した一二日の作業後、中央に植えられたヤマモミ

◆3
のね。割れとるやつ(三〇手目)。あの石だけ切り口が白いというか、新しく見えるんですわ。周辺の石とあう古びたもんにしてほしいんですわ。おそらく割れたんやと思うんです」。古川「うん、ようなった。前よりようなった。左がほしかったからね」。

図6-4｜住職が獅子石の「子分」と呼んだとおり、獅子石と似た石質と形態を持った三五手目が据えられる。左上に跳ね上がるかたちがなくなり、渦よりも斜交いの流れを強く支持している

図6-5｜売店前付近から撮影。三六手目は二九手目より左に横に長く据えられることで、中央奥に安定した構図が生まれている。しかし同時に横方向の第一の流れの印象が強くなった

ジを見つめながら上田が呟く。

「いや、しかしなんでこんな手前に置いたんでしょうねえ？」

聞いていた竹島も、「なんでやろ？」と一緒になって同じモミジを眺めている。住職やぼくだけではない。実際にモミジを植えた職人たちもこの配置に混乱している。

「日陰をつくることと、奥行きを意識したみたいですけど」

古川から聞いたことを伝えてみたが、納得できない様子の二人は「ああ……」と声を漏らすだけだった。

「でも、おそらくですけど、背後のモミジと関係をつくるっていうのもあったんじゃないですかね？」

古川も頷いた解釈を示すと竹島が「それや」と賛同する。庭を遠くや後ろにあるものと反復的に結びつける手法は、古川の現場では定型文のようなものだ。とはいえ、なぜこれほど中央の手前なのか？

図6-6｜中央手前付近にヤマモミジが植栽される。沓脱石と立石を結ぶ中央で庭を等分する。この樹木が茂り、大きくなっていくことを考えれば、今後、中央石組の全体像を見ることは難しくなっていくだろう。左奥では鶏のとまり木の設置が進められている

上田が食い下がる。

「いや、でも普通やったらそれやるとしても、いま真砂が山になってるあたりにいきますよね。それで関係できるから」

「ああ、鯨（石）の前あたりね」と、竹島も直感的に上田が意図する配置を理解する。

その通りだ。左奥が最もありうる配置だと感じる。しかしいまのぼくたち三人にはこれ以上の手がかりがない。

日が暮れ、モミジの件はうやむやになったまま庭師たちと別れた。帰りの車中、もし自分が庭つくっているとして、モミジを入れるとすればどこに植えるかを考えていた。

上田や竹島が言うとおり、ぼくも鯨石の手前付近、庭の左奥あたりを選ぶ。中央奥や右側は石が多く、これ以上樹木を入れる隙がない。とはいえ手前側では庭に注がれる視線の邪魔になる。だとすると、必然的に中央より後方かつ左側になる。

庭を切り裂くヤマモミジの配置について、古川にもう一度聞かなければならない。

庭なんてつくらなくてもいい

翌五月一三日、現場に到着するとまた別の作業がはじまっていた。庭の表面の処理をどうするか、このひと月のあいだに住職と古川のあいだで相談がなされたのだろう。これまで真砂土が露出していた地面にオオスギゴケと安曇川の砂利が敷かれ、延段や石のきわに野生のキキョウやフタバアオイなどが植栽されていく。大聖院庭園は、もはや石の庭というよりも草花の庭になりつつある。[図6-7]

「石庭はどこでもありますけど、アジサイのある石庭はあんまりないでしょう?」

この日、見学に訪れていた神戸森林植物園の学芸員に住職が言う。

「いやー、でも、アジサイがもさっとしてきたら石が見えなくなってしまいますねえ」。学芸員が率直な感想を漏らす。

「アジサイもそうですけど、アジサイより鶏が主役やからねえ(笑)」と古川。

見えなくなっていく当の石組を手がけた庭師は笑いながらこう返すと、庭の北西隅の売店付近に鶏の水飲み場と称して低い手水鉢を据えた。来園者の近くに鶏を導く仕掛けだ。

5章の3で、庭は造形的構成の浅みに純化しきることができないと言ったが、SNSをはじめ、なにがいつ話題になってしまうかわからない現在、庭がどのよ

図6-7|延段に沿って咲くシャクヤク、シラン、アヤメ、ギンバイソウ

図6-8（上）｜観音寺境内の斜面に無数に並んでいる石仏。かつて無縁仏の供養のためにつくられたものではないかと住職は言う
図6-9（下）｜大聖院庭園南側に展開する紫陽花園の一部。人々はこれを目当てに訪れる

うに受容されるかという視点との折衝が、庭のかたちそのものを変えるのだ。

竹の結界もまた、不確定な観光客の動きから生まれたものだったが、このあと山門脇に安置された阿弥陀仏の石像――庭の奥で人知れず雨ざらしになっていた――も同じく来園者の視点を先取りしたものだ。

「いいね、風景になった」

あらためて設置した阿弥陀仏を見て古川が言う。観音寺境内には、かつて無縁仏の供養のためにつくられたと思しき石仏が散在しており、これらの古い石仏群も見どころのひとつとなっている。作業中に偶然見つかった阿弥陀仏をこうした石仏群に結びつけながら、その上で庭の「風景」にしてしまう。［図6-8］

観音寺を訪れる人々は、少なくとも現時点では庭を目指してやってくるわけではない。来園者たちはむしろ「関西花の寺二十五カ所霊場」の第一となっている丹州華観音寺の紫陽花園を見に来るのだし、SNSで話題になったアジサイと鶏のとりあわせを自分も撮影しようとやって来る。そうして境内をうろうろと見て回るなかで、ついでに、たまたま、庭も見てしまう。［図6-9］

「たのしいね」「きれいだね」「おいしいね」――それゆえ庭は、こうした主要な視線が見いだすものとの折衝のなかで変容する。

二日目の作業もほとんど完了したタイミングで古川は剪定や枝打ちの指示を出す。5章の1では右奥山門脇のツバキが透かされたが、この日は左奥のツバキも透かされ、北側の植栽スペースのなかでひときわ大きく育っていたタラヨウの下枝が払われる。部分的に視線が空に抜け、背後のイロハモミジの天蓋へとつながる奥行きが現れる。［図6-10］

沓脱石付近から庭をぐるりと見て、左手側の北端にタラヨウがそびえ、奥側の左右にツバキが並んでいるとすれば、右手側の南端、心休庵奥にはイロハモミジの巨木が枝をひろげている。次に古川が指示したのはこの南端のモミジから垂れ下がる下枝の枝打ちだ。枝が落ちると、ちょっとした変化にもかかわらず背後の堂山の谷間へと視線が抜けるようになる。［図6-11］

枝打ち作業を見ていた住職が奥に遠望される灯籠を発見して古川に声をかける。

「あれ、灯籠と違いますか？」

——「そうですかね？（鮮明に見えないので撮影して画像を拡大する）あ、本当だ」

「あの右手に七観音さまがあるんです。古川さん、借景に

図6-10｜左が四月に撮影した枝打ち前、右が五月に撮影した枝打ち後のタラヨウ。枝打ち後のほうが画面下部のイロハモミジの葉が茂っているため鬱蒼として見えるが、枝打ちによって部分的に視線が空に抜け、背後のモミジの天蓋の空間へとつながっていくのがわかる

灯籠が入りましたわ」

「え、そうですか？（古川にも画像を見せる）ああ、ほんとうですね。ずーっと見透せるほうがいいですからねえ」

認知的限界というよりは視力的限界によって、古川はまたしても見落とす。モミジの枝を払って山の谷筋を見透せるようにした結果、偶然、紫陽花園の園路の途中にある灯籠が庭から遠望できるようになる。とはいえ、重要なのはむしろ「見透せる」ことだ。

この庭の剪定は古川たちに任されているわけではない。だからこそ、いくつかのポイントに絞ってなされるこの最小限の枝打ちは、古川の剪定の要点を鮮やかに示している。つくり込まれた石組が植栽に覆われつつあるように、庭に奥や後ろを見透す穴を穿つことで、造形的構成としての庭を山や谷や空へとほどくことだ。

午後三時頃、庭師たちは剪定した枝葉をかたづけはじめ、掃き掃除をし、道具を整理してトラックに積載する。この二日間

図6-11｜左が枝打ち前、右が枝打ち後。画面上部に湾曲してかかっていたイロハモミジの大枝が落とされた。谷に沿って奥の上方へと視線が抜ける。ちょうどこのとき雨で崩れた沢の工事をしていた

に予定されていた作業が終わったのだ。

　職人の一人がホースを引っ張り出し、庭に水をまきはじめる。石についた土埃を落とし、植物に水をやる。水が打たれていく庭を眺めていた古川は、売店北側の垣根の一画に目をとめて住職に声をかける。

「最後に一本剪定しようと思って。あの木の下枝はないほうが奥がすーっと見えてええですわ」

　指示を受けた職人がイブキの下枝を切り落とす。

「よう（よく）なりましたでしょう？」古川が言う。

「あれで庭がずいぶん広くなりますわ」［図6-12］

　この垣根は庭の範囲に入っていない。とはいえ、この枝はちょうど庭から外へと抜ける視線を受けとめる位置にある。間違い探しのようなちょっとした変化。しかしながら周囲の細かく柔らかい枝葉に比して強く視界を遮っていた枝が一本なくなるだけで、向こうの山や空へと視線が抜けるような、言ってみれば、光や風がそこを吹き抜けるような変化がある。

　これまでも、古川は庭の奥や後ろを重視し、視線が外へと抜

図6-12｜左が枝打ち前、右が枝打ち後のイブキ。間違い探しのようだが中央の植物の下段左側の枝が落とされた。奥へと、角度によっては空や山へと視線が抜ける

けていく穴をいくつもつくってきた。この見透かされることになる奥や後ろについて、古川が「これがあるから成立する」とまで述べていたことを思い起こそう。

「（剪定や枝打ちは）やっぱり向こうの見晴らしというか、奥との連関を考えてのことですか？」古川にあらためて真意を訊ねる。

「うん。そうすると向こうが透けて見えてくるからね。それが一番だよね。それがあったら庭なんてつくらなくてもいいからね」

「向こう」があれば「庭なんてつくらなくてもいい」——そうなのだろうか？

たしかに背景の力は大きい。とはいえ古川は、自らが身を投じてつくりあげた造形的構成の力をあまりに低く見積もっていないだろうか？

いや、むしろ庭をつくる前から「向こう」はあったのだから、それならはじめから庭をつくる必要などなかったということになりはしないか？

しかしながら、こうして、古川は庭をつくった。この場所にやってきて、つくることを決断した。

一見矛盾するようにも思える古川の言葉を真剣に受けとるとするならばこうなる。

たしかに、はじめから「向こう」はあったが、庭をつくるまでは見ることができなかった。

石が据えられることではじめて「もとの状態」が、つまりは地形の力学や地下の岩盤が事後的に生起したように、ここで古川が言っているのは、庭がつくられることではじめて「向こう」が、これまで奥や後ろと言われてきた庭の周囲が事後的に見えるようになるという事態だ。

古川の庭は、つ、く、ら、れ、る、こ、と、で、は、じ、め、て、つ、く、ら、な、く、て、も、よ、か、っ、た、も、の、に、な、る。

庭はたしかにそこにある。あるのだが、いまや庭は、山や谷や空へとほどけ、あるいは植栽や鶏の群れの陰に隠れてないようなものになる。ようするに、あってないような庭になる。

欠きたい

では、庭の中央手前に植えられたあのヤマモミジはいったいなんだったのだろうか?

最後に、この問いに戻りたい。

あのモミジだけが、この庭に強烈な違和感をあたえているように思われる。仕事終わり、着物に着替えて湯浴みに向かおうとする古川を慌てて呼び止める。四月二三日の夕刻、住職が古川を呼び止めたように。

古川はあらためて日陰の重要性を指摘する。次いで、モミジは背後の山にたくさん生えているのだから、あの場所にヤマモミジが生えているのも「自然と言えば自然」だと述べた。たしかに、そもそも山林の一画だったこの場所にあらかじめモミジが生えていた、あるいは種子が飛んできて大きくなったと想定することはたやすい。

「（すでにそこに）あるものはしかたがないっていうかね」

古川は笑う。こうして人為的操作を自然化して語る古川の話法は5章の1でもとりあげた。そこでも古川は、石組がまるで地形の力学から生じた痕跡であるかのように語っていたが、実のところ、痕跡として石を組むことで「もとの状態」を現出させることについて語っていたのだった。このモミジもまた同じことだ。

それでもなお気になるのは、なぜこの位置だったかということだ。庭を左右に切り裂いてまで、ここにモミジを植えたのはなぜだろうか？

別れ際の古川は言葉を濁すこともなく、いつもより少しだけ饒舌だった。

「石組を見せよう見せようとはしたくないんだよね。これくらい隠したほうが見やすいと思うし、あんまり石を見せようとするのは造形が造形で終わってるんだよね。「これを見せたいんだ」っていうね」

古川が批判する「これを見せたいんだ」という態度は、言い換えるなら造形的達成とともに作家名を刻印し、ありてあるものを、つまりは「作品」を残そうという制作観だろう。そうして「石組を見せよう見せようと」するなら、少なくとも古川にとっては「造形が造形で終わってる」。

ここまで、終わりに近づくにつれて石の緻密な構成から離れていく古川の庭づくりをつぶさに見てきた。だからこそいま、この老庭師の「造形が造形で終わってる」という言葉をぼくたちは素直に聞くことができる。そうだとしても、庭のかたちの論理を追ってきたぼくにとって、古川の口から語られたこの言葉は、やはり鮮烈な驚きだった。

古川はそうした庭の造形を「隠したほうが見やすい」とさえ言う。つまり純化された裸の造形的構成に正面から対峙させるのではなく、この場所に住み続けることになる住職とその家族や、アジサイを目当てに訪れる無数の人々が、この庭を山や谷や空のように、つまりは見ることなしに見てしまい、ときに見過ごしてしまうくらいのほうがむしろ見やすいということだ。

そうだとすれば、庭を隠しているのはこのヤマモミジだけではない。石組の周囲におびただしく植栽されたアジサイや草花、放たれた鶏、過剰な竹の結界、安置し直された阿弥陀仏、枝打ちや剪定による無数の穴もまた、ようするにこの二日間の作業内容のすべてがこの庭の造形を隠し、庭に無数のほころびをあたえようとする試みだったのではないだろうか？

それゆえ、石を隠す。しかし、いったいなんのために？


「だから、欠きたいんだよね。完璧なものではなしに」


「欠きたい」——徹底して組み上げてきた石組を、あるいは庭を、欠く。

多くの寺の庭は、室内や縁側から一幅の絵画のように庭を見せようとする。しかし、そうした庭の造形的完全性の中央に、古川は最後に、否定の亀裂を走らせる。即興性、偶然性、そして欠くこと。本書で分析してきた石組の造形的構成のドラマの全体が、こうして隠され、欠かれることで、終幕を迎える。

「それにモミジがここで大きくなっても石組に存在感あると思うんだよね」

それでもなお、造形的構成としての庭はそこにあり続ける。しかし隠され、欠かれた庭は、同時にない。ぼくたちはこの、あってないような庭をたまたま訪れ、その無数のほころびをとおして、見ることなしに庭を見るのだ。

大聖院室内から見える庭のヤマモミジ

あとがき

こうして庭はいつもの顔をとりもどす——ずっとそこにあったかのように。

ぼくたちはふらっと、たまに庭を訪れる。春の梅や桜、初夏の新緑や紫陽花、秋の紅葉、冬の雪景色に惹かれて。あるいはそこで振る舞われる飲みものや食べものを目当てに。いや、むしろ特別な時期の浮き立つような雑踏や町の雰囲気そのものを楽しみに。

当てもなく歩きながら、普段見ることのない歴史的な寺院建築、特別拝観の障壁画や由緒ある仏像、季節の移り変わりや風景を眺め、ときに、庭も見てしまう。庭は緑鮮やかな苔や、奥の山まで続いていく赤い紅葉でぼくたちを迎えてくれる。その鮮烈さに、息を呑む。

このとき、そうした鮮烈さのうしろに隠れている石や地形、あるいは剪定や掃除のありように目を凝らしてみよう。もしかすると、ぼくたちが息を呑んだ感動のいくらかは、背後の地形がつくりだすスケール感や石の組みあわせ、剪定や掃除がつくりだす植物の密度調節や山や空への視線の抜けかたによるのかもしれないから。

それでも、なぜ石の配置がこうなっていて、なんで地面や池がこんなかたちをしていて、どうして植物がこんな風に生えているのか、パンフレットや立て看板や石碑を読んでもわからない。まして、この庭をつくった庭師たちの仕事ぶりや、そこで交わされた言葉を知ることなど決してできない。

そう。庭のレシピは、まず手に入らない。だから本書は書かれた。この物体の羅列はなにをしているのか？　なぜこうなっているのか？

それこそが、ここまでぼくたちが追い続けてきたことのすべてである。


本書は二〇二〇年四月七日から二三日、そして五月一二、一三日と、足かけ一ヵ月のあいだにおこなわれた観音寺大聖院庭園——通称「斗藪庭《とそうてい》」——の作庭工事の記録だ。そもそもそこに庭があったことを考えれば改修かもしれないが、実際はみなさんがご覧になったとおり、古川三盛とその弟子たちによる、新規作庭工事である。

とはいえ、これはたんなる記録ではない。作庭現場のフィールドワークにもとづき、あまり知られることのない庭づくりのプロセスを描き出す試みでもあった。現場をはじめから終わりまで取材し、メモやスケッチをとり、写真や動画を撮り、インタビューをおこなうことで、職人たちとともに庭のかたちが生まれるときに立ち会うこと。

庭という物体の構成と、庭をともにつくる人々の共同性を丹念に追い続けてきたみなさんの目は、おそらくすでに、少しばかり職人的になっている。本書を離れてなお、庭をはじめとして、身のまわりの根拠なき物《もの》／者の構成にあらためて驚き、「浅めることでも理解する」を実践するきっかけになるとすれば嬉しい。

このフィールドワークを終えて二年後となる二〇二二年四月一七日、この書籍のもとになった連載の第五回目を書いている頃、ぼくはまたしても観音寺にいた。綾部や福知山の山々にはまだ桜が残っており、広葉樹の芽生えが山を淡い薄黄緑に染めはじめる季節だ。

それ以前にも現場には足を運んでいたけれど、そのたびに庭は変わっていた。紫陽花をはじめとする植栽が大きく茂り、花も増えた。山門脇のツバキは左のツバキの近くに移植されたし、ランダムに打たれた竹の結界は麻紐の柵に変わった。なにより山門脇には住職の願い通り、この庭の名を示す「斗藪庭《とそうてい》」と書かれた石碑と、古川の名が記された説明書きが立っている。

庭づくりは終わらない。だからこそ、できる限り取材を続け、決定的状態になった庭を、つまり完成した庭を、この書籍に封じ込めたいと願っていた。しかしこのとき衝撃的だったのは、沓脱石前のフロアを構成する板状の自然石が掘り起こされて売店前に移され、板石に敷きかえられたことだ。またしても書くべきことが増えてしまう——ぼくは焦っていた。

庭の作業はどこまでも続いていく。すべてを追おうとするなら、ぼくの経験も解釈も閉じることはなく、永遠にこの庭を記録し続けなければならない。だからこそ、この延段のやりかえを見たとき、なんの根拠もないけれど、この時点で取材を終え、果てしなく続くこの庭の物語を切り出さなければならないと思った。二〇二〇年四月六日の夜、突然の電話でフィールドワークがはじまったように。

本書のような文章を書くことは、いつまでも変わり続ける時間的な対象を任意の始点と終点の幅で切り出し、圧縮してパッケージ化することだ。対象をいつまでも見続け、受けた感覚を保ち続け、解釈を際限なく更新し続けることはできないのだから、どこかの時点で切り上げ、書きはじめなければならない。あるいは同じことだが、ある時点で切り上げ、書き終えなければならない。

*

ところで、本というものはいつ読まれるかわからない。あなたがこの記述を頼りに福知山にある丹州観音寺の大聖院庭園——斗藪庭——を訪れるとき、それはいつのことだろう？　そこにまだ庭があるだろうか？　あったとして、それはぼくが見たものだろうか？

石の配置は変わっているかもしれないし、背後の樹林は伐採されているかもしれない。それはわからない。いまこうして書いているぼくも、すでに最後に庭を見たときから一年以上経っているのだから、植物は大きく生長し、あの春の日にはまだ新しかった苔や下草も庭に馴染んでいるだろう。

庭は変わり続け、文はつねに遅れている。

かつてぼくは庭師だった——無名の人物が無名の庭をひたすら分析し続けるこの奇妙な書物は、ともに庭をとおして世界の見かたを学んできた仲間たちに送りたい。ここではフィールドワークで直接お世話になった方々にたいして、とくに記して感謝する。

まずはこの迷惑なフィールドワークを許容してくださり、毎日のように押しかけるぼくを温かく迎えてくださった観音寺住職、小籔実英さんを挙げなければならない。ちょっとした出来事についても微に入り細を穿って訊ねてくる不審人物のぼくに惜しみなく情報をあたえてくださった。

庭師のアルバイト時代——短い期間だったけれど——の親方でもあり、庭をとおして、学び、楽しみ、生きることを示してくださった古川三盛さんに。彼が奇妙な参与観察者であるぼくを現場に招き入れてくださらなければ本書はなかった。

そして庭師たちに。かつての姉弟子であり、なにも知らなかったぼくに植物の美しさや剪定や掃除といったすべてを、そして職人世界における女性の姿について身をもって教えてくれた竹島幸代さん。古川さんのチームの動向をこと細かに知らせてくれるインフォーマントであり、知らないあいだに進んでしまった石組の展開をこと細かに教えてくれた鷲田進さん。はじめて会った人物に会話をメモされ、写真や動画を撮られるという悲惨な状況に耐えながらも、いつも笑顔で接してくれた名コンビ、枚岡章さんと上田健二さん。休憩中にみなさんと交わしたいくつもの言葉がこの書に決定的な影響を与えている。

最後に書籍チームに。庭のような奥行きと配置が印象的な装丁と緻密な組版デザインをしてくださった北岡誠吾さん。庭の要素を大胆に抽象したアイコニックな装画を手掛けてくださった原田光さん。そして、最初にいただいたテーマとまったく違う方へと走りはじめたぼくをうまく泳がせ、ここまで導いてくださったフィルムアート社の編集者、薮崎今日子さんに。

なお、本書タイトル『庭のかたちが生まれるとき』は、二〇一四年の岡山大学学生とのフィールドワークに際して岡本源太さんが提案くださり、二〇一五年のジル・クレマン来日講演タイトル、今回の書籍タイトルと、度重なる転用を快諾くださった。

というわけで、みなさん、どうもありがとうございました。あなたがたがいなければ本書はなく、ぼくが本書を書くようなこともなかった。ぼくをつくること、そして書くことへと巻き込み、ぼく自身をともにつくりあげてくれたすべてに——。

＊

すべてを書き終えたいま、唐突に屋根や窓を打つ音が鳴り響くほどの雨が降りはじめ、慌てて洗濯物をとり入れた。空は青暗いのに夕陽は綺麗に射している。フィールドワーク開始から三年と二ヵ月が過ぎた二〇二三年、梅雨の六月一三日。今年もまた、観音寺に紫陽花の季節がやってくる！

山内朋樹

本書はフィルムアート社のウェブサイト「かみのたね」での連載「庭のかたちが生まれるとき」（二〇二一年一二月〜二〇二三年二月、全一二回）を全面的に改稿し、書き下ろしを加え書籍化した。なお、本研究の一部はＪＳＰＳ科研費19K00152の助成を受けた。

山内朋樹（やまうち・ともき）

1978年兵庫県生まれ。京都教育大学教員、庭師。専門は美学。在学中に庭師のアルバイトをはじめ研究の傍ら独立。庭のかたちの論理を物体の配置や作庭プロセスの分析から明らかにするフィールドワークをおこなっている。共著に『ライティングの哲学』（星海社、2021年）、訳書にジル・クレマン『動いている庭』（みすず書房、2015年）。

庭のかたちが生まれるとき

庭園の詩学と庭師の知恵

2023年8月30日　初版発行
2024年5月30日　第4刷

著者　山内朋樹

デザイン　北岡誠吾
装画　原田光
編集　薮崎今日子（フィルムアート社）

発行者　上原哲郎
発行所　株式会社フィルムアート社
〒150-0022
東京都渋谷区恵比寿南1丁目20番6号 第21荒井ビル
TEL 03-5725-2001　FAX 03-5725-2626
http://www.filmart.co.jp

印刷・製本　シナノ印刷株式会社

ISBN978-4-8459-2300-7　C0070